侵犯知识产权罪研究

Research on Crimes of Infringing Rights of Intellectual Property

皮勇/主编

法律出版社
LAW PRESS·CHINA
—北京

图书在版编目（CIP）数据

侵犯知识产权罪研究 / 皮勇主编. -- 北京：法律出版社，2025. -- ISBN 978-7-5197-9953-3

Ⅰ. D924.334

中国国家版本馆 CIP 数据核字第 2025B6T168 号

侵犯知识产权罪研究
QINFAN ZHISHI CHANQUANZUI YANJIU

皮　勇　主编

责任编辑　屈　瑶
装帧设计　臧晓飞

出版发行　法律出版社
编辑统筹　学术·对外出版分社
责任校对　杨锦华
责任印制　胡晓雅　宋万春
经　　销　新华书店

开本　710 毫米×1000 毫米　1/16
印张　17.75　　**字数**　245 千
版本　2025 年 4 月第 1 版
印次　2025 年 4 月第 1 次印刷
印刷　北京虎彩文化传播有限公司

地址：北京市丰台区莲花池西里 7 号（100073）
网址：www.lawpress.com.cn
投稿邮箱：info@lawpress.com.cn
举报盗版邮箱：jbwq@lawpress.com.cn

销售电话：010-83938349
客服电话：010-83938350
咨询电话：010-63939796

书号：ISBN 978-7-5197-9953-3　　**定价**：78.00 元

凡购买本社图书，如有印装错误，我社负责退换。电话：010-83938349

前　言

习近平总书记指出,“创新是引领发展的第一动力,保护知识产权就是保护创新”。知识产权保护不只关系到权利人的民事权利,也与国家安全、经济社会发展和公众健康安全等重大利益紧密相关。“知识产权保护工作关系高质量发展,只有严格保护知识产权,依法对侵权假冒的市场主体、不法分子予以严厉打击,才能提升供给体系质量、有力推动高质量发展。知识产权保护工作关系人民生活幸福,只有严格保护知识产权,净化消费市场、维护广大消费者权益,才能实现让人民群众买得放心、吃得安心、用得舒心。知识产权保护工作关系国家对外开放大局,只有严格保护知识产权,才能优化营商环境、建设更高水平开放型经济新体制。知识产权保护工作关系国家安全,只有严格保护知识产权,才能有效保护我国自主研发的关键核心技术、防范化解重大风险。”①《中共中央关于制定国民经济和社会发展第十四个五年规划和二〇三五年远景目标的建议》提出,我国“十四五”期间经济社会发

---

① 习近平:《全面加强知识产权保护工作　激发创新活力推动构建新发展格局》,载《求是》2021 年第 3 期。

展必须坚持新发展理念,坚持创新在我国现代化建设全局中的核心地位,要求把科技自立自强作为国家发展的战略支撑,深入实施科教兴国战略、人才强国战略、创新驱动发展战略,完善国家创新体系,加快建设科技强国。《知识产权强国建设纲要(2021-2035)》提出,“构建新发展格局,牢牢把握加强知识产权保护是完善产权保护制度最重要的内容和提高国家经济竞争力最大的激励”,要求“加大刑事打击力度,完善知识产权犯罪侦查制度”。

知识产权的法律保护包括刑法、民法和行政法保护,三者各有侧重,也相互配合。一方面,知识产权确权是刑法和行政法保护的起点。在实际生活中,知识产权的主要保护途径是通过民事诉讼来实现的,但是,知识产权相关民事、行政和刑事案件的核心内容都是涉案知识产权确权、侵权行为认定、侵权后果或情节评价等。对于侵犯知识产权犯罪案件而言,不解决涉案知识产权的确权问题,往往就难以启动刑事诉讼程序。另一方面,知识产权刑法是相关民法、行政法规定的最后法律保障。知识产权刑法保护不仅能够惩治侵犯知识产权犯罪,发挥一般预防和特殊预防作用,也能够对知识产权相关民法和行政法制度发挥出保护知识产权的作用提供保障。

侵犯知识产权犯罪案件不同于普通刑事案件,具有自身的特殊性,对相关司法工作人员提出挑战。侵犯知识产权案件的首要内容是知识产权确权,而确认权利涉及的民事、行政法律问题较多,从事刑事审判的法官在这方面的知识和经验往往比较薄弱,不容易作出准确的判断。在同一法院甚至可能出现对同一权利的认定在刑事审判庭与民事审判庭有不同的判决的情形,这要求办理侵犯知识产权罪案的法官必须熟悉知识产权相关民事、行政法律法规,并有相当的民事、行政和刑事审判经验。

仅具有知识产权民事、行政审判知识和经验的民庭、行政庭的法官难以办好侵犯知识产权罪案，这是因为，在刑事案件中对事实性质的判断重实质而非形式，即对行为和结果的判断要从实质上进行判断，而不只考虑相关民事、行政法律中的程序规定。长期从事民事、行政审判司法人员往往难以较快接受这一观念。因此，正确处理侵犯知识产权犯罪案件，要求司法工作人员兼有办理知识产权刑事、民事、行政案件的专业知识和审判经验。正是由于侵犯知识产权罪案的以上特点，上海、杭州等城市设立了专门的知识产权法院或者知识产权法庭，武汉等城市实行知识产权案件“三审合一”制度。知识产权案件“三审合一”改革“牵一发动全身”，不仅事关法院内部的审判级别、案件集中办理、专业人员集中等，也要求公安机关、检察机关相关业务部门进行相应调整。在专业司法人员方面，由于公安机关、检察机关的司法人员知识结构偏重于刑事方面，在知识产权确权、侵权行为认定及其相关法律程序方面相关知识和工作经验不够丰富，不适应此类专业案件的办理，尤其是公安机关中相关专业办案人员较缺乏；而侵犯知识产权犯罪案件从立案开始就要面对确认权利等问题，专业问题多、确权程序复杂、司法成本高，容易发生误判。这些实际问题使一些地方的公安机关在遇到侵犯知识产权犯罪案件特别是侵犯商业秘密犯罪案件时，不愿意按照案件的本来性质办理，选择适用刑法中竟合的其他法律规定，如按照破坏生产经营罪、非法经营罪等“口袋”罪名的规定进行“稳妥”处理，避免辛辛苦苦办案、最后“办错案”的责任。

知识产权包括商标权、著作权、专利权和商业秘密不被非法侵犯权，侵犯这四类知识产权的案件数量差别大，相关法律问题的难度不同。发案数量最大的是侵犯商标权犯罪案件，与商标权相关的三种罪案数量都较多，这可能是因为该类犯罪的“门槛低”、成本低、容易实施而犯罪收益较高的缘故。数量居次位的是侵犯商业秘密犯罪和侵犯著作权犯罪案件。侵犯商业秘密犯罪的实际发案数量要大于进入司法程序的案件数量，这是因为此类案件具有相当的隐蔽性，不容易被发现，也是因为被害人往往希望通过民事手段处理，司法机关较少主动介入，并有被害人对商业秘密保密和启动商业秘密鉴定程序困难等障碍，导致实际进入司法程序的较少，其往往是被害人在“无可奈何”情况下的最后选择。侵犯著作权犯罪的两类案件中，销售侵权复制品罪案件数量更大，但是，能最后走完司法程序，给犯罪人以罪刑相当惩罚的比较少，原因是立法规定的构成条件难以在司法实务中实现。数量最少的是假冒专利罪，一方面是因为被害人往往通过民事途径处理，此类案件很少进入司法程序。另一方面是因为对行为人而言，假冒他人专利与冒充专利的收益基本相同，而法律后果迥异，违法者没有必要选择实施假冒他人专利行为来实现非法牟利目的。《专利法实施细则》施行后扩大了假冒专利行为的范围，在一定程度上扩大了假冒专利罪的处罚范围，但仍然有较多问题需要进一步研究。

基于以上认识，我们认为有必要编写一本理论联系实践的研究知识产权刑法保护的教材，以便学生能够较快地掌握必要的知识产权刑法保护方面的知识和司法经验。在前期研究的基础上，由皮勇教授组织其所指导的研究生编写了该本教材，各章参与撰写的人员如下：序言及第一章、第九章由皮勇撰写，第二章由皮勇、吕飞翔、程盈撰写，第三章由皮勇、刘钰、贺倩撰写，第四章由皮勇、谢清和生撰写，第五章由皮勇、肖乐新撰写，第六章、第七章由皮勇、黄琰、李治忠、孙远谋撰写，第八章由皮勇、刘德林、潘永峰、李珊撰写，全书由皮勇修改、统稿。本书可以作为“侵犯知识产权罪”课程的教材，也可以为侵犯知识产权罪案办理提供参考。

侵犯知识产权罪是我国刑法规定的犯罪中专业性很强的一类犯罪,我们收集整理了理论研究与司法实践两方面材料,通过分析研究取得了现有的成果,在撰写过程中发现还存在若干不足之处,欢迎读者批评指正。

皮 勇

2024 年 6 月于上海

目　录

第一章　知识产权的刑法保护概述 1

第一节　侵犯知识产权犯罪及其立法概述 1

第二节　侵犯知识产权罪的构成特征 7

第三节　侵犯知识产权罪的种类 10

第二章　假冒注册商标罪 15

第一节　假冒注册商标罪的犯罪构成 16

第二节　假冒注册商标罪的司法认定 38

第三节　假冒注册商标罪案例分析 49

第三章　销售假冒注册商标的商品罪 54

第一节　销售假冒注册商标的商品罪的犯罪构成 54

第二节　销售假冒注册商标的商品罪的司法认定 62

第三节　销售假冒注册商标的商品罪案例分析 67

第四章　非法制造、销售非法制造的注册商标标识罪 72

第一节　非法制造、销售非法制造的注册商标标识罪的犯罪构成 72

第二节　非法制造、销售非法制造的注册商标标识罪的司法认定 82

第三节 非法制造、销售非法制造的注册商标标识罪案例分析 84

第五章 假冒专利罪 87
第一节 假冒专利罪的犯罪构成 87
第二节 假冒专利罪的司法认定 96
第三节 假冒专利罪案例分析 107

第六章 侵犯著作权罪 112
第一节 侵犯著作权罪的犯罪构成 112
第二节 侵犯著作权罪的司法认定 160
第三节 侵犯著作权罪案例分析 169

第七章 销售侵权复制品罪 175
第一节 销售侵权复制品罪的犯罪构成 175
第二节 销售侵权复制品罪的司法认定 181
第三节 销售侵权复制品罪案例分析 186

第八章 侵犯商业秘密罪 191
第一节 侵犯商业秘密罪的犯罪构成 191
第二节 侵犯商业秘密罪的司法认定 226
第三节 侵犯商业秘密罪案例分析 253

第九章 为境外的机构、组织、人员窃取、刺探、收买、非法提供商业秘密罪 263
第一节 为境外的机构、组织、人员窃取、刺探、收买、非法提供商业秘密罪的犯罪构成 263
第二节 为境外的机构、组织、人员窃取、刺探、收买、非法提供商业秘密罪的司法认定 267

主要参考文献 272

第一章　知识产权的刑法保护概述

第一节　侵犯知识产权犯罪及其立法概述

一、知识产权概述

所谓知识产权，一般认为是指对于自己智力活动创造的成果和经营管理活动中的标记、信誉所依法享有的专有权利。知识产权有广义和狭义之分。广义知识产权包括一切人类智力创作成果，是指《建立世界知识产权组织公约》第2条规定的包括发明、发现、作品、商标、商号、反不正当竞争等一切智力创作活动所产生的权利。狭义知识产权是指工业产权和版权，前者包括专利权、商标权和禁止不正当权，其中禁止不正当权又包括商业秘密权和禁止冒用商标之外的假冒他人产品权。后者包括作者权和传播者权（邻接权）。传统的知识产权的范围通常是指专利权、商标权、版权和商业秘密权。由于科技的发展应用，具有经济价值的创造性成果突破了前述范围，使工业产权和版权的边界变得模糊，如作品与计算机程序的结合导致其具有版权和工业产权的双重属性，因此，有学者提出以无形财产权的概念来取代知识产权。此外，由于知识产权保护的对象是非物态的信息，如专利法保护的新技术方案是新技术信息，商标法保护的是区别不同商品或服务的识别性标志信息，著作权法保护的是独创性表达的信息，商业秘密相关法律保护的是未公开披露的、采取了保密措施的有价值信息，也有学者将知识产权的概念换为信息产权。以上三种概念的提出反映了科技发展应用给知识产权体系带来的冲击，表明知识产权研究领域具有开放性，只是从相关国际和国内法律文件的规定和通说的立场出发，本书仍然采纳知识产权概念。

知识产权的本质特性是私权性和客体的非物质性。所谓私权性，是指知识产权的本体是一种私权，即自然人或单位享有的民事权利，而非国家或其组织机构具有的权力。所谓权利客体的非物质性，是指前述各种知识产权的保护对象都是非物态的信息，不同于财产所有权保护的有形物体，不存在依附于唯一有形控制的占有，不发生有形损耗的使用、不发生消灭知识产品的事实处分和有形交付的法律处分。不同于物权，知识产权具有以下法律特征：(1)相对的独占性。知识产权和物权一样，都是具有独占性的权利，但是，知识产权的独占性要弱于物权，法律对知识产权规定了“合理使用”“法定许可使用”“强制许可使用”等限制制度。非知识产权人可以依据以上限制制度，行使原本属于知识产权人的权利。(2)地域性。知识产权的权利范围受限于授权的法域，不同于有形财物的所有权，知识产权作为一种专有权，一般限于本国境内或一定法域范围内。除了依据国际公约或双边条约，知识产权在其他国家没有法律效力，不受该国法律的保护。(3)时间性。不同于无权利期限的物权，知识产权具有法定期限，期满之后，知识产权归于消灭，相关成果成为公共资源。除署名权之外的著作权、专利权期满以后，不再由权利人享有；商标权期限届满后可以续展注册，如果不续展的，也将进入公共领域。商业秘密虽然没有法定期限，但受其自身处于保密状态来维持。

按照不同的标准，可以将知识产权进行两种分类。一种是以知识的功能为标准，将知识产权分为著作权和工业产权；另一种是以知识产权的价值来源为标准，将其分为创造成果权和工商业标记权。前者分类中的著作权是广义上的，包括著作权和邻接权，而工业产权主要是指专利权和商标权，商业秘密作为一种反不正当竞争相关的权利，也被列入工业产权的保护范围。后者分类中的创造成果权是源于成果的直接商业利用，如专利技术方案的实施、文学作品的复制发行等都能给权利人直接带来收益，而工商业标记的财产价值源于其区别功能为交易双方节约的交易成本和所标记的工商业主体的商业信誉，与该标记的创造性无关。

无论是哪种分类方法，一般认为知识产权包括著作权、专利权、商标权和商业秘密的不被非法侵犯权。著作权保护著作权人免受侵犯“固定在任何有形表达媒介上的原创作者作品”中的法定专有权利，保护对象通常包括计算机软件、文学、音乐和戏剧作品、电影和录音、图画、雕塑和建筑作品。著作权可以分为著作人身权和著作财产权，前者包括发表权、署名权、修改权、保护作品完整权，后者包括复制权、发行权、出租权、展览权、表演权、放映权、广播权、信息网络传播权、摄制权、改编权、翻译权、汇编权以及其他权利。专利权是法律授予发明者不让他人制造、使用和销售体现其发明的设备的权利，保护的是产品和过程而不是纯粹的想法。商标权是指在商业中使用商标以排除其他人使用商标或类似标记的专有权利，目的是保护商标所有者的商誉和声誉，促进了公平竞争和市场的完整性，帮助消费者获得关于产品和服务来源的准确信息。商业秘密本身并不承载民事权利，而是法律保护商业秘密不被非法侵犯，从商业秘密所有人角度来看，是一种不被非法侵犯并受反不正当竞争法等法律法规保护的权利。此外，商业方法软件、技术标准、开源软件、生物技术、植物新品种、生物遗传资源、集成电路布图设计、地理标志和域名等都涉及知识产权保护问题。

二、侵犯知识产权犯罪概述

侵犯知识产权犯罪也称知识产权犯罪（IP Crimes），是指严重侵犯知识产权管理秩序、应受刑罚处罚的行为。有学者认为，刑法意义上的侵犯知识产权犯罪有广义和狭义之分。狭义的侵犯知识产权犯罪就是我国《刑法》分则第三章“破坏社会主义市场经济秩序罪”第七节“侵犯知识产权罪”第213条至第219条之一规定的8个罪名；而广义的侵犯知识产权犯罪还包括侵犯知识产权及知识产权管理秩序相关犯罪，如保护商标权、专利权、著作权、商业秘密过程中的贪污贿赂、渎职、盗窃、走私等犯罪，也包括没有侵犯知识产权但侵犯了知识产权管理秩序的犯罪。

我们不认同前述广义侵犯知识产权犯罪的观点，不应把侵犯知识产权犯罪泛化为民事、行政法意义上的侵犯知识产权行为，后者不应被纳入刑法意义上的犯罪范畴，只是一般的民事侵权行为或行政违法行为，也不能泛化为侵犯知识产权管理秩序相关行为，侵犯知识产权犯罪应当限定为刑法规定的侵犯知识产权管理秩序、具有严重社会危害性的行为，其核心特征有两点：

(1)侵犯社会主义市场经济秩序中知识产权管理秩序。如果某犯罪行为只是与知识产权制度有一定的关联，如前文所述著作权相关的盗窃行为如盗窃他人的作品手稿，虽然也与著作权人的著作权有一定关联，但不能认为其属于侵犯知识产权犯罪，而只是普通的盗窃行为。

(2)具有严重的社会危害性。严重的社会危害性是犯罪区别于一般违法行为的实质特征。如果行为侵犯知识产权管理秩序，但达不到应受刑罚处罚的严重程度，则不能称为侵犯知识产权犯罪。某种行为侵犯知识产权管理制度，也具有严重的社会危害性，但是，刑法尚未将其规定为犯罪的，不属于刑法上的侵犯知识产权犯罪，但属于具有刑法学、犯罪学研究意义的侵犯知识产权犯罪。2021年3月1日施行的《刑法修正案(十一)》将《刑法》第213条修改为："未经注册商标所有人许可，在同一种商品、服务上使用与其注册商标相同的商标，情节严重的，处三年以下有期徒刑，并处或者单处罚金；情节特别严重的，处三年以上十年以下有期徒刑，并处罚金。"将保护的对象由"商品"扩展为"商品、服务"，扩大了注册商标的刑法保护范围。在该修正案施行前假冒他人注册的服务商标且情节严重的行为不构成犯罪，但是，仍属于侵犯知识产权管理秩序且具有严重社会危害性行为，一直以来都是刑法学意义上的侵犯知识产权犯罪，属于广义的侵犯知识产权犯罪。

因此，我们认同前述狭义的侵犯知识产权犯罪的观点，广义的侵犯知识产权犯罪应当限定为侵犯知识产权管理秩序、社会危害性严重的行为。本书研究的侵犯知识产权主要是狭义上的侵犯知识产权罪，在对部分严重侵犯知识产权管理秩序的理论研究中，会使用到广义侵犯知识产权犯罪概念。

知识产权是一种不同于物权、人身权的特殊私权，一般情况下，侵犯知识产权犯罪不仅侵犯权利人的合法权利,还会侵犯知识产权管理秩序和公众的人身财产安全,而后者才是侵犯知识产权犯罪立法保护的主要客体。其理由是:首先,侵犯知识产权犯罪妨害社会经济的发展和国家竞争力的增强。当前社会是高度发达的知识经济社会,保护知识产权对于促进创新至关重要。知识产权制度为企业家、艺术家、公司和投资者提供激励,使之投入必要的资源来研究、开发新技术和作品,有助于提升国家的工业质量和效率,增强国家的竞争力,而侵犯知识产权犯罪最后会危害到国家的竞争力。其次,侵犯知识产权犯罪会危害国家安全和社会公众的安全与健康。当前侵犯知识产权犯罪的影响不仅限于经济领域,劣质、不安全的假货如电气设备、汽车零部件、药品会损害消费者的健康和安全,当这些产品进入政府或军事供应链时,其潜在危害会进一步加重,可能影响我国武装部队的安全甚至危及国家安全,如不安全的网络产品会给国外组织和个人攻击我国国防和国家事务领域的网络系统以可乘之机。因此,包括我国在内的许多国家的刑法没有将侵犯知识产权罪规定为侵犯财产罪,而是设定为妨害社会主义市场经济秩序犯罪。

三、侵犯知识产权犯罪立法现状

我国 1979 年《刑法》没有规定侵犯知识产权罪。随着改革开放的进行,我国建立和发展了社会主义市场经济,在此过程中,侵犯知识产权犯罪对我国经济社会发展的危害越来越严重,为了保护知识产权和与国际知识产权保护立法接轨,有必要以刑法手段保护知识产权和维护我国社会主义市场经济秩序。1997 年《刑法》修订时,在《刑法》分则第三章“破坏社会主义市场经济秩序罪”中设立了独立的一节“侵犯知识产权罪”,下设 8 个条文,规定了 7 种侵犯知识产权犯罪,分别是假冒注册商标罪,销售假冒注册商标的商品罪,非法制造、销售非法制造的注册商标标识罪,假冒专利罪,侵犯著作权罪,销售侵权复制品罪,侵犯商业秘密罪,并规定了对单位犯罪主体的处罚。2000 年 12 月 28 日全国人大常委会通过了《关于维护互联网安全的决定》,该决定第 3 条第(三)项规定,利用互联网侵犯他人知识产权的,依照《刑法》有关规定追究刑事责任,该决定没有改变前述 7 种侵犯知识产权罪的犯罪构成,只规定了利用互联网实施侵犯知识产权罪,需要追究刑事责任的,必须符合前述 7 罪立法的规定。

制定以上侵犯知识产权罪立法后,我国不断加强对知识产权的刑法保护,先后通过了若干有关侵犯知识产权罪司法适用的司法解释。最高人民法院、最高人民检察院在 2004 年通过了《关于办理侵犯知识产权刑事案件具体应用法律若干问题的解释》(以下简称《2004 年解释》),在 2007 年通过了《关于办理侵犯知识产权刑事案件具体应用法律若干问题的解释(二)》(以下简称《2007 年解释》),2010 年最高人民检察院、公安部通过的《关于公安机关管辖的刑事案件追诉标准的规定(二)》第 69 条规定了侵犯知识产权司法适用的内容,2011 年最高人民法院、最高人民检察院、公安部通过了《关于办理侵犯知识产权刑事案件适用法律若干问题的意见》(以下简称《2011 年解释》),2020 年最高人民法院、最高人民检察院通过了《关于办理侵犯知识产权刑事案件具体应用法律若干问题的解释(三)》(以下简称《2020 年解释》)。

除了这些综合性司法解释和法律文件,最高司法机关还对侵犯知识产权罪具体个罪的司法适用制定了司法解释,这些解释有 1998 年最高人民法院通过了《关于审理非法出版物刑事案件具体应用法律若干问题的解释》,2003 年最高人民法院、最高人民检察院、公安部、国家烟草专卖局通过了《关于办理假冒伪劣烟草制品等刑事案件适用法律问题座谈会纪要》,2005 年最高人民法院、最高人民检察院通过了《关于办理侵犯著作权刑事案件中涉及录音录像制品有关问题的批复》,2009 年最高人民法院颁布了《关于集体商标是否属于我国刑法的保护范围问题的复函》,2010 年最高人民法院、最高人民检察院通过了《关于办理非法生产、销售烟草专卖品等刑事案件具体应用法律若干问题的解释》。以上司法解释和法律文件对侵犯知识产权罪立法的正确司法适用发挥了重要作用,是我国不断强化知识产权刑法保护的历史见证。

继 1997 年修订《刑法》,时隔 23 年之后,为了适应网络社会环境下侵犯知识产权罪的发展,我国于 2020 年 12 月 26 日通过了《刑法修正案(十一)》,对侵犯知识产权罪立法进行了大规模修改。此次修改涉及除侵犯专利罪外的所有侵犯知识产权罪条款，体现了从严从重打击侵犯知识产权罪的刑事政策。修改了除假冒专利罪外的各种侵犯知识产权类犯罪的最低法定刑，以有期徒刑作为量刑起点，最高法定刑增加至10年有期徒刑；扩大了侵犯知识产权罪的处罚行为范围，处罚为境外的机构、组织、人员窃取、刺探、收买、非法提供商业秘密罪，并将其最高法定刑设为15年有期徒刑；假冒注册商标罪立法增加了对"服务商标"的保护；与著作权法修改相对应，将侵犯著作权罪的处罚范围扩大到侵犯著作权有关权利行为，并加大了刑罚处罚力度；适应打击侵犯知识产权罪的需要，修改了部分犯罪的构成要件，将销售假冒注册商标的商品罪的危害结果由销售金额修改为违法所得较大或者有其他严重情节，将侵犯商业秘密罪的危害结果由"给商业秘密的权利人造成重大损失""造成特别严重后果"等司法实践中难以证明的构成条件，修改为法官酌情判断的"情节严重"，降低了犯罪成立的司法证明难度。在《刑法修正案（十一）》修正之前，我国没有设立经济间谍罪，对于"力拓案"这种严重损害我国经济安全的犯罪，只能按照处罚较轻的侵犯商业秘密罪定罪处罚，不利于保护我国商业秘密和国家经济安全，《刑法修正案（十一）》增设了为境外的机构、组织、人员窃取、刺探、收买、非法提供商业秘密罪，填补了该领域犯罪立法的空白。经过本次大规模立法修改后，我国打击侵犯知识产权罪的力度明显加大，将为保护知识产权和维护我国社会主义市场经济秩序发挥更大的作用。2023年最高人民法院、最高人民检察院发布了《关于办理侵犯知识产权刑事案件适用法律若干问题的解释》（征求意见稿），但迟迟未发布新的司法解释。

第二节　侵犯知识产权罪的构成特征

知识产权是多种权利的统称，侵犯知识产权罪是破坏社会主义市场经济秩序罪中的一类犯罪，包含8种犯罪，这些个罪的构成特征各异。作为侵犯知识产权罪类罪而言，本没有所谓的类罪构成要件，但是这些犯罪被规定在"侵犯知识产权罪"一节中，在犯罪构成上具有共同特征,以下对其进行分析。

一、犯罪客体特征

犯罪客体是指刑法保护的、被犯罪侵犯的社会关系。犯罪客体分为一般客体、同类客体和直接客体。一般客体是指所有犯罪侵犯的社会关系,即我国社会主义社会关系。同类客体是指某一类犯罪主要侵犯的社会关系。直接客体是指某一种犯罪主要侵犯的特定社会关系。一般客体是刑法学理论上的概念,而同类客体和直接客体则具有法定性,是由刑法分则的规定所确定。

侵犯知识产权罪的主要客体是知识产权相关社会主义市场经济秩序。《刑法》分则将犯罪分为十章,部分章下设了若干节,第三章"破坏社会主义市场经济秩序罪"设置了包括侵犯知识产权罪在内的8节犯罪,这些章或节规定的犯罪具有相同的类罪客体,作为该章下的节类罪,侵犯知识产权罪及其所规定8种个罪的上位同类客体是社会主义市场经济秩序,其侵犯的主要客体可以简称为知识经济秩序。

侵犯知识产权罪的次要客体是知识产权和其他法益。这一结论不仅可以从该节的节名中得出,也可以从该节具体个罪条款规定中得出,如构成《刑法》第216条规定的假冒专利罪,犯罪人假冒的必须是"他人专利",如果其标注的不是真实的他人的有效专利号,不能构成该罪。构成侵犯商标权、著作权及其邻接权和商业秘密犯罪也以被害人依法享有相应的知识产权为前提。但是,虽然构成侵犯知识产权罪往往以实际侵犯知识产权为条件,但是,知识产权并不是该类犯罪的主要客体,这是因为知识产权主要是一种财产权利,如果该罪的主要客体是知识产权,侵犯知识产权罪就应当整节放置于"侵犯财产罪"一章中。当前侵犯知识产权罪被设置于"破坏社会主义市场经济秩序罪"一章中,表明该节犯罪的同类客体和主要客体是社会主义市场经济秩序,而不是知识产权。同时,侵犯知识产权罪中有个别犯罪侵犯国家经济利益乃至国家安全,即2020年通过的《刑法修正案(十一)》增设的为境外的机构、组织、人员窃取、刺探、收买、非法提供商业秘密罪,该罪不仅侵犯我国社会主义市场经济秩序和他人的商业秘密,也侵犯了我国经济利益乃至国家安全，该罪是侵犯知识产权罪中较为特殊的犯罪，是对照美国 1996 年《经济间谍法》设立的、为同等保护我国商业秘密而设立的犯罪。

二、客观方面特征

侵犯知识产权罪表现为侵犯他人注册商标权、专利权、著作权和商业秘密、破坏知识经济秩序且情节严重的行为。首先，侵犯知识产权罪属于行政犯，构成该类犯罪以违反知识产权相关行政法律法规、侵犯知识产权为前提。《商标法》、《专利法》、《著作权法》和《反不正当竞争法》及相关法律法规规定了保护以上权利的制度，构成侵犯知识产权罪以违反以上行政法律法规为前提。不过，前述行政法律和侵犯知识产权罪立法并不完全一致，违反前述行政法律法规的行为并不都构成侵犯知识产权罪，只有齐备侵犯知识产权罪立法规定的构成要件的行为才能成立侵犯知识产权罪。其次，侵犯知识产权罪是情节犯。修改后的侵犯知识产权罪都是情节犯，虽然有的侵犯知识产权罪如销售假冒注册商标的商品罪、侵犯著作权罪、销售侵权复制品罪列举了"违法所得数额较大"构成要件，但其只是属于情节的一种表现形式，各罪都以具有严重情节或者一定的犯罪情节为犯罪成立的条件。

三、主体特征

侵犯知识产权罪的主体是一般主体，包括一般自然人主体和一般单位主体。在侵犯著作权罪中，有的犯罪主体可以是与著作权人签订了著作权使用合同的人，这些人超出著作权使用合同的约定范围使用著作权人的著作权作品的，构成侵犯著作权罪，犯罪人的身份是著作权合同的授权主体，具有法定的身份，可以认为是特殊主体。但是，这类主体只是侵犯著作权罪的犯罪主体中的一小部分，对于该罪而言，其犯罪主体整体上仍然是一般主体。

四、主观方面特征

侵犯知识产权罪主观方面是故意，行为人必须明知侵犯他人的知识产权、破坏知识经济秩序，希望或放任危害后果。该类犯罪在实际生活中都具有一定的犯罪目的，多为非法牟利或者给权利人造成经济利益损害等目的。但是,刑法对多数侵犯知识产权罪没有规定特殊的犯罪目的,检察机关无须证明行为人具有特定的犯罪目的,从而降低了证明犯罪成立的难度。《刑法》第219条之一规定的为境外的机构、组织、人员窃取、刺探、收买、非法提供商业秘密罪,该罪具有法定的特殊犯罪目的,即为境外的机构、组织、人员窃取、刺探、收买、非法提供商业秘密,检察机关不仅要证明行为人主观上是故意,还要证明其具有前述特定犯罪目的,该犯罪目的也是该罪的法定刑较之于侵犯商业秘密罪更重的原因。

第三节 侵犯知识产权罪的种类

我国《刑法》规定的侵犯知识产权罪包括8种犯罪,虽然这8种犯罪是各自独立的犯罪,但部分犯罪之间具有关联性,这种关联性是建立在侵犯的知识产权类型基础上的。因此,可以根据犯罪行为侵犯的知识产权类型,将其分为四类犯罪,分别是侵犯商标权的犯罪、侵犯专利权的犯罪、侵犯著作权及相关权利的犯罪和侵犯商业秘密的犯罪。此外,还可以根据犯罪行为是否具有政治性目的,将其分为只具有经济性目的的侵犯知识产权罪和具有政治性目的的侵犯知识产权罪。后者为新增的《刑法》第219条之一规定的为境外的机构、组织、人员窃取、刺探、收买、非法提供商业秘密罪,该罪具有特殊的保护国家经济安全乃至国家安全作用,前者是其他7种侵犯知识产权罪,它们都不要求有为境外服务的目的。这里按照前一种分类标准讨论侵犯知识产权罪的类型。

一、侵犯商标权的犯罪

侵犯商标权的犯罪是指侵犯他人商标权的犯罪,包括假冒注册商标罪、销售假冒注册商标的商品罪和非法制造、销售非法制造的注册商标标识罪。假冒注册商标罪处罚的是未经注册商标所有人许可,在同一种商品、服务上使用与其注册商标相同的商标且情节严重的行为。销售假冒注册商标的商品罪处罚的是销售明知是假冒注册商标的商品,违法所得数额较大或者有其他严重情节的行为。非法制造、销售非法制造的注册商标标识罪处罚的是伪造、擅自制造他人注册商标标识或者销售伪造、擅自制造的注册商标标识且情节严重的行为。如果商标的合法使用者没有登记取得注册商标专用权,行为人即使实施了前述侵犯商标的行为,也不构成前述3种犯罪。

需要注意的是,以上3种犯罪只是将部分侵犯商标权的行为纳入刑法处罚的范围。根据我国《商标法》的规定,“注册商标的专用权,以核准注册的商标和核定使用的商品为限”。而注册商标的权利保护范围是注册商标所有人行使禁止权的范围,不同于注册商标专用权的权利范围,而是比后者要大,保护的范围除了核定注册的商标和核定使用的商品外,还包括与注册商标近似的商标和与该注册商标核定使用的商品相类似的商品。但是,这种注册商标权利保护只是民法和行政法保护,而不是刑法保护。刑法保护的范围要狭窄得多,只及于注册商标专用权的权利范围,如假冒注册商标罪处罚的限于在同一种商品、服务上使用与其注册商标相同的商标的行为,而不能是在相似的商品上使用相近似的商标的行为。销售假冒注册商标的商品罪和非法制造、销售非法制造的注册商标标识罪对注册商标及其标识、标注注册商标标识的商品也有以上相同的要求。这是因为,刑法处罚的是具有严重社会危害性的行为,相比于商标法禁止的其他行为,前述刑法处罚的行为的社会危害性更为严重,且达到了应受刑罚处罚的严重程度,故由刑法进行处罚,而其他侵犯商标权的行为则由商标法和民法来规制,就可以实现保护注册商标专用权的法律效果。

二、侵犯专利权的犯罪

侵犯专利权的犯罪仅有假冒专利罪。该罪是指假冒他人专利且情节严重的行为,限于在产品说明书等材料上未经许可使用他人的专利号,而不是标注并不存在的专利号,使公众将所涉及的技术或设计误认为是他人的专利技术或专利设计,在广义上侵犯了他人的专利相关权利。

该罪行为范围比《专利法》规定的假冒专利行为要狭窄。根据《专利法实施细则》第84条的规定,《专利法》中的假冒专利的行为是指:(1)在未被授予专利权的产品或者其包装上标注专利标识,专利权被宣告无效后或者终止后继续在产品或者其包装上标注专利标识,或者未经许可在产品或者产品包装上标注他人的专利号;(2)销售第(1)项所述产品;(3)在产品说明书等材料中将未被授予专利权的技术或者设计称为专利技术或者专利设计,将专利申请称为专利,或者未经许可使用他人的专利号,使公众将所涉及的技术或者设计误认为是专利技术或者专利设计;(4)伪造或者变造专利证书、专利文件或者专利申请文件;(5)其他使公众混淆,将未被授予专利权的技术或者设计误认为是专利技术或者专利设计的行为。但是,专利权终止前依法在专利产品、依照专利方法直接获得的产品或者其包装上标注专利标识,在专利权终止后许诺销售、销售该产品的,不属于假冒专利行为。可见,该罪行为只是前述第(1)项假冒专利行为中的一种行为方式,比《专利法》中的假冒专利行为要狭窄得多,这也说明刑法处罚的假冒专利行为只是《专利法》规制的假冒专利行为中最严重的一种。

该罪行为不同于侵犯专利权行为。侵犯专利权的行为是指在专利获得授权后,他人在无法律依据并且未征得专利人的授权情形下实施专利的行为。因此,从严格意义上讲,侵犯专利权的行为限于前述实施专利的行为,而无论是《专利法》还是《刑法》中的假冒专利行为,都不属于侵犯专利权的行为。这也说明侵犯专利权行为不受刑法规制,只是由于假冒专利罪的危害行为使用了他人的专利号,在一定意义上可以说是侵犯了他人专利权的犯罪,故称为侵犯专利权的犯罪。

三、侵犯著作权的犯罪

侵犯著作权的犯罪是指侵犯他人著作权及相关权利的犯罪,包括侵犯著作权罪和销售侵权复制品罪。侵犯著作权罪是指以营利为目的,侵犯著作权或者与著作权有关的权利,且违法所得数额较大或具有其他严重情节的行为。该罪包括六种行为:(1)未经著作权人许可,复制发行、通过信息网络向公众传播其文字作品、音乐、美术、视听作品、计算机软件及法律、行政法规规定的其他作品的;(2)出版他人享有专有出版权的图书的;(3)未经录音录像制作者许可,复制发行、通过信息网络向公众传播其制作的录音录像的;(4)未经表演者许可,复制发行录有其表演的录音录像制品,或者通过信息网络向公众传播其表演的;(5)制作、出售假冒他人署名的美术作品的;(6)未经著作权人或者与著作权有关的权利人许可,故意避开或者破坏权利人为其作品、录音录像制品等采取的保护著作权或者与著作权有关的权利的技术措施的。销售侵权复制品罪是指以营利为目的,销售明知是侵犯著作权法规定的侵权复制品,且违法所得数额较大或具有其他严重情节的行为。

与侵犯商标权的犯罪相似,侵犯著作权的犯罪也只将《著作权法》规定的部分侵权行为规定为犯罪。《著作权法》第 52 条列举的侵犯著作权的行为包括侵犯他人发表权、署名权、保护作品完整权、复制权、发行权、展览权、信息网络传播权、摄制权、改编权、翻译权、获得使用报酬权、出租权、邻接权、表演权的行为。侵犯著作权犯罪只将其中的侵犯复制权、发行权、信息网络传播权、出版权、录音录像制作者和表演者的邻接权、以技术措施保护作品权的行为规定为侵犯著作权罪,没有扩张为所有侵犯著作权的行为。销售侵权复制品的行为不直接侵犯他人著作权或邻接权,也没有被《著作权法》列举规定,却对侵犯他人发行权的行为具有重要的支持作用,间接侵犯了他人作品的著作权,刑法认为有必要将其规定为犯罪。以上行为违法所得数额较大或者具有其他严重情节时,表明其社会危害性达到严重的程度,需要以刑罚处罚来规制,而其他没有被前述两罪规定的行为则由《著作权法》和其他民事法律来规制。

四、侵犯商业秘密的犯罪

侵犯商业秘密的犯罪包括侵犯商业秘密和为境外的机构、组织、人员窃取、刺探、收买、非法提供商业秘密罪,后者也被称为经济间谍罪。侵犯商业秘密罪是指侵犯商业秘密且情节严重的行为,包括三种行为:(1)以盗窃、贿赂、欺诈、胁迫、电子侵入或者其他不正当手段获取权利人的商业秘密的;(2)披露、使用或者允许他人使用以前项手段获取的权利人的商业秘密的;(3)违反保密义务或者违反权利人有关保守商业秘密的要求,披露、使用或者允许他人使用其所掌握的商业秘密的。同时，明知上述行为，获取、披露、使用或者允许他人使用该商业秘密的，以侵犯商业秘密论。经济间谍罪是指为境外的机构、组织、人员窃取、刺探、收买、非法提供商业秘密的行为，该罪是《刑法修正案(十一)》新增的犯罪，也是唯一具有政治性目的的侵犯知识产权罪。

刑法处罚的侵犯商业秘密的犯罪大于《反不正当竞争法》规定的侵犯商业秘密行为。根据《反不正当竞争法》第 9 条规定的侵犯商业秘密行为包括四种行为，分别是：(1) 以盗窃、贿赂、欺诈、胁迫、电子侵入或者其他不正当手段获取权利人的商业秘密；(2) 披露、使用或者允许他人使用以前项手段获取的权利人的商业秘密；(3) 违反保密义务或者违反权利人有关保守商业秘密的要求，披露、使用或者允许他人使用其所掌握的商业秘密；(4) 教唆、引诱、帮助他人违反保密义务或者违反权利人有关保守商业秘密的要求，获取、披露、使用或者允许他人使用权利人的商业秘密。明知或者应知商业秘密权利人的员工、前员工或者其他单位、个人实施本条第 1 款所列违法行为，获取、披露、使用或者允许他人使用该商业秘密的，视为侵犯商业秘密。可见，侵犯商业秘密罪处罚的行为是除了前述第(4)项行为之外的《反不正当竞争法》规定的侵犯商业秘密行为，同时，教唆、引诱、帮助他人实施侵犯商业秘密罪的，可以依照刑法总则相关规定按照侵犯商业秘密罪的教唆犯、帮助犯处罚，因此，《反不正当竞争法》规定的侵犯商业秘密行为完全落入刑法规制的范围内。不仅如此，《反不正当竞争法》没有专门规定为境外的机构、组织、人员窃取、刺探、收买、非法提供商业秘密行为，而刑法将其规定为犯罪且为重罪，这说明经济间谍罪行为本不属于不正当竞争行为，而是危害国家经济利益和安全的犯罪行为。从以上立法关系来看，我国刑法高度重视保护商业秘密，也重视打击侵犯商业秘密危害国家安全的犯罪。

第二章　假冒注册商标罪

商标,俗称品牌,通常由常用文字、图形组成,或二者兼有。在商品经济高度发达的今天,商标作为商标持有人的无形资产表现出巨大的经济价值。现代商标不仅是商品自身质量的说明,更是融入了社会属性和情感因素,成功的商标将一流的质量和贴心的服务带入人心,引导消费者去购买其所代表的商品。正是因为商标对其所有权人的这种经济价值和对社会经济的作用,保护商标专用权成为近代以来各国法律的通行做法。新中国的侵犯商标权犯罪立法是伴随商标制度的立法,从无到有逐步发展起来的,1979 年《刑法》第 127 条规定了假冒商标罪,1993 年全国人大常委会通过了《关于惩治假冒注册商标犯罪的补充规定》(现已失效),对 1979 年《刑法》第 127 条进行了修改和补充,1997 年修订的《刑法》将假冒注册商标罪、销售假冒注册商标的商品罪和非法制造、销售非法制造的假冒注册商标标识罪三个罪名规定在刑法分则第三章“破坏社会主义市场经济秩序罪”第八节“侵犯知识产权犯罪”中,设置了独立的法定刑。2020 年 12 月 26 日通过的《刑法修正案(十一)》对侵犯商标权犯罪进行了修订,其中,将假冒注册商标罪修改为“未经注册商标所有人许可,在同一种商品、服务上使用与其注册商标相同的商标,情节严重的,处三年以下有期徒刑,并处或者单处罚金;情节特别严重的,处三年以上十年以下有期徒刑,并处罚金”。将注册商标的载体由原来的“同一种商品”修改为“同一种商品、服务”，以与《商标法》规定保持一致，同时，提高了法定刑，将该罪的基本罪法定刑的下限提升为 3 年有期徒刑、重罪的法定刑上限提升为 10 年有期徒刑。

第一节　假冒注册商标罪的犯罪构成

根据《刑法》第 213 条的规定，假冒注册商标罪是指未经注册商标所有人的许可，在同一种商品、服务上使用与其注册商标相同的商标且情节严重的行为。本罪是复杂的犯罪构成，具有基本罪和重罪两个构成类型，构成本罪重罪，除了具备基本罪的构成要件外，必须同时具有特别严重的情节。对本罪基本罪的构成要件分析如下。

一、犯罪客体方面

本罪犯罪客体方面包括犯罪客体和犯罪对象两个构成要件，以下进行分析。

（一）犯罪客体

本罪的客体是国家的商标管理制度和他人的注册商标专用权。关于本罪的犯罪客体，我国刑法理论界有不同观点：一种观点认为，本罪的犯罪客体是简单客体，简单客体论者的观点又有分歧，有的认为本罪的犯罪客体是他人的注册商标专用权，还有的认为是国家商标管理制度或国家商标管理活动；另一种观点认为，本罪的犯罪客体是复杂客体，复杂客体论者的观点也有分歧，有的认为是国家商标管理制度和他人的注册商标专用权，还有的认为是国家商标管理制度、他人的注册商标专用权、市场经济秩序和消费者合法权益。我们认为，本罪的犯罪客体应当是复杂客体，是国家商标管理制度和他人的注册商标专用权。这是因为，本罪是侵犯社会主义市场经济秩序罪中的犯罪，不是一个单纯侵犯财产权利的犯罪，注册商标制度是我国市场经济活动中的重要管理制度，本罪的犯罪行为必然要侵犯注册商标管理秩序，而不是一般意义上的市场经济秩序。次要客体是他人的注册商标专用权，注册商标专用权是权利人依法享有的财产权利,假冒他人注册商标会损害权利人的市场份额,损害权利人的商业信誉,必然要侵犯权利人的这一财产权利。

有观点认为,假冒注册商标的行为不仅侵犯了注册商标所有人对商标的专用权,同时也侵犯了消费者的知情权,对消费者产生了误导,从而侵犯了广大消费者的合法权益。笔者认为,这种观点不正确。根据刑法学理论通说,犯罪的直接客体是指某一犯罪行为所直接侵犯的具体社会关系,如果某一行为不是直接地而只是间接地侵犯了某种社会关系,那么,该种社会关系就不能认为是该种犯罪的直接客体。假冒注册商标罪的犯罪行为,首先是对注册商标专用权的侵害,通过侵犯他人注册商标专用权、使用他人注册商标,才间接地侵犯到了消费者的合法权益。换句话说,对消费者合法权益的侵犯,以对注册商标所有人的注册商标专用权侵犯为前提,如果没有侵犯他人注册商标专用权,那么对于假冒注册商标罪来讲,消费者的合法权益就不会受到侵犯。因此,笔者认为,消费者的合法权益不适宜作为本罪侵犯的直接客体。

综合以上,本罪的犯罪客体应当是国家注册商标管理制度和他人的注册商标专用权。

(二)犯罪对象

根据我国《刑法》第 213 条的规定,本罪的犯罪对象只能是在注册有效期内的商品、服务的商标,不包括未注册的商标。

商标是商品生产者或者经营者为使自己生产或者经营的商品或者服务与市场上的其他生产者或者经营者的商品或者服务相区别,而使用的具有显著性的标志;它是区别不同商品生产者、服务提供者或其经营者的一种专用标志,一般由文字、图形、字母、数字三维标志和颜色组合及上述要素的组合构成,通常附注在商品或其包装上。商标具有从属性,是商品或者服务上使用的标记;具有相对独立的财产特性;具有识别性,用来区别商品的来源;具有表彰性,表示商品的属性。

注册商标是经过国家商标局核准注册的商标,我国实行商标注册原则,注册商标的权利人依法享有该商标的专用权,他人不得非法侵害。根据我国《商标法》的规定,注册商标的有效期为 10 年,自核准之日起计算,有效期满需要继续使用的,应当在有效期满 6 个月内申请续展注册,在此期限内未能提出申请的,注销其注册商标,每次续展注册的有效期为10年。除了因为注册商标到期而没有续展而被注销外,注册商标还可能因为其他原因被撤销,例如注册商标属于违反《商标法》第8条规定的商标,或者是以欺骗手段或其他不正当手段取得注册的,经过商标局撤销,该注册商标归于无效。

使用他人已经无效的注册商标的,不构成侵犯他人注册商标专用权和国家商标管理制度的行为,不构成本罪。也就是说,作为本罪犯罪对象的商标应该具有以下特征:(1)必须是同一种商品、服务的注册商标。未注册的商标不能成为本罪的犯罪对象,假冒他人注册商标的,才有可能构成假冒注册商标罪。(2)必须是在有效期内。注册商标必须在有效期内才受法律保护,否则视为未注册商标,不能成为假冒注册商标罪的犯罪对象。

(三)争议问题

1.未注册驰名商标能否成为本罪的犯罪对象?

1883年缔结的《保护工业产权的巴黎公约》(以下简称《巴黎公约》)要求其成员国在本国法律允许的条件下,如果其他成员国主管机关认为该国一项商标已成为驰名商标,有义务对其给予保护。该公约第6条第2款专门规定了对驰名商标保护的三项内容:(1)未注册的驰名商标的使用人享有禁止他人使用的权利。(2)商标主管机关对抢注的商标可以拒绝或撤销注册。(3)驰名商标所有人对他人已注册的,自注册之日起至少5年内可以提出撤销该注册商标;如果注册是恶意的,撤销时间不受限制。1994年生效的《与贸易有关的知识产权协议》(以下简称TRIPs协议)也规定了对驰名商标的保护,与《巴黎公约》相比,该协议对驰名商标的保护更进一步,将驰名商标的保护范围从商品商标扩大到服务商标,扩展了驰名商标权利人的权利范围,将驰名商标权利人的禁止权从相同或类似商品、服务上扩大到不类似的商品、服务上,对认定驰名商标的标准作了原则规定,即考虑相关公众对该商标的知晓程度和商标的宣传程度。

我国加入WTO后,为履行公约义务,于2001年修改了《商标法》,参照《巴黎公约》和TRIPs协议的规定,增加了保护驰名商标的规定。我国《商标法》第13条规定,"为相关公众所熟知的商标,持有人认为其权利受到侵害时,可以依照本法规定请求驰名商标保护。就相同或者类似商品申请注册的商标是复制、摹仿或者翻译他人未在中国注册的驰名商标,容易导致混淆的,不予注册并禁止使用。就不相同或者不相类似商品申请注册的商标是复制、摹仿或者翻译他人已经在中国注册的驰名商标,误导公众,致使该驰名商标注册人的利益可能受到损害的,不予注册并禁止使用”。可见,我国《商标法》对驰名商标给予了扩张保护,基本符合《巴黎公约》和TRIPs协议的相关要求。

2001年最高人民检察院和公安部颁行的《关于经济犯罪案件追诉标准的规定》(以下简称2001年《追诉标准规定》)(现已失效)第61条规定,假冒他人驰名商标或者人用药品商标的,应予追诉。有人据此认为,未注册驰名商标可以成为本罪的犯罪对象。但是,适用该罪的前提仍然是“未经注册商标所有人许可,在同一种商品上使用与其注册商标相同的商标”。而注册商标的标准只能是在我国注册,而不包括在外国注册。我国2019年修正后的《商标法》第3条、第17条、第18条对外国驰名商标问题作了规定:经商标局核准注册的商标为注册商标,商标注册人享有商标专用权,受法律保护;外国人或者外国企业在中国申请商标注册的,应当按其所属国和中华人民共和国签订的协议或者共同参加的国际条约办理,或者按对等原则办理;外国人或者外国企业在中国申请商标注册和办理其他商标事宜的,应当委托国家指定的组织代理。根据我国《商标法》所确定的商标管理制度,只有经过我国商标局核准注册的商标才能称为注册商标。未在我国注册的驰名商标虽受我国《商标法》和我国参加的国际条约的保护,但是,由于我国刑法只保护注册商标,根据罪刑法定原则,未注册驰名商标不能成为本罪的犯罪对象。

目前我国刑法规定的假冒注册商标罪没有把保护的对象扩展到驰名商标,其原因可能是多方面的,比如国际公约并未要求缔约国以刑法手段保护驰名商标,我国也没有必要给予其过高的法律保护,再如驰名商标的认定还存在操作上的问题,不如注册商标那么明确,且驰名商标一般都是注册商标,或者容易通过注册程序成为注册商标,进而受刑法的保护等。无论我国立法者考量的因素,从司法角度看,假冒注册商标罪的犯罪对象只能是注册商标,未经注册的驰名商标不是本罪的犯罪对象,侵犯未注册的驰名商标的,只能依据商标法的规定谋求行政法律保护。

2. 服务商标、集体商标、证明商标能否成为本罪的犯罪对象?

在《刑法修正案(十一)》通过之前,服务商标不是本罪的犯罪对象。所谓服务商标是指服务性行业所使用的区别标志,即提供服务的人在其向社会公众提供的服务项目上所使用的标志。这里所说的服务主要包括教育、旅行、餐饮、交通运输、信息咨询等。有的学者认为,假冒注册商标罪的对象仅限于商品商标,而不包括服务商标在内。假冒服务商标的行为,即使情况严重,也不构成假冒注册商标罪。也有学者认为,根据2001年《商标法》第4条第2款、第3款的规定,"自然人、法人或者其他组织对其提供的服务项目,需要取得商标专用权的,应当向商标局申请服务商标注册;本法有关商品商标的规定,适用于服务商标"。据此,在同一种服务项目上,使用与他人注册商标相同商标的,也是假冒他人注册商标的行为,可能构成假冒注册商标罪。在《刑法修正案(十一)》对假冒注册商标罪进行修改之前,该罪的犯罪对象只有商品商标,不包括服务商标,虽然从广义来说,服务也属于一种商品,但毕竟在法律术语上与商品相区别,因此,以前不能将假冒他人服务注册商标的行为认定为假冒注册商标罪。

服务商标是商品商标的延伸和扩展,是商品经济和服务业发展的产物。随着我国改革开放,产业结构变革越来越大,服务业比例迅速提高,刑法不对服务商标进行保护是不合理的。服务商标和商品商标并无本质上的区别,都是为了使自己的商品和服务区别于别人商品或服务的标记,二者都代表了商标所有人的现有和期待利益。知名的服务商标的推广同样凝聚着商标持有人大量的财力、物力、人力。对他人服务的注册商标进行假冒,是对服务商标所有人商标专用权的严重危害,其后果并不弱于假冒注册商品商标的行为。以前刑法没有保护服务商标,是因为刑事法律与社会发展存在脱节,当前我国的服务产业蓬勃发展,已经成为社会经济的重要组成部分,给服务商标以与商品商标相同的刑法保护十分必要,只有这样才能使各产业发展获得平等的法律保护,促进国家经济的协调正常发展。从法律层面看,我国《商标法》规定,企业、事业单位和个体工商业者,对其提供的服务项目,需要取得商标专用权的,应当向商标局申请服务商标注册。该法有关商品商标的规定,适用于服务商标。可见,《商标法》对服务商标和商品商标持相同的、同等保护的态度。我国刑法只把假冒他人注册商品商标的行为规定为假冒注册商标罪,不利于服务注册商标权的保护。经过多年的酝酿和论证,2020 年 12 月立法机关通过《刑法修正案(十一)》修改了该罪的犯罪对象,补充了服务注册商标的规定,完善了假冒注册商标罪立法。

根据《商标法》的规定,所谓集体商标是指以团体、协会或者其他组织名义注册,供该组织成员在商事活动中使用,用以表明使用者在该组织中的成员资格的标志。所谓证明商标是指对某种商品或服务具有监督能力的组织所控制,而由该组织以外的单位或者个人使用于其商品或者服务,用以证明该商品或者服务的原产地、原料、制造方法、质量或者其他特定品质的标志。证明商标一般由商会、机关或与有关团体组织申请注册,这些组织对某种商品或服务具有监督能力。这些商标能证明商品或服务的产地、原料、制造方法、质量、精确度或其他特定品质,能帮助商品的生产者或服务提供者扩大知名度,使商品或服务对消费者产生更大吸引力,如 QS 标志、ISO9002 质量认证标志、欧共体的"担保商标"CE 等都是证明商标。假冒集体商标和证明商标也存在破坏商标管理制度和侵犯相关权利人的权利问题,不过,与假冒商品、服务注册商标不同的是,前者更多地表现出破坏商标管理制度的特性,而欠缺侵犯特定权利人的商标权,能否因为这方面的差别而不纳入假冒注册商标罪的保护范围,值得研究。有观点认为,证明商标和集体商标一样,在我国并不普遍,出现了个案采取其他的途径也能解决行为人的责任问题。我们认为,集体商标和证明商标在证明产品的品质方面比普通商标具有更强的说服力,假冒这些特殊标志,行为人可能谋取到更多非法利益,其社会危害性并不比假冒普通商标轻,对于其中情节严重的,应该纳入刑法打击的范围。2009 年 4 月 10 日签发的《最高人民法院刑事审判第二庭关于集体商标是否属于我国刑法的保护范围问题的复函》第 1 条规定,"刑法第二百一十三条至二百一十五条所规定的'注册商标'应当涵盖'集体商标'"。该司法解释文件确认了集体商标可以受假冒注册商标罪的保护。但是,关于证明商标还没有生效的法律文件予以确认纳入假冒注册商标罪的保护。

二、犯罪客观方面

假冒注册商标罪的客观方面表现为未经注册商标所有人许可,在同一种商品、服务上使用与其注册商标相同的商标且情节严重,包括以下构成要件要素。

(一)未经注册商标权利人许可使用注册商标

使用他人的注册商标,必须经过商标权利人的许可。我国《商标法》第43条规定:"商标注册人可以通过签订商标使用许可合同,许可他人使用其注册商标。许可人应当监督被许可人使用其注册商标的商品质量。被许可人应当保证使用该注册商标的商品质量。经许可使用他人注册商标的,必须在使用该注册商标的商品上标明被许可人的名称和商品产地。许可他人使用其注册商标的,许可人应当将其商标使用许可报商标局备案,由商标局公告。商标使用许可未经备案不得对抗善意第三人。"《商标法实施条例》第69条对使用他人的注册商标进一步具体规定,"许可他人使用其注册商标的,许可人应当在许可合同有效期内向商标局备案并报送备案材料。备案材料应当说明注册商标使用许可人、被许可人、许可期限、许可使用的商品或者服务范围等事项"。以上规定不仅要求使用他人注册商标必须经过权利人许可,而且还要求使用者和授权者有备案使用许可合同、许可者负有监督使用者的法律义务。从构成本罪的条件看,只要商标注册人许可(包括口头和书面许可),使用该许可所指向的商标就不构成侵权和犯罪,而并非一定要采取书面许可的形式,才将其作为符合"未经权利人许可"的要件要素。假冒注册商标是未经商标权利人许可、擅自使用他人注册商标的行为,严重侵害他人商标专用权。这里的"他人"指依法取得注册商标专用权的企业、事业单位和个体工商业者,也包括外国人或外国企业。

以上观点也被称为权利人同意说,是目前刑法学界的通说。但学界也有不同意见,主要有合同说和法律说。合同说认为,认定行为人是否获得商标权利人许可的唯一的标准是行为人是否与注册商标所有人签订了商标使用的许可合同,其依据为2019年《商标法》第43条的规定,即商标注册人可以通过签订商标使用许可合同,许可他人使用其注册商标,商标许可使用合同应当报商标局备案。而持法律说的学者认为,商标的转让与使用许可要签订合同,并经国家工商行政管理部门的批准,行为人能够证明有注册商标所有人口头许可的,可视为得到了许可。注册商标所有人与行为人的商标使用许可合同中没有规定以上报批准生效要件的,没有经国家工商行政管理部门批准并不影响效力,行为人的使用不构成侵权,更不构成犯罪;如果合同约定以上批准行为为生效要件的,而没有经国家工商行政管理部门批准则不认为取得了使用的权利,行为人使用仍构成侵权。

本书同意通说的观点。假冒注册商标罪的实质在于无权使用而非法使用他人注册商标,并侵犯他人商标专用权。如果使用人有充分的证据证实其已得到注册商标所有人的明确许可承诺,但未签订许可合同,或者签订了许可合同,但未按法定程序办理有关手续即使用了注册商标,一般不宜作为犯罪处理。上述行为虽然违反了商标管理的行政法规,但毕竟得到了注册商标所有人的许可,不是无权使用行为,不侵犯他人的注册商标专用权。该上述行为只是违反注册商标使用管理制度的行为,可以依照相关行政法律法规进行处理,但由于没有侵犯本罪的犯罪客体,故不宜以犯罪处理。按照合同说的标准作为判断是否获得权利人的许可,有易于判断、简洁明了的优点。但是,在现实生活中,的确存在权利人许可他人使用其注册商标但没有签订书面合同或者先使用后签订合同的情形。如果采纳合同说的认定标准,将会使很多本可通过行政处罚处理的案件进入刑事法律程序,不仅浪费司法资源,而且扩大了刑法的打击范围,有违刑法谦抑精神。实践中出现的被许可人使用他人注册商标而不在商品上标明被许可人名称和产地的,属于违反《商标法》的行为,同时也侵犯了消费者的知情权。但是,行为人是经过他人许可使用其注册商标,其行为是没有侵犯权利人的商标权,不构成假冒注册商标罪。

签订了注册商标使用许可合同后不备案的,对许可发生法律效力是否有影响?根据最高人民法院《关于审理商标民事纠纷案件适用法律若干问题的解释》第19条的规定,商标使用许可合同未经备案的,不影响该许可合同的效力,但当事人另有约定的除外。由此可见,即使签订了注册商标使用许可合同,若当事人约定备案后生效,未备案前使用他人的注册商标亦视为“未经商标注册人的许可”。需要注意的是,商标专用权范围以经核准注册的商标和核定适用的商品为限,超出该范围许可他人使用注册商标对商标注册人来说属于越权行为,许可他人使用的许可合同自然得不到法律的支持。

(二)行为人在同一种商品、服务上使用了与注册商标相同的商标

这一要件的认定涉及如何理解“使用”“同一种商品、服务”“相同的商标”等问题。

1. 关于本罪中的“使用”行为的理解

关于本罪中的“使用”,《2004 年解释》第 8 条规定,是指将注册商标或者假冒的注册商标用于商品、商品包装或者容器以及产品说明书、商品交易文书,或者将注册商标或者假冒的注册商标用于广告宣传、展览以及其他商业活动等行为。因此,一般认为,这里的“使用”包括用于商品本身、商品包装或者容器,以及商品、服务交易文书,或者用于广告宣传、展览以及其他业务中。

有学者认为,关于本罪的“使用”行为有广义说、狭义说和折中说三种观点,以上主流观点属于广义说。狭义说认为,“使用”的本意是将商标附着于商品,因而只能用在商品本身及其包装上,不宜泛论。而折中说则认为,如果采取狭义说的解释,不利于取缔和惩罚假冒注册商标行为,也不利于对被侵权者商标权的保护。折中说不同广义说,认为其将刑法意义上的商标使用行为扩大到将商标用于电视、报刊等新闻媒体宣传广告或者参加展览以促销其产品等其他业务活动的情形也是有问题的。理由是:首先,从商标使用的意义来看,在于标示其商品、服务,因此,商标必须和商品、服务有某种程度的结合,才具有商标的本来意义,而将商标用于广告宣传、参加展览等的情形,则很难说该商标的出现即有标示具体商品的作用。其次,从犯罪预防的角度来讲,很难想象有人会只是将他人的商标用于电视等媒体作广告宣传或参加展览,而不在商品、服务本身或其包装或容器上使用该商标来标示其商品或服务的情形,否则非法使用者岂不是自己花钱替商标权人做广告。

笔者认为,从本罪的立法目的来看,本罪保护的客体是国家的商标管理制度和注册商标所有人的注册商标专用权。一般来说,行为人假冒注册商标的目的是借助被假冒的注册商标的知名度和影响力,使相关公众产生混淆,让消费者误认为假冒的商标是真实的商标、假冒的商品为真实的商品,以达到卖出自己产品的目的,从而对国家的商标管理制度和注册商标所有人的注册商标专用权进行侵害。狭义说定义的使用行为的范围太窄,在现实生活中,假冒注册商标的行为方法多样化,狭义说不能将其全部包括在内。商标代表着商标所有人生产或经营的质量信誉和企业信誉、形象,商标所有人通过商标的创意、设计、申请注册、广告宣传及使用,使商标具有了经济价值,增加了其在消费者心目中的好感度,正是这种好感度促使消费者去购买这种商标的产品。行为人使用他人商标在电视媒体作广告的行为,是未经注册商标所有人许可的擅自使用行为,目的在于窃取注册商标在消费者心中的吸引力,从而谋取非法利益,应当被法律禁止。前述《2004 年解释》也正是看到这一点,采纳的是广义说的观点,故我们赞同主流观点。

2. 关于“同一种商品”的理解

关于同一种商品的理解,刑法学通说认为,是指同一种商品或者完全相同的商品、服务,并提出是否属于相同的标准是以我国颁布的《商标注册用商品和服务国际分类表》为标准,不能以消费者习惯分类为标准。除了以上通说的观点外,也有不同的意见,主要有主观说和综合说。主观说认为,应当按照商品的原料、形状、性能、用途等因素来判断,同一种商品一般指的是名称相同的商品,或者名称不同但所指的是相同的商品。综合说认为,应当采用尼斯分类法(商品分类表)并结合相关消费者对一般认识进行综合判断。《2011 年解释》采取了主观说的立场,该司法解释第 5 条规定,“名称相同的商品以及名称不同但指同一事物的商品,可以认定为‘同一种商品’。‘名称’是指国家工商行政管理总局商标局在商标注册工作中对商品使用的名称,通常即《商标注册用商品和服务国际分类》中规定的商品名称。‘名称不同但指同一事物的商品’,是指在功能、用途、主要原料、消费对象、销售渠道等方面相同或者基本相同,相关公众一般认为是同一种事物的商品。认定‘同一种商品’,应当在权利人注册商标核定使用的商品和行为人实际生产销售的商品之间进行比较”。

我们赞同综合说,认为主观说有较大的主观性和不确定性,不如采纳前述商品分类表的标准更客观、准确,但是,前述商品分类表也不可能尽善尽美,当遇到分类表中没有的商品,还需要按照普通消费者关于商品在功能、用途、销售渠道、消费对象等方面的认识来归类。具体来说:首先,判断同一种商品要确定同一种商品的参照商品。我国《商标法》明确规定,注册商标的专用权以核准注册的商标和核定使用的商品为限,因此,判断同一种商品要以注册商标核定使用的商品为参照商品。其次,按照我国目前采用的《商标注册用商品和服务国际分类表》,凡属于同一商品类别、具有同一商品名称的商品即为同一种商品。若商品名称未列入前述商品和服务分类表,则只要两种商品的化学或物理性质相同,并且商品的生产部门、用途、消费对象等方面相同,即使商品的质量、原料、形状、构造等不同,这两种商品也可认为是同一种商品。对于服务,可以参照商标的标准来认定。

3. 关于“相同的商标”的理解

我国《商标法》规定,文字、图形、字母、数字、三维标志、颜色组合和声音等,以及上述要素的组合,均可以作为商标申请注册。所谓“相同的商标”,是指音、形、意相同的商标,但在认定“相同”的标准上有不同见解。刑法学通说认为,所谓“相同的商标”包括完全相同的商标和基本相同的商标,该观点得到有关司法解释的支持。《2004 年解释》第 8 条规定,《刑法》第 213 条规定的“相同商标”,是指与被假冒的注册商标在视觉上基本无差别、足以对公众产生误导的商标。最高人民法院《关于审理商标民事纠纷案件适用法律若干问题的解释》规定了“相同的商标”的认定方法,该解释第 10 条规定,认定商标相同或者近似按照以下原则进行:(1)以相关公众的一般注意力为标准;(2)既要进行对商标的整体比对,又要进行对商标主要部分的比对,比对应当在比对对象隔离的状态下分别进行。《2011 年解释》第 6 条规定,“具有下列情形之一,可以认定为‘与其注册商标相同的商标’:(一)改变注册商标的字体、字母大小写或者文字横竖排列,与注册商标之间仅有细微差别的;(二)改变注册商标的文字、字母、数字等之间的间距,不影响体现注册商标显著特征的;(三)改变注册商标颜色的;(四)其他与注册商标在视觉上基本无差别、足以对公众产生误导的商标”。《2020 年解释》第 1 条规定,可以认定为“与其注册商标相同的商标”的情形包括:“(一)改变注册商标的字体、字母大小写或者文字横竖排列,与注册商标之间基本无差别的;(二)改变注册商标的文字、字母、数字等之间的间距,与注册商标之间基本无差别的;(三)改变注册商标颜色,不影响体现注册商标显著特征的;(四)在注册商标上仅增加商品通用名称、型号等缺乏显著特征要素,不影响体现注册商标显著特征的;(五)与立体注册商标的三维标志及平面要素基本无差别的;(六)其他与注册商标基本无差别、足以对公众产生误导的商标”。以上解释都采用“基本无差别”“足以对公众产生误导”的立场。

不过,对于“相同的商标”也有不同的看法,前述通说被称为广义说,与之相对的是狭义说,持后者观点的学者认为,“相同的商标”应当限于两个商标在音、形、意三个方面完全相同。广义说主张“相同的商标”包括完全相同的商标和基本相同的商标,认为作狭义理解太狭窄。理由是:第一,从哲学上讲,世界上完全相同的事物是没有的,所谓相同只是相对而言,总会在非本质、非主要的方面存在某些差异;第二,从实际情况看,不完全相同但基本相同的商标较难区分,往往只是把两个商标放在一起进行对比才能区分,有的甚至只有内行人才能区分。我们同意广义说,这是因为要区分完全相同和基本相同的商标难度较大,有些时候需要专业人员仔细比较才能发现差别,等于要普通消费者携带商品商标去购买商品,这种要求实在太高,等于纵容假冒商标者实施其假冒商标行为。消费者在购买商品时,不可能携带真正的注册商标进行比较,只能根据自己的记忆或印象选购商品。由于普通消费者不具有专门的商标辨别技能,在购买商品时,所参照的仅是注册商标在脑中的印象,而这种印象往往是模糊的、不准确的,假冒的注册商标稍有些许不同,普通消费者是难以觉察的。市场上大量存在的假冒商标的商品所面向的对象不是专业技术人员,而是广泛的普通消费者,基本相同的假冒注册商标在侵犯商标专用权人的利益方面的危害丝毫不逊色于完全相同的假冒注册商标。所以,要求假冒的商标与他人的注册商标完全相同,显然过于苛刻,不利于打击假冒注册商标犯罪、保护消费者、注册商标所有人的合法利益,有放纵犯罪之嫌。

关于"相同的商标"认定,有几个问题必须解决:

第一,对"相关公众"的理解。解决"相同的商标"的认定问题,必须解决认定主体问题。依照我国《商标法》的规定,是否属于"相同的商标"应以"相关公众"的认识为准,这里的"相关公众"限制为一定范围内的公众,特指与"商标"有一定关系的"公众"。1999年9月保护工业产权巴黎联盟和世界知识产权组织大会通过的《关于驰名商标保护规定的联合建议》指出,"相关公众"至少应包括但不限于:(1)使用该商标的那类商品或服务的实际或潜在消费者;(2)使用该商标的那类商品或服务的营销渠道所涉及的人员;(3)经营使用该商标的那类商品或服务的商业界人员。最高人民法院《关于审理商标民事纠纷案件适用法律若干问题的解释》也规定,"相关公众"是指与商标所标识的某类商品或者服务有关的消费者和与前述商品或者服务的营销有密切关系的其他经营者。

"相关公众"是一个非常抽象的概念,但能够明确的是:(1)相关公众应当是一个群体,即多数人组合而成的群体。只是这个群体在客观上不存在,并在一般情况下也没有存在的必要,只有当产生了商标权保护时,这个抽象的群体才会出现。由此可以明确的是,相关公众不应当是一个人,即不应当以一个人的认识水平为判断标准。(2)相关公众应当是不熟知专业商标知识的人组合。这是因为专家的感知应当比相关公众要高一层次,专家的认识肯定比普通公众要深刻,这也就意味着专家就商标权保护很有可能给出过于苛刻的条件,如此就不利于商标权的保护,因为商标权毕竟得通过具体的商品服务于相关公众。(3)相关公众不应当是对商标事项一无所知的群体的组合。如果公众对一个涉嫌被侵权的商标根本就不了解,在这样的情况下让这样的公众构成判断主体,肯定无法作出正确的决断。总之,"相关公众"是指接受与商标所标识的某类商品或者服务的消费者以及提供该类商品或者服务的销售者,它们是与市场交易相关联的人,凡与此无关的"公众",不在"相关公众"之列。

第二,对"基本相同"的认定。完全相同的商标一般来说还是比较容易认定的,难点是基本相同的商标如何认定。根据前述司法解释,"基本相同"是指"视觉上基本无差别、足以对公众产生误导"。所谓"基本无差别",是指假冒的商标与权利人的注册商标相比较,其文字的字形、读音、含义或者图形的构图及颜色,或者其各要素组合后的整体结构基本无差别,或者其立体形状、颜色组合基本无差别。具体的认定商标基本相同的方法,依照最高人民法院《关于审理商标民事纠纷案件适用法律若干问题的解释》第 10 条的规定,要以相关公众的一般注意力为标准,既要进行对商标的整体比对,又要进行对商标主要部分的比对,比对应当在比对对象隔离的状态下分别进行。对相关公众,通过隔离观察和整体观察来验证"视觉上基本无差别"。这里的"整体观察",是指将商标视为一个整体进行观察,而不是对商标的各个组成要素逐个进行观察。所谓"隔离观察"是将商标置于不同的时间和不同的地点进行观察。这是因为,一般来说,大多数消费者对商标不会进行精确、细致的观察、认识,往往凭经验与记忆对商标有一些整体、大概的印象,只要假冒的商标和注册商标在整体上、在显著部位上相同,就可认定"足以产生误导",即可认定为"基本相同"。

(三)情节严重

假冒注册商标罪是情节犯,即行为人假冒他人注册商标,并且"情节严重"才能构成犯罪。所谓"情节严重",根据《2004 年解释》第 1 条的规定,是指具有下列情形之一:(1)非法经营数额在 5 万元以上或者违法所得数额在 3 万元以上的;(2)假冒两种以上注册商标,非法经营数额在 3 万元以上或者违法所得数额在 2 万元以上的;(3)其他情节严重的情形。

需要提出的是,2001 年《追诉标准规定》第 60 条规定了假冒注册商标罪的追诉标准,即"未经注册商标所有人许可,在同一种商品上使用与其注册商标相同的商标,涉嫌下列情形之一的,应予追诉:(1)个人假冒他人注册商标,非法经营数额在 10 万元以上的;(2)单位假冒他人注册商标,非法经营数额在 50 万元以上的;(3)假冒他人驰名商标或者人用药品商标的;(4)虽未达到上述数额标准,但因假冒他人注册商标,受过行政处罚二次以上,又假冒他人注册商标的;(5)造成恶劣影响的。"这一司法解释曾对本罪的侦查起诉起着重要的影响,设置了非法经营数额标准、假冒他人驰名商标或者人用药品商标追诉标准以及多次实施假冒注册商标行为的追诉标准等,与后来实施的《2004 年解释》有较大差别,表现在以下方面:

第一,2001 年《追诉标准规定》第 60 条规定的第(1)(2)种情形与《2004 年解释》中的相关规定相抵触,后者规定非法经营数额在 5 万元以上或者违法所得数额在 3 万元以上的属于“情节严重”的情形,而《2007 年解释》第 6 条规定,“单位实施刑法第二百一十三条至第二百一十九条规定的行为,按照《最高人民法院、最高人民检察院关于办理侵犯知识产权刑事案件具体应用法律若干问题的解释》和本解释规定的相应个人犯罪的定罪量刑标准定罪处罚”。第 7 条规定,“以前发布的司法解释与本解释不一致的,以本解释为准”。实际上《2007 年解释》统一和重新确定了单位和个人犯本罪的追诉标准,前述追诉标准不再有效。

第二,前述追诉标准中规定的“假冒他人驰名商标或者人用药品商标”与《2007 年解释》相抵触也不再适用。从前述追诉标准第 60 条的表述上看,前两款规定的是个人和单位假冒他人注册商标的情形,第 3 款规定的是假冒驰名商标和人用药品商标,显然前两款规定的“他人注册商标”是不包括驰名商标和人用药品商标的。但是,《2007 年解释》的标准只是就一般意义上的注册商标规定了定罪的标准,并没有对驰名商标和人用药品商标的予以特别保护。所以,从用语上看,《2007 年解释》所述的注册商标也包括了已注册的驰名商标和人用药品商标,不应该再适用追诉标准的规定。此外,从标准制定本身的合理性上看,虽然对驰名商标应当给予特殊的保护,但是,前述追诉标准对假冒驰名商标和人用药品商标的行为没有一个量化的标准,没有明确达到什么样的程度才能算犯罪,这是不合理的。对于驰名商标的保护应对假冒驰名商标的数量或者非法经营额上进一步具体细化,而不是规定只要是假冒驰名商标就应该给予追诉,这在现实中容易造成对小额假冒驰名商标行为的刑事追究,实际上这并无必要也不合理。因此,从实质合理性的角度看,前述追诉标准的这一规定没有适用的必要。

第三，前述追诉标准规定的第4、5种情形仍有适用的余地。第4种情形在《2004年解释》中没有相关的规定，《2004年解释》第17条只是规定了相抵触的规定不再适用，对解释中未提及的情形仍可以适用。《2004年解释》中的兜底条款“其他情节严重的情形”可以包括这两种情形，作为对这个司法解释的补充，在司法实践中进行应用。

有必要对前述条款中的“非法经营数额”和“违法所得”进行合理解释。

(1)对“非法经营数额”的理解

在本罪的犯罪情节中，前述司法解释对“非法经营数额”进行特别规定，以作为适用轻罪或重罪的依据。根据《2004年解释》第12条的规定，这里的“非法经营数额”，是指行为人在实施侵犯知识产权行为过程中，制造、储存、运输、销售侵权产品的价值。已销售的侵权产品的价值，按照实际销售的价格计算。制造、储存、运输和未销售的侵权产品的价值，按照标价或者已经查清的侵权产品的实际销售平均价格计算。侵权产品没有标价或者无法查清其实际销售价格的，按照被侵权产品的市场中间价格计算。多次实施侵犯知识产权行为，未经行政处理或者刑事处罚的，非法经营数额、违法所得数额或者销售金额累计计算。

这里要明确几个概念之间的差别。“非法经营数额”不等于“销售金额”。“销售金额”是指销售假冒注册商标的商品后所得和应得的全部违法收入，即生产者、销售者出售产品后所得和应得的不再扣除成本及各种费用的全部违法收入。“所得收入”指出售商品后已经得到的违法收入；“应得收入”指商品已售出，按照合同或者约定将要得到的违法收入。“非法经营数额”包括“销售金额”，也包括尚未售出部分商品的货值金额。对于假冒注册商标罪而言，行为人在自己生产、销售的商品上使用与他人注册商标相同的商标，目的是使商品进入流通领域，而司法机关在查获该行为时，其商品可能售出也可能尚未售出，但无论是否售出，均不影响非法经营数额的计算。对已售出的商品计算其销售金额，对尚未售出的商品金额按商品的标价计算，没有标价的，按同类产品的市场价格计算，两者相加即为“非法经营数额”，因此，“非法经营数额”的范围大于

"销售金额"。用"非法经营数额"来作为认定情节是否严重的标准,更好地体现了犯罪的本质,比采纳"销售金额"和"违法所得额"标准更加科学,因为犯罪的本质是行为对法益的侵害。评价一个行为是否构成犯罪的标准,是行为侵害了多大的法益而不是行为人获得的利益是多少,即使行为人什么都没有得到,他对法益的侵害也是确实存在的,未得到利益不减轻行为的社会危害性,不应影响定罪与量刑。

非法经营数额是指行为人在实施侵犯知识产权犯罪中制造、储存、运输、销售的侵权产品的价值。在司法实践中,对于非法经营数额的计算标准一直存在分歧,主要分歧是应该按照侵权产品的销售价格计算还是按照被侵权产品的市场价格计算,两种不同的计算方法会对同一行为带来完全不同的法律后果。前述《2004 年解释》第12 条规定"非法经营数额"计算的三种方法,我们认为,以上计算标准基本上是反映了本罪行为的社会危害性的,理由如下:第一,营利型犯罪行为人的非法收益一般是指其实施犯罪所获得的实际收益,侵权犯罪的非法经营数额一般是指行为人实施侵权犯罪行为中制造、储存、运输、销售侵权产品的价值,而不是被侵权产品即真品的价值。第二,以侵权产品的实际销售价格计算并不完全否认按真品价格计算。如果侵权人以真品价格销售侵权产品的,就应按照真品价格计算;如果侵权人以高于真品的价格销售的,就按照实际销售价格计算,这样更利于保护权利人的利益,对侵权人也公平、合理。第三,对于假冒注册商标的商品没有标价同时又难以查清实际销售价格的,有人主张参照被假冒商品的市场中间价格计算。这样会出现假货以高于市场中间价销售而危害社会时,其数额计算标准反而低,而假货按低于市场中间价出售但没有卖出去、没有对社会造成实际危害时,其数额计算标准反而高的尴尬局面。

有人认为,对于这个问题可以按照 1997 年 4 月 22 日国家计划委员会、最高人民法院、最高人民检察院、公安部联合发布的《扣押、追缴、没收物品估价管理办法》的规定,委托指定的估价机构对假冒商品的实际价值进行评估,以评估的数额计算非法经营数额。这种方法在实践中可操作性较差,不仅因为社会上的评估机制很不完善,难以避免评估中的干扰,而且,假冒注册商标的商品的实际价值和市场价格背离很大,往往难以准确评估。权衡利弊,我们认为,对于确实查不清实际价值的假冒商品,行为人有义务举证证明假冒商品的价值和市场价格,对于拒不举证或举证不实的,再依照前述司法解释参照被侵权商品即真品的市场中间价格计算。

(2)“违法所得”的认定

在1997年《刑法》修订前,1993年全国人大常委会《关于惩治假冒注册商标犯罪的补充规定》(现已失效)规定销售假冒注册商标的商品罪以“违法所得数额较大”为要件。1993年最高人民检察院《关于假冒注册商标犯罪立案标准的规定》(已废止)第2条规定,“假冒他人注册商标,违法所得(即销售收入,下同)数额达到下列标准的,应予立案:……”该司法解释将“违法所得数额”解释为“销售收入”即“销售金额”,而最高人民法院则将“违法所得数额”解释为“获利数额”。由于“两高”对“违法所得数额”理解的不同,造成司法实务中的理解混乱。1997年修订的《刑法》将生产、销售伪劣商品罪和销售假冒注册商标的商品罪中的“违法所得数额”改为“销售金额”,使得司法实务中同时存在“非法经营数额”“违法所得”“销售金额”等多个易于混淆的概念,有必要对其予以澄清。我们认为,从字面意义上,违法所得数额应当是不法行为获利的数额,它不同于销售金额,应对行为人投入的原材料成本和经营成本(包括人工成本)进行扣除。理由在于,在销售金额中,包括了行为人从事违法活动活动所付出的成本,这部分并非其非法行为获取的利益,不能称其为违法所得。换句话说,销售金额包括成本和非法利润两部分,而违法所得数额应是除去投入的成本后的非法利润部分,销售金额的外延要大于违法所得数额,后者仅是指行为人从其实施的假冒注册商标行为中获取的非法利润数额。

三、犯罪主体

本罪为一般主体,即年满16周岁具有刑事责任能力的自然人或单位,均可构成本罪主体。《刑法》第220条规定:“单位犯本节第二百一十三条至第二百一十九条之一规定之罪的,对单位判处罚金,并对其直接负责的主管人员和其他直接责任人员,依照本节各该条的规定处罚。”关于单位主体,有人认为,社会团体或者国家机关,由于其不从事工商活动,所以不可能实施假冒注册商标行为。我们认为,这种观点不妥。在经济压力下,有些单位有可能为获取部门经济利益从事假冒注册商标活动或者相关帮助活动,《2004年解释》第16条规定,明知他人实施侵犯知识产权犯罪,而为其提供贷款、资金、账号、发票、证明、许可证件,或者提供生产、经营场所或者运输、储存、代理进出口等便利条件、帮助的,以侵犯知识产权犯罪的共犯论处,因此,对于有上述行为、情节严重者的单位,应按假冒注册商标罪论处。

四、犯罪主观方面

本罪的主观方面只能由故意构成,表现为行为人明知是他人已经注册的商标,在未征得所有人许可的情况下,故意在同一种商品、服务上使用同一种注册商标。假冒商标罪通常出于营利或者谋取非法利益的目的,但不以此种目的为犯罪成立的要件。关于本罪主观方面的构成要件,有以下几个问题值得探讨。

(一)假冒注册商标罪的主观方面能否为间接故意?

我国《刑法》第15条规定,过失犯罪只有刑法有规定的,才追究刑事责任。商标犯罪并没有规定过失犯罪,假冒注册商标罪的主观方面只能是故意,不能是过失。行为人必须"明知"是他人的注册商标而在同种商品、服务上予以假冒,才能构成本罪。商标权作为一种知识产权,具有无形性和可复制性的特点,行为人有可能过失地侵犯了他人的商标专用权和国家的商标管理制度,如果不对本罪主观方面予以限制,会使假冒注册商标罪的打击面过宽。

关于假冒注册商标罪的犯罪故意是否包括间接故意,一种观点认为,该罪只能由直接故意构成;另一种观点则认为,该罪既可以由直接故意构成,也可以由间接故意构成;还有一种观点在论及假冒注册商标罪的主观罪过时,仅说是故意,并不区分直接故意与间接故意,事实上并不排除间接故意。我们认为,假冒注册商标罪的主观罪过只能是直接故意,而不可能是间接故意。我国《刑法》第14条规定:"明知自己的行为会发生危害社会的结果,并且希望或者放任这种结果发生,因而构成犯罪的,是故意犯罪。"根据该条规定,犯罪故意的内容不仅包括对行为的认识,也包括对行为所引起的危害社会的结果的心理态度,这二者结合起来才构成完整的犯罪故意。有学者建议将犯罪故意表述为:行为人对于构成犯罪之结果,明知必然或可能发生并追求其发生,或者对于构成犯罪之行为,明知并有意实施的,是直接故意;行为人对于构成犯罪之结果,明知可能发生并放任其发生的,是间接故意。对结果犯与行为犯来说,希望和放任的态度之具体表现是不同的。在本罪中,只要行为人认识到自己使用的可能是未经注册商标所有人许可的商标,而在同一种商品、服务上使用即应认为是直接故意。

持第二种观点的学者认为,行为人可能对所使用的注册商标是否系他人的注册商标有着不确定的大致了解,但并不积极查证而是放任不管,进而认为行为人对使用是否有权也采取放任的态度。我们认为,不能根据行为人对自己使用的是未经商标所有人许可的商标的可能性认识态度,而直接得出行为人对使用行为是放任的结论,即行为人的主观罪过是间接故意。对使用对象的可能性认识态度不等于对使用本身的态度,作为使用注册商标的人一般都有市场经营所具备的素质,对市场上流通的产品有比普通公众更高的认识,对是否系他人的注册商标有比较确定的了解。作为生产者,具有具体审查所使用的商标是否为他人的注册商标的义务,而作为接受委托生产他人注册商标的商品的生产者,应当具体审查对方是否为注册商标所有人或是否经过商标所有权人的授权许可。如果生产者对之采取放任态度,不尽谨慎善良人之注意义务,一般可以推定行为人是明知可能;如果接受委托方已尽谨慎的审查、注意义务,而对方采取欺骗等手段骗取行为人的信任的,即使其使用了他人的注册商标,至多也只是过失,不构成本罪。

(二)构成本罪是否要求行为人"明知"是他人的注册商标而进行假冒?

对于假冒注册商标罪的主观形式,通说认为只能由故意构成,即,行为人明知是他人已经注册的商标,在未征得所有权人许可的情况下,故意在同一种商品、服务上使用同一注册商标。《刑法》第213条并没有像第214条一样在罪状表述中强调"明知"这一要素,但从本罪的表现形式来看,是要求行为人"明知"为故意的构成要素的。我国刑法学界对"明知"的内涵有不同的理解:一是客观说,该说着眼于行为人的客观环境情况，认为在具体的客观环境下，根据一般的经验常识，一般人能够认识到行为指向的对象是他人受法律保护的注册商标，即可认定行为人存在“明知”；二是主观说，与客观说不同，该说的着眼点不在于行为人的客观环境情况，而在于行为人的自身情况，认为根据行为人的年龄、知识、水平、社会阅历，应当或者可以认识到自己所使用的商标是未经他人许可的、他人受法律保护的注册商标，则认定行为人存在“明知”；三是折中说，该说认为客观说忽略了行为人自身内在认识能力上的差别，而主观说忽略了客观环境对人的认识能力的影响，主张对于行为人是否“明知”的判断，坚持主客观相统一的标准，既要考虑行为人自身内在认识能力上的差别，又要考虑到案件发生的客观的具体情况。我们认为，客观说和主观说均割裂了主客观情况在判定行为人主观上是否存在“明知”上的有机联系，折中说科学地解决了主客观情况在“明知”的判定上所起的作用大小。“明知”既然反映的是行为人对于假冒商标行为的认识，对于“明知”的认定，自然就应当以行为人的认识能力为主，结合行为人所处的客观状况为判定标准。

由于以上的观点较为抽象，不便于司法实务操作，有学者认为，在司法实践中，对于下列几种情况，可以认定为行为人存在“明知”：第一，行为人亲眼见到、亲耳听到是他人的注册商标，仍予假冒的；第二，行为人事先虽然不知道，但在行为过程中知道，或者通过其他途径知道是他人的注册商标，却仍予以假冒的。在实践中，可以参照《刑法》第 214 条和相关司法解释的规定，认为一般情况下有下列情形之一的，可认定为明知：(1)行为人假冒的是驰名注册商标的；(2)行为人超越他人授权，在超过约定时间、地域范围内使用注册商标的；(3)假冒者与被假冒者的经营场所在同一地域内，被假冒的注册商标在该地域内有较大影响的；(4)假冒者与被假冒者的经营场所在同一地域内，两者之间在经营上具有直接竞争关系的；(5)在假冒他人的注册商标时，又假冒他人的厂商名称、商品的包装、装潢的；(6)在商标所有人主张权利后，继续实施假冒行为的；(7)因假冒注册商标受过行政处罚或者承担过民事责任，又假冒同一注册商标的；(8)在假冒注册商标的同时，伪造相关的文件、证明的。

（三）犯罪目的是否为成立假冒注册商标罪的构成要件？

犯罪目的是否为本罪成立的要件，理论上有两种不同的观点。有的学者持肯定说，认为本罪的成立必须是违法所得数额较大或有其他严重情节，如果行为人不以营利为目的，假冒他人注册商标就不可能有违法所得，并且数额较大，由此看来，假冒注册商标罪的成立，不可能不具有这一特定犯罪目的。换言之，如果行为人没有营利的目的，就不可能构成假冒注册商标罪。大多数学者认为，本罪不是目的犯，不要求有特定犯罪目的才能成立犯罪。笔者认为，虽然绝大多数假冒商标者假冒商标的目的是牟取非法利益，但不能据此认为"以营利为目的"是本罪的构成要件，这是因为：

首先，从立法上看，以特定犯罪目的为构成要件的一般都会在罪状描述中予以说明或者从罪状描述中可以体现，而假冒注册商标罪立法并未规定特定的犯罪目的，将假冒注册商标罪视为目的犯于法无据。

其次，在实际生活中假冒注册商标的行为不一定以营利为目的。存在着以损毁他人注册商标信誉为目的的假冒注册商标的行为，若以营利为目的作为本罪的成立要件，无疑人为缩小了假冒注册商标罪的成立范围，导致对假冒注册商标犯罪的放纵。

最后，从社会危害性看，我国某些刑法条文中规定"以营利为目的"，往往出于以下原因：(1)营利目的体现行为人的主观恶性严重。同没有这种心理状态的犯罪相比，以营利为目的说明行为人应当受到谴责与非难。(2)营利目的说明行为的客观危害严重。营利目的使行为人更积极主动和反复实施某种犯罪行为，导致行为人扩大犯罪行为的规模和加重危害结果，因此营利目的虽然是主观方面的内容，但它并非仅仅说明行为人的主观恶性。假冒他人注册商标行为侵犯的客体是国家商标管理制度和他人注册商标的专用权，"以营利为目的"假冒他人的注册商标是对国家的商标管理制度和他人的注册商标专用权的破坏，出于报复泄恨的目的，自己使用或者让他人使用其非法制造的他人注册商标，使注册商标权利人的商业信誉遭受影响，也是对国家的商标管理制度和他人商标专用权的侵犯。刑法的目的是保护法益，犯罪的本质是侵犯法益，认定犯罪主要依据行为对法益的侵害程度，而不是行为人是否获得利益以及获利多少,无论是出于报复目的还是营利目的,都侵害了本罪客体,且侵害的程度几乎没有差异,因此,从犯罪的实质危害上看,也不应将"以营利为目的"作为该罪的构成要件。

第二节 假冒注册商标罪的司法认定

一、假冒注册商标罪与非罪的界限

首先,要区分假冒注册商标犯罪与违反注册商标使用许可合同行为和无犯罪故意的非法使用注册商标行为。后者是在合同履行中故意违反合同约定,如被许可方擅自许可第三人使用该商标,不能将此类行为当作犯罪处理,同时,善意第三人使用该注册商标,未经注册商标所有人许可,由于缺少犯罪故意,不能构成假冒注册商标罪。

其次,要区分假冒注册商标犯罪与假冒注册商标的侵权行为。对于未经注册商标所有人许可,在同一种商品、服务上使用与其注册商标相同的商标,未达到前述司法解释规定的情节严重标准的,属于一般侵犯商标专用权的行为,不构成犯罪。另外,假冒注册商标罪是未经注册商标所有人许可在同一种商品、服务上使用与注册商标相同的商标且情节严重的行为,而侵犯注册商标专用权的行为远不止以上一种行为形式。我国《商标法》第 57 条规定,未经商标注册人的许可,在同一种商品或者类似商品上使用与其注册商标相同或者近似的商标,属于侵犯商标专用权的行为。上述规定的侵犯注册商标专用权的行为包含四种情况,即在相同商品上使用与注册商标相同的商标、在相同商品上使用与注册商标类似的商标、在类似商品上使用与注册商标相同的商标,以及在类似商品上使用与注册商标类似的商标。我国《刑法》第 213 条规定的假冒注册商标罪仅将其中的未经注册商标所有人许可在同一种商品、服务上使用与注册商标相同的商标的行为规定为该罪,而其他三种侵犯注册商标专用权的行为无论给被害人造成了多大损失、情节多么严重,都不构成假冒注册商标罪。

不过,对于其他三种行为是否应该入罪,刑法理论界存在较大争议。肯定论者认为对这三种行为应该以犯罪论处，如有学者从行为性质依据、理论依据及法律依据等方面进行论证，认为：（1）这三种行为和在同一种商品、服务上使用与注册商标相同商标的行为性质相同，社会危害性相似，客观上都会造成注册商标所有人基于该注册商标的所得合法利益丧失，其客观表现不同并不影响其行为性质的认定和降低其社会危害性；（2）商标专用权的保护范围大大超过商标专用权的范围，将保护范围扩大到核准注册商标的近似商标及核定使用商品的类似商品上是国际惯例，也是从商品交换实践中得出的结论，否则不能对商标专用权进行有效的保护。1993 年修订的《商标法》第 38 条规定的四种行为方式，是第 40 条第 1 款规定的“假冒他人注册商标”行为的表现形式，情节严重构成犯罪的，均应追究刑事责任，这是确认三种行为为犯罪的法律依据（由于 2001 年《商标法》做了修改，原有的上述规定不再存在）。还有肯定论者提出，假冒注册商标者为了规避法律混淆商品来源，往往会在假冒注册商标时有所变化，选择在类似商品、服务或者类似商标上做手脚，单纯在同一种商品、服务上擅自使用与注册商标相同商标的行为并不多见。而且，现在何谓“相同商品”“相同商标”，如何区分其与“类似商品”“近似商标”的界限，至今仍然存在认定上的困难，争论较大，许多专业人士也难以做出正确的辨别。实践中假冒商标者往往出于规避法律以及避免原厂家发现等目的，会采用其他三种方式，采用其余三种方式假冒注册商标商品的数量，往往比采用在同一种商品上使用与注册商标相同商标方式所假冒的注册商标商品数量要多。

否定论者认为不应该将其余三种假冒注册商标行为规定为犯罪，其主要理由为：（1）侵犯注册商标专用权的行为并不等于假冒注册商标的行为，而商标法中规定的假冒注册商标行为也不等于刑法规定为犯罪的假冒注册商标行为。刑法上只将其中具有严重的社会危害性的假冒注册商标行为规定为犯罪，并无不当。（2）擅自在类似商品、服务上使用与他人注册商标相同或者类似商标的行为，在实践中不易认定，如果作为犯罪处理，会使假冒注册商标罪的构成要件失去明确性。（3）只将一般违法行为中危害严重的行为规定为犯罪，符合我国一贯实行的惩办与宽大相结合的基本刑事政策，不能因为现在假冒注册商标的现象严重就随意扩大该罪的处罚范围。

我们同意否定说。为了厘清假冒注册商标的行为和其他的一般商标侵权行为，必须区别假冒和仿冒这两个相似但不同的概念。所谓假冒，即以假充真的行为，其使用的“商标”往往和他人真实商标完全相同或基本无差别，包括以假商标充当真商标、未经许可使用他人真实商标两种形式。所谓仿冒，是对他人商标的模仿、冒充的行为，其模仿往往是一种依葫芦画瓢的过程，如仿冒阿迪达斯(adidas)，往往会使用 adadis 或 adidis 等，仿冒花花公子(playboy)往往会使用 palyboy 或 paylboy 等。仿冒的商标和他人真实商标往往并不完全相同，而仅是相似，当然对于模仿的非常相似，基本无差别，足以使相关公众产生混淆时，这种仿冒的行为就构成假冒。例如，经常在火车站能买到的商标为“康滋味”的方便面，其采用了与康师傅方便面非常相似的大红包装，并且在明显的位置使用了康师傅的那个胖胖的厨师的图形商标。很显然，后者使用康师傅图形商标的行为，已经构成了假冒注册商标的行为。但是，其他的包装模仿、名称模仿只能被认为是仿冒行为。假冒和仿冒的区别在于，假冒行为会让相关公众产生实际的混淆，而仿冒行为只有混淆的可能性，在普通的消费者认真辨别后，一般会有正确的认识。

通过以上分析，我们认为，在同一种商品上使用与他人相同商标的行为是一种假冒行为，而在类似商品上使用与他人类似商标的行为是仿冒行为。虽然假冒和仿冒行为都是对他人商标专用权的侵害，假冒行为对他人商标专用权的侵害更为严重，这是因为：假冒他人商标的行为，违反了我国商标法有关商标使用的规定，是对我国商标管理制度的严重侵害；假冒他人注册商标的商品会挤占一部分他人真实商标商品的市场份额；消费者买到的假冒的注册商标商品如果有质量问题的话，消费者只能把怨气撒到被假冒的商标的生产者的头上，有的会去消协投诉，有的则以后不再购买该产品，消费者之间也会相互影响的，从而导致正牌商标的信誉的下降，随之而来的就是市场份额的进一步丢失。而仿冒的商标，无论是在销售环节还是在事后调查环节都比较容易被辨认，其对消费者的误导程度远小于假冒商标的行为，假冒商标的行为比仿冒商标的行为有更大的社会危害性。实践中，行为人为了规避法律往往会采用其他三种行为方式，而不直接采用假冒注册商标的方式，另外三种行为在数量上确实多于假冒注册商标行为，我国刑法之所以把一种行为规定为犯罪行为，是因为此种行为具有严重的社会危害性，并不是因为这种行为发生的数量的多寡。在实际生活中，一般违法行为的数量远远多于犯罪行为的数量，难道就要把违法者都关进监狱吗？答案显然是否定的。

综合以上，其他三种在相同或相似商品上使用相似商标的行为只是仿冒行为，是一般侵权行为，区别于假冒注册商标罪行为。如果我们不把一般侵权行为和假冒注册商标的犯罪行为区别开来，就会导致该罪的不当扩张，刑法是民法和行政法的保障法，一般情况下不应充当"冲锋陷阵"的角色。

二、此罪与彼罪的界限

1. 假冒注册商标罪与生产、销售伪劣产品罪的界限

生产、销售伪劣产品罪是指生产者、销售者故意在产品中掺杂、掺假、以假充真、以次充好或者以不合格产品冒充合格产品，销售金额5万元以上的行为。本罪与生产、销售伪劣产品罪存在明显的差别：(1)从客体来看，生产、销售伪劣产品罪侵犯的客体是国家对产品的质量监督管理，本罪侵犯的客体是国家对注册商标的管理制度和他人的注册商标专用权；(2)从客观方面来看，生产、销售伪劣产品罪表现为在生产、销售的产品中掺杂、掺假、以假充真、以次充好或者以不合格产品冒充合格产品，销售金额5万元以上的行为，本罪表现为未经注册商标所有人许可，在同一种商品上使用与其注册商标相同的商标、情节严重的行为；(3)从主观方面来看，生产、销售伪劣产品罪明知是伪劣产品而生产、销售，本罪明知未经注册商标所有人许可，而在同一种商品上使用与其注册商标相同的商标。

在实践中出现的行为人以假冒注册商标的形式生产、销售伪劣产品的行为，应当如何定性，在理论上存在不同的观点。有的学者认为，生产、销售伪劣产品又假冒他人注册商标的，应数罪并罚。也有学者提出，生产、销售伪劣产品又假冒他人注册商标的，属于目的行为与方法行为的牵连关系，应该从一重罪处罚。有的学者认为上

述情况属于法条竞合关系,应从一重罪处罚。还有的观点认为上述情况属于想象竞合关系。除了第一种观点以外,大部分学者都认为上述行为都应该以一罪论,但推导过程有差异。

持第一种观点的学者认为行为人既生产、销售伪劣产品又假冒注册商标是两个行为,符合两个犯罪构成,应该数罪并罚。但其忽略了一点,行为人假冒注册商标的行为是为了令其生产或销售伪劣产品更加"畅销"的手段而已,是在一个统一的犯意支配下行为的一个环节、步骤,不能把生产、销售伪劣产品和假冒注册商标的行为机械的割裂开来,从而得出其属于数罪的结论。

第二种观点认为"生产"和"假冒"是两个行为,即目的行为和方法行为的关系。所谓一个行为,不是从构成要件的评价上看是一个行为,而是给予自然的理解,在社会一般观念上认为是一个行为。具体到行为人采用假冒注册商标的形式生产、销售伪劣产品的行为的认定时,应该从生产、销售伪劣产品的行为方式进行判断。生产、销售伪劣产品的行为方式有四种:在产品中掺杂、掺假、以假充真、以次充好或者以不合格产品冒充合格产品。《2004年解释》中规定:"在产品中掺杂、掺假",是指在产品中掺入杂质或者异物,致使产品质量不符合国家法律、法规或者产品明示质量标准规定的质量要求,降低、失去应有使用性能的行为。"以假充真",是指以不具有某种使用性能的产品冒充具有该种使用性能的产品的行为。"以次充好",是指以低等级、低档次产品冒充高等级、高档次产品,或者以残次、废旧零配件组合、拼装后冒充正品或者新产品的行为。"不合格产品",是指不符合《产品质量法》第26条第2款规定的质量要求的产品。对该条规定的上述行为难以确定的,应当委托法律、行政法规规定的产品质量检验机构进行鉴定。不过,上述四种行为很难绝对的区分,以假冒注册商标的方式生产、销售伪劣产品的行为来说,假冒注册商标是在商标上的以假充真,是"生产"过程中的一个环节,是为了让消费者相信其所生产的产品是符合所假冒的商标代表商品品质的必要手段。商标的以假充真,产品的以次充好、以不合格冒充合格,二者是融为一体的、统一的行为。

既然是一个行为,那么争议的焦点便集中在该行为到底是法条竞合还是想象竞合的问题。按照德日刑法理论，法条竞合时只有一个法益受到侵害的事实，而想象竞合时则有数个法益受到侵害的事实。一般认为，一个行为触犯一个法条就必然触犯另一个法条时，属于法条竞合；一个行为触犯一个法条并不必然触犯另一个法条，但事实上触犯另一个法条时，属于想象竞合。在普通的生产、销售伪劣产品行为过程中，并不必然发生侵害商标专用权的事实。只有以假冒注册商标的方式生产、销售伪劣产品的时候，才会发生两罪的竞合，所以，二者为想象竞合关系。只是基于这样的理由，我们认为以上行为属于想象竞合犯。

2. 假冒注册商标罪与诈骗罪的界限

诈骗罪是以非法占有为目的，虚构事实、隐瞒真相，骗取数额较大的公私财物的行为。诈骗罪和假冒注册商标罪的区别主要在于：(1)侵犯的客体不同。诈骗罪侵犯的客体是公私财物所有权，属于侵犯财产权的犯罪，而假冒注册商标罪侵犯的客体是国家对注册商标的使用管理制度和他人的注册商标专用权，属于破坏社会主义市场经济秩序的犯罪。(2)客观表现不同。诈骗罪往往以买卖为名，虚构事实，隐瞒真相骗取财物，而实际上并没有等价的买卖活动，而假冒注册商标罪是未经他人许可在同一种商品上使用相同商标的行为，实际上存在买卖行为。

虽然假冒注册商标罪也带有欺骗消费者的特性，但其主要方面还不是骗取消费者的财物，而是假借他人的注册商标谋求商业利益，在实际生活中可能发生假冒注册商标的商品的质量与真品一样好甚至更好的情形，这明显不具有诈骗消费者财物的目的，不构成诈骗罪，但仍然属于假冒注册商标的行为，如果同时符合其他构成要件的，构成假冒注册商标罪。

3. 假冒注册商标罪与虚假广告罪的区别

虚假广告罪，是指广告主、广告经营者、广告发布者违反国家规定，利用广告对商品或服务做虚假宣传，情节严重的行为。所谓利用广告做虚假宣传，是指所利用的广告中具有虚假的不真实的内容，对商品的性能、质量、用途、价格、有效期限、产地、生产者、售后服务、附带赠品的允诺等以及对服务的内容形式、质量、价格、允诺等作不符合事实真相的宣传，以假充真，以无充有。

假冒注册商标罪与虚假广告罪的区别主要在于：(1)侵犯的客体不同。前罪侵犯的客体是国家的商标管理制度和他人的注册商标专用权；后罪侵犯的客体是社会主义市场经济条件下商品正当的交易活动、竞争活动和消费者的知情权。(2)客观方面不同。前罪的客观方面表现为假冒他人注册商标，情节严重的行为；后罪表现为利用广告对商品或服务虚假宣传，情节严重的行为。(3)主体不同。前罪是一般主体；后罪是特殊主体，只能有广告主、广告经营者、广告发布者构成。(4)主观方面不同。前罪为直接故意；后罪一般为间接故意。

4. 反向假冒注册商标入罪问题

反向假冒商标是指行为人将商标权人的商品合法取得后，未经商标权人同意去除其注册商标或者更换为自己的商标，并将这些商品又投入市场的行为。反向假冒行为不同于一般的未经他人许可，在同一种商品上使用与其注册商标相同的商标的假冒行为，因其侵犯他人商标专用权的隐蔽性和特殊性，引起学界广泛的讨论。

我国 1994 年出现首例商标反向假冒案即“枫叶诉鳄鱼”案，反向假冒行为的定性成为知识产权领域争论的热点：北京服装一厂于 1979 年经国家商标局核准注册了“枫叶”商标，在其生产的服装上使用并且一直续展有效。北京同益公司于 1993 年获得新加坡鳄鱼公司的授权，在北京销售“鳄鱼”牌(Crocodile)皮革制品和“卡帝乐”牌(Caxteld)服装。1994 年同益公司和北京百盛购物中心签约，在该购物中心设鳄鱼专柜销售以上两个品牌的商品。1994 年 4 月同益公司以每条 188 元的价格购进“枫叶”牌男西裤 26 条，然后将“枫叶”商标除去，换上“卡帝乐”商标，以每条 560 元的价格出售。后北京服装一厂发现该情况，认为该行为侵犯其合法权益，遂以百盛购物中心、同益公司、鳄鱼公司及同益公司主管部门开发促进会为被告，起诉至北京市第一中级人民法院，要求赔礼道歉、赔偿损失。当时此案由于案情新奇，法律适用困难，法学界对此发表了诸多观点，也致使此案几年悬而未决。1998 年 6 月 10 日北京市第一中级人民法院作出判决，依照《民法通则》(已失效)第 4 条、第 134 条第 1 款之第七、九、十项，以及《反不正当竞争法》第 2 条的规定，判决被告开发促进会代表原下属企业同益公司赔礼道歉(同益公司已被注销),并赔偿原告损失。以上案例的处理反映了我国对商标反向假冒行为存在立法空白,欠缺相关明确规定,以致法院在处理相似案情的不同案件时所适用的法律依据截然不同。

我国2001年修正的《商标法》首次以立法的形式对“反向假冒”行为进行规制,第52条规定“未经商标注册人同意,更换其注册商标并将该更换商标的商品又投入市场的”,属于侵犯注册商标专用权的行为。这一立法修正弥补了我国法律在规制商标反向假冒行为方面的立法空白,避免了行政司法机关在处理此类侵权行为时无法可依的尴尬局面,使司法机关处理这类案件有了明确的法律依据,有了大的进步。但是,这种侵犯注册商标专用权的行为是否为刑法上的假冒注册商标的行为,仍然值得讨论。

关于假冒注册商标的行为,美国法学界通常将“假冒”分为以下四大类:(1)显性假冒,是指擅自利用他人的注册商标出售自己的产品;(2)隐性假冒,是指向买主出示他人的货样,实际出售的是自己的产品;(3)显性反向假冒,是指购买他人的产品,然后贴上自己的商业标识出售;(4)隐性反向假冒,是指购买他人的产品,然后除去产品上的商业标识,在无任何商业标识的情况下出售。可见,在美国法律里,商标反向假冒行为被归为假冒行为的一种。当然,与其他假冒行为相比,商标反向假冒行为具有其自身特征:(1)主体方面。商标反向假冒行为主体包括两类,一类是与他人生产、制造同类商品的生产者,另一类则是购进他人商品后,撤换或除去原商标,然后销售该类商品的销售者。(2)主观方面。商标反向假冒行为人进行反向假冒的动机不同于借他人声誉销售自己的商品的正向假冒行为,行为者主要利用该商品的高质量来培育自己的品牌,甚至宁愿以高价买进低价卖出来达到目的。(3)行为对象方面。商标正向假冒行为假冒的是他人的注册商标,其目的在于盗用或贬损他人商标声誉,而商标反向假冒行为则是将他人生产的产品假冒为自己生产的产品,其目的在于盗用或贬损他人商品的声誉。(4)行为内容方面。反向假冒行为的内容一般包括在市场上购进他人生产的产品、除去产品上原来的商标或除去产品上原来的商标后再替换上自己的商标标识、将该产品继续投入市场流通三个行为过程。由于反向假冒注册商标的行为与正向假冒行为存在以上差别,不少学者认为其不属于我国刑法规定的侵犯注册商标罪的危害行为,不应按该罪追究其刑事责任。我们认为,反向假冒商标行为具有严重的社会危害性,理由如下:

第一,反向假冒商标行为侵犯了他人商标专用权。商标的主要功用是帮助消费者区别商品或服务的来源,企业可以通过商标将自己的商品、服务与他人的商品、服务区别开,以方便消费者在市场上选择、购买。消费者熟悉商标后,可以凭商标知道该商品、服务是哪家企业提供的,该品牌的产品质量好,消费者会继续购买,否则会选择其他品牌。因此,区别作用对企业与消费者都很重要。商标还是市场竞争的有力工具,质量好的商品会使其商标的知名度不断扩大,知名度高、信誉好的商标反过来有利于扩大该商品的市场占有额。《商标法》赋予注册商标所有人使用某商标和禁止他人使用该商标的权利,其立法初衷在于保护注册商标和商品之间的关联关系,使注册商标所有人的商品通过注册商标区别于他人商品。反向假冒商标把商品上的他人商标予以更换,割断了他人商品和商标的内在联系,蒙蔽了不知情的消费者,掩盖了商品的正当来源,影响了该注册商标商品的市场份额,是对他人商标专用权的侵害,同时侵犯了国家商标管理制度,也损害了广大消费者的利益。

第二,从市场竞争的角度看商标反向假冒行为构成不正当竞争。《巴黎公约》第 10 条(2)规定:"凡在工商业活动中违反诚实信用的竞争行为即构成不正当竞争行为。"我国《反不正当竞争法》第 2 条也规定,经营者在生产经营活动中,应当遵循自愿、平等、公平、诚信的原则,遵守法律和商业道德。本法所称的不正当竞争行为,是指经营者在生产经营活动中,违反本法规定,扰乱市场竞争秩序,损害其他经营者或者消费者的合法权益的行为。首先,反向假冒行为人不诚实地利用他人商品为自己的商品创造信誉,或者利用他人产品为自己获取暴利,对产品的来源作虚假的表示,欺骗消费者,违反了《反不正当竞争法》第 2 条规定的诚信原则。其次,商标反向假冒行为损害了商品生产者的合法权益,商标反向假冒行为人利用他人的商品创造自己的品牌,树立自己商标的信誉,其目的是争夺市场,必然损害商品生产者的信誉,将导致商品生产者市场占有额的减少。最后,商标反向假冒行为扰乱市场经济秩序。正当的竞争行为是通过提高产品质量,改进生产技术,降低生产成本,提高信誉来增强竞争力,而商标反向假冒行为是通过对产品来源作虚假表示的方法来欺骗消费者,抢夺市场或者获取暴利,客观上扰乱了市场经济秩序。

综上所述,反向假冒行为是对他人注册商标专用权的侵害,同时构成不正当竞争,扰乱了市场经济秩序,如果情节严重的,具有严重的社会危害性。

从国外立法来看,将反向假冒商标行为纳入刑法规制范围,是许多国家通行的做法。葡萄牙 1995 年《工业产权法》第 264 条规定,若将属于他人之商品上的注册商标换成自己的商标再出售,造成消费者误认商品来源的后果,则对撤换商标者处以两年以下监禁或处以罚金。法国知识产权法规定,注册商标权人有权禁止他人未经许可使用与自己商标相同或相近的商标,也有权禁止他人未经许可撤换自己依法贴附在商品上的商标标识,情节严重的可视为犯罪等。意大利 1992 年《商标法》第 11、12 条规定,任何售货人均无权撤换供货人商品上原有的注册商标。另外,西班牙、加拿大、美国、英国均将反向假冒商标行为规定为犯罪。

将反向假冒行为纳入刑法规制是我国加入世界贸易组织后与国际立法接轨的必然要求。我国 2001 年加入世界贸易组织,不仅要求经济政策等与世贸规则接轨,同时也要求立法包括知识产权立法与世贸规则接轨。TRIPs 协议第 61 条规定:“全体成员均应提供刑事程序及刑事惩罚,至少对于有意以商业规模假冒商标或对版权盗版的情况是如此……成员可规定将刑事程序及刑事惩罚适用于侵犯知识产权的其他情况,尤其是有意侵权并且以商业规模侵权的情况。”TRIPs 协议规定,成员方必须为商业规模假冒商标的行为给予刑事制裁。在我国,将反向假冒的行为作为“商业规模”侵犯知识产权的行为已经达成共识。我国《商标法》第 57 条将其列为侵犯注册商标专用权的行为之一,但我国《刑法》未作相应的规定,这是我国刑法立法上的滞后所致。我国加入世界贸易组织后,对外贸易大幅度上升,为了增强我国企业在国际市场上的竞争能力,许多企业在实施名牌战略,随着我国国际名牌商品和服务的不断增多,必然成为国内外商标侵权行为的“靶子”。在激烈的国内外竞争形势下，及时对情节严重的商标反向假冒行为进行刑法处罚，不仅可以实现与国际立法的接轨，改善投资的法律环境，还有助于我国名牌战略的顺利实施，在经济全球化的浪潮中发展民族工业。

目前刑法学界对反向假冒注册商标行为的严重社会危害性认识已经基本达成共识，但在如何将此类行为纳入刑法规制还有争议。有的学者认为，反向假冒是假冒商标的一种特殊形式，对于反向假冒情节严重的，应认定为假冒商标罪。我们认为，虽然假冒和反向假冒行为有一定的相似性，都是侵犯他人商标专用权的行为，但在主体、主观方面、对象和内容方面存在差别，由于我国刑法没有直接规定反向假冒注册商标罪，根据罪刑法定原则，我们不能把反向假冒行为直接适用假冒注册商标罪的规定。我们建议，在《刑法》第213条中将假冒注册商标罪罪状的表述修改为“未经注册商标所有人许可，在同一种商品、服务上使用与其注册商标相同的商标，或者擅自更换或去除注册商标并投入市场，情节严重的”。

三、假冒注册商标罪的共犯问题

根据我国《刑法》第25条第1款的规定，共同犯罪是指二人以上共同故意犯罪。相对于单独犯罪而言，共同犯罪更为复杂，不仅要求二人以上共同的犯罪故意，还要有共同行为。二人以上共同直接故意实施假冒注册商标、情节严重的行为，无疑是假冒注册商标罪的共犯。假冒注册商标罪的实施需要资金、场地、印刷设备、存储、销售渠道、运输等一系列条件，实践中有些犯罪分子为了规避法律的制裁，往往只提供资金、生产场地等条件，并不直接参与实施假冒商标犯罪的过程的行为，对于这种行为，应如何定性？对此，学者们有不同的观点。《2004年解释》第16条规定，明知他人实施侵犯知识产权犯罪，而为其提供贷款、资金、账号、发票、证明、许可证件，或者提供生产、经营场所或者运输、储存、代理进出口等便利条件、帮助的，以侵犯知识产权犯罪的共犯论处。只要行为人明知有人从事假冒注册商标的行为，而客观上提供上述帮助行为的，即可认定为假冒注册商标罪的共同犯罪。该解释的目的在于最大限度地打击假冒注册商标的犯罪行为，隔断对假冒注册商标犯罪的上游和下游帮助行为，为注册商标提供全过程的刑法保护。

第三节　假冒注册商标罪案例分析

一、黄某某等假冒注册商标案

(一)案情简介

2002年5月被告人黄某某与被告人常某某口头约定由黄某某提供原酒,常某某为黄某某生产假冒名牌酒、组织包装材料及商标。此后,被告人常某某雇用文某从黄某某开设于成都市华丰食品城的兴宏酒类批发部将“绵竹大曲”“江口醇”“尖庄”“泸州老窖特曲”等酒运至常某某租赁的成都市中和镇、双流县华阳镇出租房内,由被告人常某某、张某某组织“剑南春”“全兴”“五粮液”“泸州”商标及包装,雇用被告人常某家、邱某某、常某荣洗瓶、翻装酒,并贴上“剑南春”商标648份、“全兴”商标300份、“泸州”商标88份、“五粮液”商标96份。除“五粮液”假酒外,均由被告人常某某雇用被告人文某将酒运至被告人黄某某开设于成都华丰食品城的兴宏酒类批发部及被告人黄某某与杨某某合伙开设于成都市西南食品城的兴达酒类批发部予以销售。2002年12月30日,公安机关在成都双流县华阳镇常某某的出租房内抓获被告人常某某、张某某、常某家、邱某某、常某荣及前来运送原料酒及假酒的文某,从该出租房内提取大量假冒名酒及包装。被告人文某参与假冒“剑南春”商标468份,假冒“全兴”商标300份;被告人邱某某、常某家参与假冒“剑南春”商标504份,假冒“全兴”商标120份,假冒“泸州老窖特曲”商标88份;被告人常某荣参加假冒“剑南春”商标180份、“泸州老窖特曲”商标88份。

(二)案件办理过程

审理该案的法院认为,被告人黄某某、常某某未经注册商标所有人许可,共同商议达成了假冒注册商标的口头协议,由黄某某提供原酒,被告人常某某与被告人张某某组织“剑南春”“全兴”“五粮液”“泸州老窖特曲”的商标及包装物,并安排常某家、常某荣、邱某某将黄某某提供的原酒翻装进“剑南春”“全兴”“五粮液”“泸州老窖特曲”的瓶内,贴上以上酒类的商标,由黄某某销售,共计假冒驰名商标“剑南春”648份、“全兴”300份及其他商标“五粮液”96份、

“泸州”88份,其行为构成假冒注册商标罪。被告人文某明知是假冒注册商标的商品而予以运输,其行为构成假冒注册商标罪。被告人常某家、常某荣、邱某某受常某某的雇用翻装假酒,其行为亦构成假冒注册商标罪。本案被告人用“江口醇”“绵竹大曲”“尖庄”等酒冒充“剑南春”“全兴”“五粮液”“泸州老窖特曲”等酒并予以出售获利,其目的和主要行为方式是采用冒充他人注册商标而达到销售其他酒的目的,这里以假充真的是商标而不是产品,且“江口醇”“尖庄”“绵竹大曲”“泸州老窖特曲”等酒本身并不是伪劣产品,因此,本案的罪名应为假冒注册商标。黄某某的辩护人及常某家认为应构成生产、销售伪劣产品罪的观点不予支持。驰名商标管理归当时的工商行政管理局商标局,经商标局确认的驰名商标方为法律认可的驰名商标,辩护人认为“五粮液”牌及“泸州”牌商标不属驰名商标的观点予以采纳。被告人黄某某、常某某、张某某在犯罪中起了主要作用,是主犯。被告人文某、常某家、邱某某起了次要作用,是从犯,应当减轻处罚。被告人常某荣起次要作用,是从犯,且参与假冒注册商标时间短,情节轻微,因此可免予处罚。被告人常某家在刑满释放后5年内又犯罪,属累犯,应从重处罚。

（三）案件重要问题点评

本案涉及的问题主要有:如何认定假冒注册商标罪?销售假冒注册商标商品罪与生产、销售伪劣产品罪的区别是什么?以及假冒注册商标罪和销售假冒注册商标罪的罪数形态问题。

在法院审理过程中,被告人黄某某的辩护人认为,其生产、加工假冒注册商标的假酒的行为应当构成生产、销售伪劣产品罪,而不是假冒注册商标罪。审理法院认为被告人加工、销售的假酒并非伪劣产品,不应构成生产、销售伪劣产品罪。由黄某某提供原酒,常某某组织包装材料及商标为黄某某生产假冒名牌酒的行为属于共同假冒注册商标的行为,均应构成假冒注册商标罪。我国《刑法》第140条规定的生产、销售伪劣产品罪是指生产者、销售者在产品中掺杂、掺假,以假充真,以次充好或者以不合格产品冒充合格产品,销售金额5万元以上的行为。该罪的客观方面表现为在产品中掺杂、掺假、以假充真,以次充好或者以不合格产品冒充合格产品。《2004年解释》第1条规定,《刑法》第140条规定的“在产品中掺杂、掺假”，是指在产品中掺入杂质或者异物，致使产品质量不符合国家法律、法规或者产品明示质量标准规定的质量要求，降低、失去应有使用性能的行为。《刑法》第 140 条规定的“以假充真”，是指以不具有某种使用性能的产品冒充具有该种使用性能的产品的行为。“以次充好”是指以低等级、低档次产品冒充高等级、高档次产品，或者以残次、废旧零配件组合、拼装后冒充正品或者新产品的行为。“不合格产品”是指不符合《产品质量法》第 26 条第 2 款规定的质量要求的产品。在该案中，被告人黄某某的辩护人辩称被告人所实施的是生产、销售伪劣产品罪，但法院审理查明，被告人用“江口醇”“绵竹大曲”“尖庄”等酒冒充“剑南春”“五粮液”等酒并予以出售获利，其目的和主要行为方式是采用冒充他人注册商标而达到销售其他酒的目的，且“江口醇”“绵竹大曲”“尖庄”等酒并非伪劣产品。因此，本案的被告人的行为不构成生产、销售伪劣产品罪。

在该案中，被告人黄某某与常某某未经注册商标所有人许可，共同商议达成了假冒注册商标的口头协议，此后由黄某某提供原酒，常某某等人实施具体的假冒行为，两被告对假冒注册商标有共同认识并通过共谋形成了共同意志，符合共同犯罪的主客观特征，因此，黄某某的行为构成了假冒注册商标罪。被告人文某有运输假酒的行为，虽未直接参与假冒的行为，根据《2004 年解释》第 16 条的规定，明知他人实施侵犯知识产权犯罪，而为其提供贷款、资金、账号、发票、证明、许可证件，或者提供生产、经营场所或者运输、储存、代理进出口等便利条件、帮助的，以侵犯知识产权犯罪共犯论处。至于黄某某假冒他人注册商标又销售假冒注册商标商品的行为，是假冒注册商标罪的后续行为，假冒注册商标罪属于重行为，销售假冒注册商标商品罪属于轻行为，后者被前者所吸收，黄某某构成假冒注册商标罪，不进行数罪并罚。

二、戴某假冒双环牌注册商标案

(一)案情简介

2000 年 11 月至 2001 年 1 月，被告人戴某以环宇公司名义与江苏省仪征市威龙活塞环有限公司(以下简称威龙公司)口头达成了购销活塞环合同；威龙公司按约定供给环宇公司各种规格、型号的活塞环57,000付,并出具了增值税专用发票4份,价税合计38.928万元,戴某收货后未交付威龙公司货款。2001年1月中旬,被告人戴某依据其以环宇公司名义与杭州五矿机械化工进出口有限公司(以下简称杭州五矿)所签订的合同,将威龙公司所供上述货物改换商标包装后,连同合同所定其他产品(曲轴)供给杭州五矿,并向其出具了价款合计为52.359万元的增值税发票。杭州五矿因发现环宇公司所供产品不是正宗双环公司产品而未能出口。2001年3月,杭州五矿支付环宇公司货款8.4万元,被告人戴某将8.4万元从环宇公司账上支取。威龙公司在向戴某多次追要货款未果的情况下,向公安机关报案,在公安机关协助下,威龙公司追回活塞环45,000付,其余12,000付活塞环的货、款均未追回。

(二)案件办理过程

仪征市人民法院审查认定,被告人戴某于2000年9月至2001年1月,从仪征派内燃机配件有限公司(以下简称金派公司)购得价税合计25.63488万元的"金派"牌活塞环,从威龙公司购得价税合计38.928万元的"威龙"牌活塞环。金派公司、威龙公司分别按照与戴某订立的口头合同将上述货物送至戴某指定的泰兴某地后,戴某即组织人员将原"金派""威龙"牌产品包装改换成仪征市双环公司的"双环牌"包装,并以此假冒正宗"双环牌"产品销售给杭州五矿,销售金额合计79.87208万元。仪征市双环公司的"双环牌"商标系注册商标,且该商标在续展有效期内。该单位从未授予任何单位或个人使用该注册商标。经公开审理后认为,被告人戴某将自己从金派公司、威龙公司所购活塞环,假冒双环公司的"双环牌"活塞环予以销售,且销售金额达79.87208万元,数额巨大,其行为已经构成销售假冒注册商标罪,应依法惩处。而公诉机关指控被告人戴某诈骗38.938万元的事实,罪名不成立,不予支持。被告人戴某及其辩护人关于戴某行为不构成诈骗罪的相关意见予以采信。辩护人关于指控被告人戴某犯假冒注册商标罪属单位犯罪的辩护意见,法院认为,被告人戴某虽以环宇公司名义对外从事经营活动,但其所实施的假冒他人注册商标并予以销售的行为,未经过环宇公司领导集体研究决定,其所获利益亦不归环宇公司所有,戴某仅是按承包协议履行上缴义务,不符合单位犯罪的构成要件,故该辩护意见不予采纳。同时,认为被告人戴某假冒他人名牌产品的注册商标,并销售假冒注册商标的商品,故辩护人认为社会危害较小的辩护意见亦不予采纳。

(三)案件重要问题点评

1. 该案件应定为销售假冒注册商标的商品罪还是假冒注册商标罪?

被告人戴某既假冒注册商标又销售其假冒注册商标的商品究竟如何定性?我们认为,此案应定为假冒注册商标罪。假冒注册商标罪,是指未经注册商标所有人的许可,在同一种商品上使用与其注册商标相同的商标,情节严重的行为。销售假冒注册商标的商品罪,是指明知是假冒注册商标的商品而予以销售,且销售金额较大的行为。假冒注册商标后常常伴有销售自己假冒的注册商标商品的行为,销售行为是假冒行为的后续行为,属于事后不可罚的行为。销售行为是假冒行为的派生行为,被假冒行为所吸收,只成立假冒注册商标一罪。这种理解也和《2004 年解释》的规定是相一致的,该解释第 13 条规定:实施《刑法》第 213 条规定的假冒注册商标犯罪,又销售该假冒注册商标的商品,构成犯罪的,应当依照《刑法》第 213 条的规定,以假冒注册商标罪定罪处罚。实施《刑法》第 213 条规定的假冒注册商标犯罪,又销售明知是他人的假冒注册商标的商品,构成犯罪的,应当实行数罪并罚。本案中,被告人戴某假冒了"双环牌"活塞环后,再将其卖与杭州五矿,属于《关于办理侵犯知识产权刑事案件具体应用法律若干问题的解释》第 13 条第 1 款规定的情形,应认定为假冒注册商标罪,而非销售假冒注册商标的商品罪。

2. 戴某的行为是否属于单位犯罪?

正确把握单位犯罪与个人犯罪的界限是知识产权犯罪刑事审判的重要环节。单位犯罪有三个特点:其一,单位犯罪是单位意志支配下实施的犯罪;其二,单位犯罪是单位成员实施的犯罪;其三,单位犯罪的成立范围由刑法分则条文规定。本案中被告人的行为不属于单位犯罪,被告人只是按照承包协议向环宇公司履行上缴义务,不属于单位整体意志和单位整体行为,其假冒行为也没有经过其他单位成员的同意和参与。因此,被告人的行为是其个人意志的体现,不符合单位犯罪的特征,不应定为单位犯罪。

第三章　销售假冒注册商标的商品罪

为了依法严厉打击销售假冒注册商标的商品的违法犯罪活动，全国人大常委会 1993 年通过的《关于惩治假冒注册商标犯罪的补充规定》(已废止)对 1979 年《刑法》第 127 条进行了修改，将原有的假冒注册商标罪分解为三个罪名，即假冒注册商标罪、销售假冒注册商标罪和非法制造、销售非法制造的注册商标标识罪，以上罪名在 1997 年修订的《刑法》中被保留下来。2020 年 12 月通过的《刑法修正案(十一)》对销售假冒注册商标的商品罪的立法进行了修改，将该罪由结果犯改为结果犯和情节犯，还修改了该罪重罪的法定刑，将其最高法定刑调高为 10 年有期徒刑。

第一节　销售假冒注册商标的商品罪的犯罪构成

根据《刑法》第 214 条的规定，销售假冒注册商标的商品罪，是指违反国家商标管理法规，销售明知是假冒注册商标的商品，违法所得数额较大或者有其他严重情节的行为。

一、犯罪客体

销售假冒注册商标的商品罪的犯罪客体是复

杂客体，即侵犯了国家对商标的管理制度和他人对注册商标的专用权以及消费者的合法权益。销售明知是假冒注册商标的商品是与假冒注册商标者共同侵犯他人注册商标专用权。我国现行《刑法》第 214 条规定的销售假冒注册商标的商品的行为，从形式上看似乎没有直接侵犯他人的注册商标专用权，但是，行为人之所以销售明知是假冒他人注册商标的商品，主要目的是企图使自己的商品能够以假充真在市场上销售出去，这种行为不仅损害了消费者的利益，也造成了对注册商标专用权的侵害。

关于本罪的犯罪对象，理论界通常认为是假冒注册商标的商品，即标有他人注册商标的非注册商标商品（冒牌商品）。有一些学者主张本罪的对象既包括冒牌商品，也包括被假冒的注册商标，认为销售假冒注册商标的商品的行为至少侵犯三重社会关系，一是消费者的合法权益，二是注册商标专用权，三是国家商标管理制度。销售假冒注册商标的商品的行为作为一种销售行为，其直接作用的具体物是“冒牌商品”，这只是上述第一重社会关系的物质载体，销售行为同时又作用于他人已经注册的商标，这种商标是上述第二重和第三重社会关系的物质表现。目前，多数学者赞同第一种观点，即认为本罪的犯罪对象仅限于假冒注册商标的商品。犯罪对象一般是指犯罪行为直接作用的具体物或具体人，虽然销售假冒注册商标的商品的行为必然会影响到他人的注册商标，但是并不直接作用于他人的注册商标，犯罪对象的范围不应被无限扩大，否则任何一个犯罪都会有无数的犯罪对象，毕竟社会关系的方方面面是相互联系、相互作用的。直接作用于注册商标的是发生于本罪的上一犯罪环节——假冒注册商标罪之中，本罪的对象只能是假冒注册商标的商品，而不应包括他人的注册商标。

对于假冒他人注册商标的商品的范围，尽管《刑法》第 214 条未予明确，但从刑法体系解释的体系性考虑，应将其限定在《刑法》第 213 条所规定的假冒注册商标罪所确定的范围内，即仅指未经注册商标所有人许可，在同一种商品、服务上使用与其注册商标相同商标的商品。至于这种商品的质量与真正注册商标的商品质量有无差异，则在所不问，即使假冒注册商标的商品质量优于真正注册商标的商品质量，也不影响本罪的成立。

需要说明的是,行为人所销售的假冒注册商标的商品,必须是他人所生产和提供的。如果假冒注册商标的犯罪人销售自己假冒注册商标的商品,属于吸收犯,只成立假冒注册商标罪,不另成立本罪,也不进行数罪并罚,前文提到,《2004 年解释》对此有专门的规定。实施假冒注册商标犯罪,又销售明知是他人的假冒注册商标的商品,构成犯罪的,应当以假冒注册商标罪和销售假冒注册商标罪定罪,实行数罪并罚。如果行为人事先与假冒注册商标的犯罪人通谋,然后分工合作,其中有的人制造假冒注册商标的商品,有的人销售假冒注册商标的商品的,构成共同犯罪,销售假冒注册商标的商品是假冒注册商标罪共同犯罪的组成部分,对行为人应以假冒注册商标罪共犯论处。如果销售假冒他人未经注册的商标的商品,则不构成本罪。

二、犯罪客观方面

本罪的客观方面表现为违反国家商标管理法规,销售明知是假冒注册商标的商品,销售金额数额较大的行为。违反商标管理法律法规的规定主要是指违反《商标法》及相关法律规定。《商标法》第七章规定了注册商标专用权保护制度,该法将销售侵犯注册商标专用权的商品的行为列入侵犯注册商标专用权的行为,并规定“销售明知是假冒注册商标的商品,构成犯罪的,除赔偿被侵权人的损失外,依法追究刑事责任”。本罪中的“销售”是指行为人买进、卖出这类假冒注册商标的商品,将假冒注册商标的商品的所有权有偿出让给他人以从中获取非法利益的行为不仅包括了通常意义上的零售、批发、推销、代销、贩卖等行为,还包括为了出售而购买。只要行为人销售的是假冒他人注册商标的商品就可以构成本罪,至于商品的质量如何,不影响本罪的成立。在实务中认定该罪的销售行为时,应当注意以下几个问题。

(一)商品促销中搭送假冒注册商标的商品行为是否属于销售行为?

商品促销中搭送假冒注册商标的商品行为是指在其他商品的让利销售中将假冒注册商标的商品作为“赠品”处理的行为。例如,行为人为了促销,在销售合法商品的同时,把一些明知是假冒注册商标的商品作为“赠送商品”“打包”附送。对于这种行为是否应按照本罪认定，理论上存在观点分歧。有学者认为，该种行为不属于销售假冒注册商标的商品的行为。销售的本质在于所有权转移的有偿性，而在搭送中，因所搭送的商品并非消费者以有偿方式取得，是否搭送完全是商家的返利或吸引消费者的策略，因而不应将其纳入销售的内容。笔者认为，该种观点值得商榷，商品促销中搭送行为本质上有别于广告宣传中为了扩大商品的知名度而不附加任何条件的赠送行为。后者虽然最终目的是使商品能够销售出去，但其在向消费者赠送商品时没有要求消费者做任何的付出，因此，是真正的赠与行为，自然谈不上销售；而前者则实际上向消费者发出要约，如果消费者想获得赠送的商品，必须购买销售方指定的商品。因此，向消费者赠送商品是卖方的一种销售手段或策略，实质上是搭售行为，是其整个销售活动不可分割的组成部分。

（二）用假冒注册商标的商品支付债务行为是否属于销售行为？

这一问题涉及是否将销售行为的范围限定于商品流通过程。一般认为，销售行为通常发生在商品的流通过程中，具有有偿转移商品所有权的特点，因此，像用假冒注册商标的商品支付债务的，也可归于销售的范畴。《刑法》第 214 条规定本罪的行为为“销售”行为，未明确限定其行为的范围，考虑到用假冒注册商标的商品支付债务的行为对本罪法益的侵犯，以及它与发生在商品流通过程中的销售假冒注册商标的商品的行为没有本质的区别，将本罪中的“销售”行为作广义的理解，并无不妥。因此，我们认为，应当将用假冒注册商标的商品支付债务的行为认定为本罪中的销售行为。

（三）如果行为人已将假冒注册商标的商品售出但尚未收回价款，是否属于本罪的销售？

从销售商品的实际情况看，行为人在卖出产品后购买人出于各种原因而未支付价款的情况经常发生，如购买人赖账不付款，或者购买人在购买商品后发现是假冒他人注册商标的商品而要求退货或拒付货款等，不影响行为人销售行为的成立。也就是说，销售行为的成立并不以实际收取了价款为必要条件，其卖出商品的有偿性本质并没有发生变化。根据《2004 年解释》，只有销售假冒注册商标商品数额较大的才构成犯罪。“数额较大”是指销售金额在 5 万元以上。《刑法修正案(十一)》将这里的"销售金额"修改为"违法所得",并规定有其他严重情节的,也可以构成该罪。这里的销售数额大于违法所得金额,违法所得金额应按扣去成本等费用的非法获利数额计算。

三、犯罪主体

销售假冒注册商标的商品罪的犯罪主体是一般主体。1979 年《刑法》规定侵犯商标犯罪的犯罪主体是特殊主体,1993 年 2 月通过的《关于惩治假冒注册商标犯罪的补充规定》(已废止)将其扩大为一般主体,凡是注册商标所有人以外的其他任何单位和个人都可以构成本罪的主体。这里的"单位"应为公司、企业、事业单位、机关、团体,这里的"个人"应是达到刑事责任年龄、具有刑事责任能力的自然人,包括持有工商营业执照的个体工商户和没有营业执照的个体经营者。1997 年修订的《刑法》延续了前述规定,将销售假冒注册商标的商品罪的主体规定为一般主体,包括一般单位和一般个人。

对单位和个人适用本罪的规定有一个发展变化的过程。《2004 年解释》第 15 条、第 16 条规定,单位实施本罪的,按照本解释规定的相应个人犯罪的定罪量刑标准的三倍定罪量刑。明知他人实施侵犯知识产权犯罪,而为其提供贷款、资金、账号、发票、证明、许可证件,或者提供生产、经营场所或运输、储存、代理进出口等便利条件、帮助的,以侵犯知识产权犯罪的共犯论处。而《2007 年解释》改变了这一规定,该解释第 6 条规定,对于单位实施本罪的,按照司法解释规定的相应个人犯罪的定罪量刑标准定罪处罚。这样规定降低了单位犯罪定罪量刑标准,有利于打击犯罪,保护权利人的合法权益。

四、犯罪主观方面

本罪在主观方面是故意,即明知是假冒他人注册商标的商品而予以销售,以谋取非法利益。如果行为人确实不知情而销售了上述商品,则不构成本罪。1994 年 1 月 2 日原国家工商行政管理局发布的《关于执行〈商标法〉及其〈实施细则〉若干问题的通知》(已废止)第6条明确规定,对于经销者经销假冒注册商标商品或商标侵权商品为非明知、非应知的,应当告知其立即停止经销该种商品,对于及时停止经销该种商品的经销者,可以免于行政处罚,经销者应当消除侵权商标标识,侵权商品不得再进入流通领域。该规定对认定销售假冒注册商标商品者的罪过形式具有参考价值。

(一)"明知"的认定

根据《刑法》第214条的规定,本罪的成立要求行为人在认识上对犯罪对象必须为"明知",即对假冒他人注册商标的商品"明知"的认识。而《刑法》第14条中的"明知"是指行为人对于犯罪构成要件事实及危害结果有认识,具体到本罪中,是指行为人认识到自己销售的假冒他人注册商标的商品,销售这种商品会造成危害社会的结果发生。因此,本罪的主观方面的"明知"具有双重性,"明知"不仅包含行为人对构成要件的行为,即销售行为的性质及其危害社会结果有明知,同时,也包含对本罪构成要件行为的对象即假冒注册商标的商品性质的明知。如果行为人在客观上销售了假冒注册商标的商品,主观上并不明知这些商品是假冒他人注册商标的商品,则不构成本罪。一般而言,如果行为人明知自己销售的是假冒他人注册商标的商品,就能预见到其销售假冒注册商标的商品会有危害社会的结果,也就是说,行为人对行为对象的明知,一般情况下能推导出对法定危害结果的明知。反过来则不一定正确,即行为人明知销售的是假冒他人商标的商品会给商标所有者及消费者造成损害,但不一定知道是假冒他人注册商标的商品。

在司法实践中,认定行为人对犯罪对象"明知"非常重要。行为人若能够"明知"其所销售的是假冒注册商标的商品,在主观上就必须认识到以下几个方面内容:(1)认识到其所销售的商品上使用了商标而且是注册商标;(2)认识到商品上使用的注册商标是合法有效的商标,至于该商标是何时注册、何时失效,则不要求行为人有具体认识;(3)认识到该商品的生产者或销售者不是该商标的注册人或者许可使用人,至于该商标的注册人或者许可使用人是何人,不是行为人认识的内容。

关于"明知"是否为"确知",有不同的观点。第一种观点认为,"明知"是"确知",即只有行为人明确表述自己明知是假冒注册商标的商品而故意销售的,才构成犯罪,否则不构成犯罪。第二种观点认为,“明知”并不等于“确知”,即使不确切知道该商品是假冒哪一家的注册商标,以及不能肯定该批商品是属于假冒注册商标的商品,只要意识到该批商品可能是假冒注册商标的商品,而没有任何根据在心理上加以否定,就属于明知的范围。笔者认为,第二种观点更为合理。在行为人知道可能是某种特定犯罪构成事实,可能造成危害社会的结果,仍然实施本罪危害行为的,这就表明行为人对刑法所保护的社会关系持积极侵犯态度,符合犯罪故意的特征,只需要明知“可能”就能满足犯罪故意的成立条件。

为了使认定“明知”有可操作性的法律依据,《2004 年解释》第 9 条第 2 款对“明知”进行了具体规定,包括下列情形:(1)知道自己销售的商品上的注册商标被涂改、调换或者覆盖的;(2)因销售假冒注册商标的商品受到过行政处罚或者承担过民事责任、又销售同一种假冒注册商标的商品的;(3)伪造、涂改商标注册人授权文件或者知道该文件被伪造、涂改的;(4)其他知道或者应当知道是假冒注册商标的商品的情形。这一解释在一定程度上结束了理论界对认定“明知”的争议,但是第(4)项“其他知道或者应当知道是假冒注册商标的商品的情形”仍然有解释的余地。对此,可以参考 1994 年原国家工商行政管理局发布的《关于执行〈商标法〉及其〈实施细则〉若干问题》(已废止)第 6 条的规定:有属于下列情形之一的,以“明知”认定:(1)更改、调换经销商品上的商标而被当场查获的;(2)同一违法事实受到行政处罚后重犯的;(3)事先已被警告而不改正的;(4)有意采取不正当进货渠道,且价格大大低于已知正品的;(5)在发票、账目等会计凭证上弄虚作假的;(6)专业公司大规模经销假冒注册商标商品或者商标侵权商品的;(7)案发后转移、销毁物证,提供虚假证明、虚假情况的。判断是否符合本罪的“明知”条件,需要司法工作人员根据主客观相统一的标准,结合买卖、交接假冒注册商标的商品的方式方法、时间、地点,买卖双方成交的价格、进货渠道以及行为人对该种商品的认识程度等具体情况来认定。

(二)本罪主观方面是否可以是间接故意

行为人主观方面对其实施的犯罪行为以及该行为的后果持何

种心态？应从两个要素来判断：一是认识因素，指对该行为以及该行为的后果有没有认识及认识程度；二是意志因素，指对该行为的后果持何种态度，能不能控制以及有没有控制。直接故意与间接故意的区别在于：(1)在认识因素方面，对行为导致的危害结果发生虽然都有认识，但认识的程度不同，直接故意一般是明知自己的行为必然或者可能发生危害社会的结果，而间接故意只能是行为人可能发生危害社会的结果。(2)在意志因素方面，二者对危害结果的发生的心理态度不同，直接故意是希望并积极追求危害结果的发生，而间接故意则对危害结果的发生持放任即无所谓、听之任之的心理态度。也就是说，在直接故意的情况下，危害结果是行为人实施犯罪行为的目的所在，而在间接故意的情况下，危害结果并不是行为人实施犯罪行为的目的，行为人之所以要实施犯罪行为，目的在于追求这种危害结果以外的其他的结果，如果避免这种危害结果的发生，就不能达到其所要实现的目标，因而对其行为引起的危害结果采取了听之任之的放任态度。

关于本罪主观方面是否是间接故意，存在不同的认识。有学者认为不仅直接故意可以构成本罪，间接故意也可以构成本罪，其理由是：在实践中，假冒注册商标的商品一般进价明显偏低，如果经销者注意，是完全可以发现的，而经销此类商品获利较高，有些经销者明知所销售的可能是假冒他人注册商标的商品，而在意志因素上表现对此采取放任、听之任之的态度，并对此存在侥幸的心理，如果未被查出来，就会获得较高的利润，如果查出来，就以事前不确知来推卸责任。另外一些学者则主张本罪只能由直接故意构成，其理由是：销售假冒注册商标的商品的行为，其目的是赚取非法利润，而追求非法利润的犯罪目的是从销售行为的内涵中自然引出来的，因而本罪的主观方面在意志因素上表现为直接追求，而不可能是放任或者疏忽大意，间接故意和过失均不可构成本罪。

我们同意第二种的观点，因为合法经营者在正常情况下都有能力判断出某一商品是否为伪劣商品或侵犯了他人合法权益，在合同关系中，供货一方的义务之一是保证其所供货物无缺陷，并且该货物没有侵犯第三方的知识产权，否则就构成违约，这是对销售商品者的基本要求。当销售方在进价明显偏低的情况下，根据其应有的专业知识应当判断出该商品不是合格的商品，如果不是次品，那肯定就是假冒注册商标的商品。作为商品的销售者，应该尽其合理注意义务识别出该商品为假冒注册商标的商品并拒绝进货。即使他以因疏忽大意或其他未尽合理注意义务的情况为由，没能识别出该商品为假冒商标的商品，我们仍可以推定其明知此商品是假冒注册商标的商品，因为在商品交易规律以及法律义务要求下，不可能出现没有认识到的情况。

第二节 销售假冒注册商标的商品罪的司法认定

一、本罪与彼罪的界限

在司法实践中，行为人一般不是单独地实施某种侵犯商标权的犯罪，而是多种侵权犯罪相互交织，准确认定犯罪的性质对于正确定罪量刑具有重要意义。对于假冒注册商标又销售假冒注册商标的商品的行为，有学者认为构成吸收犯，销售行为作为假冒行为的必要延续而为假冒行为所吸收，属于假冒注册商标罪整个犯罪过程的组成部分，仅定假冒注册商标罪一罪，将销售行为作为量刑情节予以考虑。该观点被《2004 年解释》采纳，行为人既假冒注册商标又销售假冒注册商标的商品时，以假冒注册商标罪定罪处刑。

《刑法》第 140 条规定了生产、销售伪劣产品罪，该罪是指生产者、销售者在产品中掺杂、掺假，以假充真，以次充好或者以不合格产品冒充合格产品，销售金额在 5 万元以上的行为。该罪与本罪都侵犯社会主义市场经济秩序，其区别在于：(1)犯罪的客体不同。本罪侵犯的直接客体是注册商标所有人的合法权利和国家商标管理制度，而生产、销售伪劣产品罪侵犯的直接客体则是国家的商品生产销售质量监督管理制度以及广大消费者的合法权益。(2)主观罪过不同。主要表现在犯罪故意的内容不相同。(3)危害行为不同。生产、销售伪劣产品罪主要表现为在产品中掺杂、掺假，以假充真，以次充好或者以不合格产品冒充合格产品，而本罪主要表现为销售假冒注册商标的商品，犯罪对象有着明显的差别。

二、销售假冒注册商标的商品罪共同犯罪的认定

销售假冒注册商标的商品者能否构成假冒注册商标罪的共犯？司法实践中，销售者对生产者生产假冒注册商标行为的认识包括两种情况：一是与生产者、侵权人有联络的，事前与生产者有通谋或事中联络，直接从假冒注册商标商品的生产者或侵权复制品制作者那里购买假冒注册商标的商品或侵权复制品，有的甚至形成产销一条龙形式；二是事后的明知，即与生产者、侵权人没有直接联系，商品或侵权复制品经过中间环节到达销售者手中。无论上述哪一种情形，均应当以销售假冒注册商标的商品罪定罪处罚。原因是销售者与制作者的关系并未形成共同故意犯罪的组织形式，而更多的是一种客观上的上下家交易关系，其形成共同故意犯罪组织形式不明显，不宜以假冒注册商标罪的共同犯罪定罪处罚。当然，如果假冒注册商标罪犯罪人与销售假冒注册商标商品者事前通谋，且后者的销售行为未达到定罪标准，但是，符合了假冒注册商标罪共犯的构成条件的，应按假冒注册商标罪共犯定罪处罚。

三、销售假冒注册商标的商品罪的未遂犯问题

（一）本罪是否存在未遂犯

如果行为人仅购入假冒产品但未销售，或者虽已实施了销售假冒产品的行为但违法所得达不到较大的标准，或者行为人实施了销售假冒产品的行为，违法所得预计可能达到5万元以上的，对该种情形应如何认定和处理？一种观点认为，行为人在没有实际销售的情况下并未产生损害，“违法所得”不仅是处罚的条件，也起到限制处罚范围的作用，它并不是只对结果的要求而是对行为的社会危害性程度的要求。而且，如果行为人没有进行实际销售，对于行为人的销售意图难以确定。对没有销售或销售金额未达到5万元的情况下不以犯罪论处，并没有免除行为人的法律责任，仍然可以追究其行政法律责任。关于刑法分则规定的犯罪是否都有未遂犯，该种观点认为，刑法分则规定以犯罪成立为模式，而非以犯罪既遂为模式，刑法分则规定的犯罪并非都存在未遂犯。另一种观点认为，存在未遂犯，该观点认为，罪状表述了达到“违法所得数额较大”是构

成犯罪既遂,理论上本罪存在未遂犯的可能,对于没有实际销售的商品但是可以证明"以销售为目的",从刑事政策和犯罪预防的角度看,处罚该罪的未遂犯也是有必要的。

我们同意后一种观点,认为销售假冒注册商标的商品罪中存在未遂犯。从我国刑法规定看,刑法分则规定的各种犯罪构成及其刑事责任一般以犯罪既遂为标准,本罪属于结果犯的数额犯。结果犯是以一定的危害结果的发生作为成立既遂犯的标准,如果由于行为人意志以外的原因没有发生法定结果,则是犯罪未遂,数额犯也是如此。本罪中,行为人主观上具有销售假冒注册商标的商品的意图,客观上已经实施、正在实施或者将要实施销售假冒注册商标的商品的行为,破坏了国家商标管理秩序,对注册商标所有权人的权益构成严重危害,有必要追究刑事责任。实施该罪行为的违法所得数额是一个可量化的指标,反映了行为人销售假冒注册商标的商品的规模大小、危害范围及主观恶性程度,当实际违法所得接近数额较大的标准但销售金额巨大时,反映其行为的社会危害性已经达到了应受刑罚处罚的严重程度,如果将违法所得数额作为犯罪成立而不是犯罪既遂的条件,会导致轻纵犯罪。

与本罪相似的是生产、销售伪劣产品罪,"两高"《关于办理生产、销售伪劣商品刑事案件具体应用法律若干问题的解释》第 2 条第 2 款规定,"伪劣产品尚未销售,货值金额达到刑法第一百四十条规定的销售金额三倍以上的,以生产、销售伪劣产品罪(未遂)定罪处罚"。该解释肯定了同样为数额犯的生产、销售伪劣产品罪存在未遂犯,犯罪数额都是认定既未遂的关键要件,因此,肯定该罪存在未遂犯的论证,其论据同样适用于销售假冒注册商标的商品罪。

(二)本罪未遂犯的认定

未遂犯具有三个构成特征,即行为人已经着手实行构成要件的危害行为,犯罪未得逞,未得逞是因犯罪人意志以外的原因。何为"意志以外的原因"? 指的是犯罪人本人意志以外的原因,在司法实践中,行为人往往在未全部售罄侵权产品时被公安机关抓获,不得已停止了销售行为,这就是"意志以外"的一种表现。何为"未得逞"? 也就是没有完全具备刑法分则所规定的构成要件。而何为销售假冒注册商标的商品罪的"已经着手",这在实务中是一个难以把握的问题。

本罪的实行行为是销售行为,只有实施了销售行为才能认定为已经着手实行犯罪。有观点认为,销售的着手必须是已经开始销售,而不包括准备销售的行为,如积极寻找买主、找到买主但尚未达成协议,至少应在销售者找到购买者之时,才能认定其销售行为已经着手。在本罪中,只有行为人在买进假冒注册商标的商品之前已经找到购买方,并与达成了商品购销的合意,或者准备卖出时已经找到了一个买主、正在与买主进行交易而被当场抓获的场合,才能认定行为人已经着手本罪。也有观点认为,销售作为一个整体,不仅包括了买卖双方到场时的交易,还包括了行为人进货、寻找买主的行为。这些行为虽然不是直接的交易,但却是实施销售的必要环节,具有严重的社会危害性,是构成该罪未遂的前提。所以,行为人只要为了销售假冒注册商标的商品而实施购买行为,就应当视为犯罪的"着手"。依照前者观点,行为人为了销售假冒注册的商品而实行的招揽购买者、进货、存储的行为,一般属于犯罪的预备行为(排除销售者之前已经找到购买者并与其达成了购销合意的情况),而依照后者观点,上述行为已经是销售的着手,此时若被抓获可以构成犯罪未遂而非犯罪预备。这种差别源于对"销售"的不同理解。

我们认为,销售泛指一切将商品有偿卖出的行为,具体包括批发、零售、代销、经销、贩卖等。如果狭义地理解销售的内涵,将上述行为定性为犯罪预备甚至免除处罚,则会造成这样一种情况,即犯罪嫌疑人拥有大量假冒商品待售并积极联系买主,若未被查获销售假冒注册商标商品的,司法机关却无法追究其刑事责任,注册商标专用权和消费者合法权益将受严重侵犯,而行为人的侥幸心理将被强化,假冒之风也将愈演愈烈。所以,如果行为人以出卖为目的购入假冒注册商标的商品,尚未售出即被查获,并且货值金额较大,可以按本罪的未遂犯定罪处罚。

(三)特殊销售方式下本罪的违法所得与停止形态的认定

在司法实践中,销售假冒注册商标商品活动中的特殊销售方式给认定本罪的停止形态带来了困难,有必要讨论。

(1)采"分期付款"支付方式时的违法所得及形态认定。分期付款一般是指买方按照一定期限分批向卖方支付价款的买卖方式。买方在只支付一小部分货款后就可以获得所需的商品或劳务,但是,以后的分期付款中包括有利息,所以用分期付款方式购买同一商品或劳务,所支付的金额要比一次性支付的货款多一些。有观点认为,这种情况下,销售金额应当按照行为人已完成交付的货物的价值来计算。我们认为,如果行为人销售假冒注册商标的商品,违法所得达到既遂标准的,应当按照既遂定罪处罚,未达到既遂标准则按未遂定罪处罚。

(2)采“预收定金”销售方式时的违法所得金额及形态认定。行为人与他人签订合同,采取预收定金的方式销售假冒注册商标的商品时,可能产生以下两种情况:一是行为人已经交付了假冒商品,二是行为人由于客观原因尚未交付假冒注册商标的商品即被抓获。在第一种情形下,有观点认为,应当以预收定金的数额是否达到本罪销售金额较大的标准来判断销售行为是否完成;也有观点认为,应当按照已交付的所有货物的价值认定销售金额,并判断既遂与否。我们同意后一种观点,已经交付的货物的价值与销售金额含义相同,而定金则通常低于货值,若以定金数额判定本罪的完成形态可能放纵犯罪,如果定金达到了违法所得较大的标准,认定为该罪的既遂犯,如果未达数额较大的标准,而交付的货物的预计违法所得达到追究未遂犯的标准,应以该罪的未遂犯处罚。

(3)遇“退货”时的违法所得及形态认定。对于行为人(卖方)遭遇买方退货时本罪犯罪形态的认定,存在不同看法。一种观点认为,买方的退货造成了因行为人意志以外的原因所导致的犯罪“未得逞”,故而退货部分的数额应当认定为未遂,若未遂的数额达到未遂标准,就可以对其按照未遂犯处罚,这种观点是以“犯罪目的实现说”作为犯罪既遂判定标准的。而我国关于犯罪既遂判定标准的主流学说是“构成要件齐备说”,即只要着手实行的犯罪行为齐备了具体犯罪构成的全部要件,本罪的既遂形态是以将假冒注册商标的商品交付完毕为准。遇到退货的情况下,行为人已经完成了本罪构成要件中所要求的客观行为,即销售假冒注册商标的商品的行为,对注册商标管理制度和消费者的合法权益已经造成破坏,如果违法所得达到数额较大的标准,就应当以本罪的既遂对行为人定罪处罚,如果未达数额较大的标准,可以按照交付货物预计违法所得数额认定是否构成该罪的未遂犯。

第三节　销售假冒注册商标的商品罪案例分析

一、福州陈某销售仿名牌运动鞋案

(一)案情简介

陈某系福州市人,在福州大鞋城开了一家运动鞋专卖店。2005年4月,陈某经人介绍从1名晋江人手中以每双30~50元的价格购进大量假冒"耐克""阿迪达斯"等注册商标的运动鞋。随后,陈某又以每双50~80元的价格把鞋卖给泉州、福安、武汉等地的客户。2008年,某区工商局接到群众举报,在陈某的仓库内查获假冒注册商标的运动鞋3348双。陈某得知后逃匿。经鉴定,上述查获的运动鞋中3314双为假冒相关注册商标专用权的产品,价格约26.6万元。此前陈某已卖掉3456双运动鞋,牟利27万余元。2008年11月,陈某在福州落网。

2008年11月福州市某区检察院以销售假冒注册商标的商品罪对陈某提起公诉,同年12月,某区人民法院经审理认为,陈某销售假冒注册商标的商品牟利27万余元。"牟利"不同于本罪罪状所指的"销售金额"。"销售金额"是指行为人出于营利目的而销售的假冒商品的货币数额,包括销售假冒商品后已经得到的和应当得到的全部违法收入,而牟利仅指销售获得的利润额,不包括经营成本,故其数额小于销售金额。本案中销售金额不少于27万余元,已经达到了犯罪数额巨大(25万元)的标准,可以在3年到7年有期徒刑之间量刑。而陈某未卖出的3314双运动鞋尚没有销售,不能计入犯罪数额。

(二)案件重要问题评析

本案发生在《刑法修正案(十一)》实施之前,当时本案的重要问题是销售金额如何计算?《2004年解释》第9条规定销售假冒注册商标商品罪的"销售金额"是指销售假冒注册商标的商品后所得和应得的全部违法收入。通常认为,所得的收入为行为人在出售假冒注册商标的商品时已从买方实际获取的收入,“应得”的收入为行为人基于某种原因虽未实际取得收入,但根据约定买方应当支付给行为人的价款。

本案中陈某的牟利数额明显小于销售数额,一方面没有计算陈某的经营成本,另一方面没有计算陈某的应得收入,因而陈某的销售数额要高于牟利的27万余元。法院应当审查陈某的销售数额具体为多少,如果证据不足的,可以建议检察机关补充证据,而不能仅以牟利数额进行定罪量刑。

本案中陈某未售出的假冒商品货值达到了26.6万元,这一部分数额是否可以计算到陈某的犯罪数额中?对于查获的尚未销售的假冒注册商标的商品,由于假冒的注册商标商品尚未销售,因此不存在销售金额。但是,对于行为人通过购买或其他方式获得假冒注册商标的商品,尚未来得及销售,货值金额达到一定标准的,可以按照销售假冒注册商标的商品罪(未遂)定罪处罚。2001年《最高人民法院、最高人民检察院关于办理生产、销售伪劣商品刑事案件具体应用法律若干问题的解释》第2条明确规定:伪劣产品尚未销售,货值金额达到《刑法》第140条规定的销售金额3倍以上的(15万元以上),以生产、销售伪劣产品罪(未遂)定罪处罚。2003年《最高人民法院、最高人民检察院、公安部、国家烟草专卖局关于办理假冒伪劣烟草制品等刑事案件适用法律问题座谈会纪要》指出:伪劣烟草制品的销售金额不满5万元,但与尚未销售的伪劣烟草制品的货值金额合计达到15万元以上的,以生产、销售伪劣产品罪(未遂)定罪处罚。上述两个司法解释确立了同类犯罪的未遂数额标准,即查处的货值金额应达到实际销售数额标准的3倍以上,方可定罪。本案中,陈某未销售的货值金额达26.6万元,已经超过了5万元销售数额标准的3倍即15万元的标准,就这一部分数额而言,也应当定罪处罚。由于同种数罪不并罚,对陈某应从重处罚,即对陈某以销售假冒注册商标的商品罪定罪,但其犯罪数额巨大,法院对其判处3年有期徒刑偏轻。如果该案发生在《刑法修正案(十一)》实施之后,应当将27万余元认定为违法所得,同时,将其库存货物价值作为量刑情节,按照该罪定罪从重量刑。

二、冯某、应某、谷某销售假冒注册商标的商品案

(一)案情简介

被告人冯某于2004年年初以非法营利为目的,在明知他人提供的洗发水为假冒宝洁(中国)公司生产的飘柔、海飞丝、潘婷等注册商标的洗发水的情况下,先后七次向应某、谷某二人销售货值约150万元人民币的假冒宝洁(中国)公司的飘柔、海飞丝、潘婷洗发水,并以每箱提成10~15元的方式,非法获利共计人民币7万余元。被告人应某、谷某共同将冯某提供的以上洗发水销售给日化产品经销商黄某,从中非法获利共计人民币15万余元。案发后,被告人冯某主动到公安机关投案自首,杭州市某区人民检察院指控被告人冯某、应某、谷某犯销售假冒注册商标的商品罪。被告人冯某辩护人认为,起诉书对销售金额的认定模糊,本案中的产品质量符合国家标准,也符合宝洁公司的企业标准,不属于伪劣产品,被告人冯某有自首情节可从轻或减轻处罚,请求对被告人冯某适用缓刑。被告人应某、谷某的辩护人提出,应某、谷某并不明知其销售的是假冒宝洁注册商标的商品而予以销售,主观上没有故意,不应认定为犯罪。

法院审理认为,对被告人冯某的辩护人提出的销售金额认定存有瑕疵和模糊的意见,认定本案销售金额的证据不仅有被告人的陈述,亦有证人黄某某的证言及书证银行明细账等证据证实,起诉书认定的销售金额证据确实、充分,故对辩护人的意见不予采信;被告人应某、谷某在购入该洗发水时,其价格明显低于洗发水的正常价格标准,对此有冯某的供述佐证,被告人应某、谷某应当认定为对假冒产品存在明知,故对辩护人意见不予采纳。最终认定被告人冯某、应某、谷某明知是假冒注册商标的商品而予以销售,销售金额巨大,构成销售假冒注册商标的商品罪。

(二)案件重要问题点评

本案发生在《刑法修正案(十一)》实施之前,该案涉及的重要问题有两个:

第一,被告人销售的假冒注册商标的商品,如果质量达到或超过原注册商标商品的标准时,能否认定为销售假冒注册商标的商品罪,如果未达到原注册商标商品标准时,能否认定为销售伪劣产

品罪？

销售假冒注册商标的商品罪销售的是假冒他人注册商标的商品，但假冒他人注册商标的商品其质量并不必然劣于原商品，无论质量优劣如何，只要是假冒他人注册商标的商品，行为人予以销售的，就可能构成销售假冒注册商标的商品罪，构成本罪不要求产品质量低劣。因此，虽然本案中行为人销售的洗发水达到宝洁公司的企业标准，仍构成销售假冒注册商标的商品罪。但是，如果行为人销售的既是假冒注册商标的商品，又是质量低劣的产品，则同时构成销售假冒注册商标的商品罪和销售伪劣产品罪，符合想象竞合犯的要求，因而应从一重处罚。需要注意的是，并不意味着销售的商品未达到原注册商标商品标准的就构成销售伪劣产品罪，部分注册商标商品质量标准要求较高，行为人销售的产品虽未达企业标准，但已达到行业标准、国家标准的不能认定为构成销售伪劣产品罪，只能以销售假冒注册商标商品罪论处。

第二，行为人主观明知应如何认定？

《2004年解释》第9条第2款规定，具有下列情形之一，可以认定为主观明知：(1)知道自己销售的商品上的注册商标被涂改、调换或者覆盖的；(2)因销售假冒注册商标的商品受到过行政处罚或者承担过民事责任、又销售同一种假冒注册商标的商品的；(3)伪造、涂改商标注册人授权文件或者知道该文件被伪造、涂改的；(4)其他知道或者应当知道是假冒注册商标的商品的情形。这一解释在一定程度上结束了理论界对如何认定"明知"的争议，但是第(四)项何为"其他知道或者应当知道是假冒注册商标的商品的情形"仍然有解释的余地。参考1994年原国家工商行政管理局发布的《关于执行〈商标法〉及其〈实施细则〉若干问题》第6条的规定，有属于下列情形之一的，可以按"明知"认定：(1)更改、调换经销商品上的商标而被当场查获的；(2)同一违法事实受到行政处罚后重犯的；(3)事先已被警告而不改正的；(4)有意采取不正当进货渠道，且价格大大低于已知正品的；(5)在发票、账目等会计凭证上弄虚作假的；(6)专业公司大规模经销假冒注册商标商品或者商标侵权商品的；(7)案发后转移、销毁物证，提供虚假证明、虚假情况的等。这些列举的情形都是以客观事实来推定行为人"明知"，即以推定的方式证明行为人“明知”。

本案中应某、谷某进货渠道不正当，冯某并不是正规的经销商，也没有宝洁的经营许可，且进货的价格大大低于市场上正常的进货价格，应某、谷某主观上应当知道这是假冒他人注册商标的商品，应当认定符合该罪的“明知”。而应某、谷某销售给黄某时其价格与市场进货价格差别并不大，证明黄某存在该罪的主观明知的证据不足，不能认定黄某构成犯罪。

第四章　非法制造、销售非法制造的注册商标标识罪

1993年《关于惩治假冒注册商标犯罪的补充规定》(已废止)首次规定了非法制造、销售非法制造的注册商标标识罪,1997年修订的《刑法》第215条规定了该罪,2020年12月通过的《刑法修正案(十一)》只修改了该罪的法定刑,将该罪基本罪的法定刑修改为3年以下有期徒刑,重罪的法定刑修改为3年以上10年以下有期徒刑。

第一节　非法制造、销售非法制造的注册商标标识罪的犯罪构成

非法制造、销售非法制造的注册商标标识罪,是指违反商标管理法规,伪造、擅自制造他人注册商标标识或者销售伪造、擅自制造的注册商标标识,情节严重的行为。本罪的主体,是一般主体,既可以是自然人也可以是单位。单位主体包含法人和非法人单位,且实行双罚制,即对单位处罚金,并对直接负责的主管人员和其他责任人员按刑法规定予以处罚。以下对非法制造、销售非法制造的注册商标标识罪犯罪客体方面、犯罪客观方面和主观方面的构成要件进行分析。

一、犯罪客体方面

(一)犯罪客体

刑法学通说认为,非法制造、销售非法制造的注册商标标识罪侵犯的客体是他人的注册商标专用权和国家的商标管理制度。根据2019年《商标法》第57条的规定,侵犯注册商标专用权行为包括伪造、擅自制造他人注册商标标识或者销售伪造、擅自制造的注册商标标识的行为。注册商标权的权利人有权禁止他人制造其注册商标标识或销售其注册商标标识,非法制造和销售行为侵犯了商标权利人的商标专用权。国家设立了商标管理制度,要求商标标识的生产有规范的机构和流程,非法制造和销售他人注册商标标识也侵犯了国家商标管理制度。有学者认为,本罪的犯罪客体还包括消费者的合法权益,理由是:非法制造和销售注册商标标识行为不是犯罪过程的终点,消费者权益会受到这一行为及后续行为的侵害。笔者认为,这一观点不妥,犯罪客体是犯罪行为直接侵害的社会关系,消费者的合法权益并非本罪直接侵害,不能视为犯罪客体。

(二)犯罪对象

本罪的犯罪对象是他人的注册商标标识。所谓商标标识,是指与商品一起配套进入流通领域的、带有商标的有形载体,是商标专用权人在商品本身或商品包装上使用的文字、图案或其组合所构成的商标图案的实体,如商标纸、商标标牌、商标识带等。商标标识的基本功能即用在商品上以区分商标专用权人的商品和其他经营者经营的商品。商标标识还包括集体商标标识和证明商标标识,但是,假冒证明商标行为不受刑法规制,从体系解释的角度出发,非法制造、销售非法制造的证明商标的行为不应受刑罚处罚。

商标标识分为注册商标标识和未注册商标标识。根据《刑法》的规定,只有非法制造、销售非法制造的注册商标标识才构成该罪,非法制造、销售非法制造的未注册商标标识的则不构成犯罪。制造注册商标标识并不要求一定标注"R"的标记,不管是否标注,只要该商标是注册商标,即可构成犯罪。需要注意的是,注册商标有注册许可期限和应撤销的情况,超出了注册许可期限的不属于注册商标标识,应当被撤销的也不属于注册商标标识,不在刑法保护范围之内。

商标标识是商标的载体，可以与商品分离，这也是它可以单独制造的原因。制作的商标标识不管附着于何种物品，只要能够反映商标的文字或图案，都是商标标识，如包装盒、包装袋、贴纸等。

(三)服务商标标识能否成为本罪犯罪对象?

与商标一样，商标标识可以分为服务商标标识和商品商标标识。有学者提出，假冒他人服务商标的行为可以构成假冒注册商标罪，非法制造、销售他人服务商标标识的行为也应当构成犯罪。我们认为，将非法制造、销售假冒注册服务商标的行为入罪则不具有必要性，原因是服务商标标识和商品商标标识的应用范围不同，后者随商品同时分发，需要大量的商品商标标识，而对服务商标标识的需求量很低，一个服务机构点只需一个或几个商标标识即可，大批量制造服务商标标识的行为难以出现，且服务商标标识一般位置显著且不易移动，完全可以通过假冒注册服务商标罪规制，没有必要打击假冒注册服务商标的上游犯罪行为。

二、犯罪客观方面

本罪的客观方面表现为违反商标管理法规，伪造、擅自制造他人注册商标标识或者销售伪造、擅自制造的注册商标标识且情节严重的行为。

(一)犯罪前提

非法制造、销售非法制造的注册商标标识罪是以违反我国商标印制管理制度为前提的，我国的商标标识印制管理制度的主要内容有：

(1)商标印制主体。根据《商标印制管理办法》，凡要承印商标的，应向所在地县级以上工商行政管理机关申请“指定印制商标单位资格”，经审查符合条件的，方发给“指定印制商标单位资格”。依法登记从事印刷、刻字、织字、晒蚀、印铁、铸模、冲压、烫印、贴花等项业务的企业和个体工商户，需要承接商标印制业务的，应当申请《商标印制单位证书》。因此，商标印制单位限定为依法登记的企业或个体工商户。

(2)接受商标印制时的审查。根据《商标印制管理办法》第3、4

条的规定,商标印制委托人在委托商标印制单位印制商标时,应当出示营业执照副本或者合法的营业证明或者身份证明,以及《商标注册证》或者由注册人所在地县级工商行政管理机关签章的《商标注册证》复印件,并另行提供一份复印件。如果签订商标使用许可合同使用他人注册商标的被许可人需印制商标的,还应当出示商标使用许可合同文本并提供一份复印件。商标注册人单独授权被许可人印制商标的,除出示由注册人所在地县级工商行政管理局签章的《商标注册证》复印件外,还应当出示授权书并提供一份复印件。商标承印人应审核其所印制的商标样稿应当与《商标注册证》上的商标图样是否相同。商标承印人审核符合要求后,应按照要求填写《商标印制业务登记表》,载明商标印制委托人所提供的证明文件的主要内容,该表中的商标图样应由商标承印业务管理人加盖骑缝章。

(3)商标标识的印制过程。商标印制是指以印刷、印染、制版、刻字、织字、晒蚀、印铁、铸模、冲压、烫印、贴花等方式制作商标标识的行为,商标印制单位应在其承印的商标标识上注明《印制商标单位证书》的编号,商标标识印刷完毕后,印制单位应提取标识样本,连同《商标印制业务登记表》、《商标注册证》复印件、商标使用许可合同复印件、商标印制授权书复印件等一并造册存档。这些存档出入库时应当清点数量,登记账目,这些存档应当存档备查,存查期限为2年。

(二)危害行为

1. 非法制造注册商标标识

非法制造注册商标标识是指违反商标标识印制管理规定,印制他人注册商标标识的行为,包括伪造和擅自制造两种情形。

伪造他人注册商标标识是指未取得商标专用权人委托的单位或个人仿照他人注册商标标识的文字、图形、图案等特征,制造出与他人注册商标标识相同的商标标识的行为。擅自制造他人注册商标标识的行为是指取得商标专用权人印制委托的单位或个人,在授权委托合同约定数额之外,私自加印他人注册商标标识的行为。

伪造他人注册商标标识和擅自制造他人注册商标标识本质上均是未获他人授权而私自制造,伪造他人注册商标标识的是所有商标标识都未取得商标专用权人委托而私自制造,擅自制造是超出部分属于未获商标专用权人委托而私自制造。商标专用权人的委托一般有时间、数量上的限制,超出委托时间和委托数量制造的均属于擅自制造。因此,判断是否构成擅自制造关键在于判断是否获得商标专用权人的委托授权,未获授权的均属于非法制造,获得授权印制的,即使是不具有商标印制资格的主体也不构成犯罪,而仅受行政处罚。

擅自制造他人注册商标标识的方式多种多样,包括印刷、印染、制版、刻字、铸模、冲压、熨版等各种制造方式,无论行为人采取何种方式制造,均不影响本罪的成立。

伪造和擅自制造是仿照他人注册商标,结果必然与他人注册商标具有相当的一致程度,未达这一程度的,如行为人印制技术低劣,印制出来的商标标识和原有的商标标识产品差别很大,无法在流通领域使用的应如何处理?我们认为,伪造和擅自制造他人注册商标标识的,其制造结果必然与他人的注册商标标识有着相当程度的一致性,如果不具有客观上的一致性,则其社会危害程度较低,不宜作犯罪既遂处理,但是,如果能证明行为人存在故意,并且情节特别严重的,可以考虑认定为未遂。至于一致性的标准,则可以参照假冒商标罪中"相同的商标"的认定标准,这是因为,非法制造的注册商标标识最终还是要用到假冒他人注册商标的商品上才能产生实际危害,二者应当适用同样的标准。

关于伪造和擅自制造行为的区别,理论上存有争议。有学者认为,伪造是指一切未取得"制定印制商标单位"资格的单位和个人仿照他人商标标识,制造与他人注册商标标识相同的商标标识的行为,而擅自制造是指取得"制定印制商标单位"资格的单位,违反商标管理法规定,非法印制他人注册商标的行为。二者的区别在于印制主体是否有商标标识印制资格。我们认为,伪造就是假造,不管是有商标印制资格的单位和个人,还是没有商标印制资格的单位和个人,也不管印制的商标标识有多么高的相似度,只要未获得商标专用权人的委托并签订合同,其印制的商标标识就是假的,其行为就是伪造行为。而擅自制造是受到商标印制委托的单位和个人,违背印制委托的约定,私自加印,超出委托权限,所印出的商标标识从实体上看是真的。擅自制造必须符合以下几个条件：(1)制造主体有商标印制资格；(2)制造主体接受了商标权利人委托；(3)制造主体超出了委托范围印制。擅自制造和伪造的主要区别在于印制主体是否受到了商标专用权人的委托。无论是伪造还是擅自制造都是本罪的危害行为。

2. 非法销售非法制造的注册商标标识的行为

非法销售是指有偿转让非法制造的注册商标标识的行为。至于非法制造的主体在所不论，无论是自己制造的还是他人制造的注册商标标识，只要是非法制造的，而行为人又实施了销售该注册商标标识的行为，即属于非法销售。销售的方式也在所不论，无论是批发、零售还是代售，均不影响本罪的成立。只要是有偿转让即可，对价的高低和方式不受限制，无论行为人半卖半送还是高价出售，是现金交易还是以物易物均无影响，但是，必须存在对价，无偿的赠送不能构成本罪。销售行为的完成并不要求实际取得对方对价，只要销售合同达成即可，在合同成立时间无法确定的时候，可以以商标标识实际交付认定为行为完成之时。

在司法实践中有注册商标所有人出售自己的注册商标标识的行为，对于该种行为能否以本罪定罪处罚？我们持否定观点，行为人出售自己的注册商标标识，该注册商标标识不属于非法制造的注册商标标识，不符合行为要件，只是一般违法行为，不宜定罪处理。

在罪名的认定上，本罪是选择性罪名，实施其中一个行为即可构成犯罪，如果非法制造以后自行销售的，应定非法制造、销售非法制造的注册商标标识罪，不能数罪并罚，但在量刑上可予以考虑从重。

(三)情节严重

根据《刑法》第215条和《2004年解释》相关规定，伪造、擅自制造他人注册商标标识或者销售伪造、擅自制造的注册商标标识，具有下列情形之一，属于《刑法》第215条的“情节严重”，应当以非法制造、销售非法制造的注册商标标识罪判处3年以下有期徒刑，并处或单处罚金：(1)伪造、擅自制造或者销售伪造、擅自制造的注册商标标识数量在2万件以上，或者非法经营数额在5万元以上，或者违法所得数额在3万元以上的；(2)伪造、擅自制造或者销售伪造、擅自制造两种以上注册商标标识数量在1万件以上，或者非法经营数额在3万元以上，或者违法所得数额在2万元以上的；(3)其他情节严重的情形。

具有下列情形之一的，属于《刑法》第215条规定的“情节特别严重”，应当以非法制造、销售非法制造的注册商标标识罪判处3年以上10年以下有期徒刑，并处罚金：(1)伪造、擅自制造或者销售伪造、擅自制造的注册商标标识数量在10万件以上，或者非法经营数额在25万元以上，或者违法所得数额在15万元以上的；(2)伪造、擅自制造或者销售伪造、擅自制造两种以上注册商标标识数量在5万件以上，或者非法经营数额在15万元以上，或者违法所得数额在10万元以上的；(3)其他情节特别严重的情形。

与假冒注册商标罪中司法解释适用模式一致，根据2001年《追诉标准规定》，“其他情节严重”的情形包括“虽未达到上述数额标准，但因非法制造、销售非法制造的注册商标标识，受过行政处罚2次以上的，又非法制造、销售非法制造的注册商标标识的；利用贿赂等非法手段推销非法制造的注册商标标识的”两种情形。

犯罪数额的认定是知识产权犯罪定罪量刑中的难题，在认定本罪的严重情节时，评价犯罪情节的参考标准包括“非法经营数额”“违法所得数额”“注册商标标识数量”三种，对这几种数额的认定存在争议，需要厘清。

(1)非法经营数额

经营行为是营利性的全过程活动，非法经营数额是指为营利目的而非法从事特定经营活动所投入和所获得的全部数额。非法经营数额和销售金额的外延相似，1990年4月原国家工商行政管理局商标局在给福建省工商局的批复中写道，“商品已全部销售的，其销售款总额为非法经营额；商品尚未销售的，其购入总货款为非法经营额；部分销售的，已售出部分的销售款总额加上尚未售出部分的购入货款之和为非法经营额”。1994年原国家工商行政管理局《关于执行〈商标法〉及其〈实施细则〉若干问题的通知》(已废止)规定，“非法经营额”包括假冒品的销售额及被查获假冒品的货值之和。该批复和通知的立场相同，都将“非法经营数额”理解为“销售金额”，只是前者更具体。

根据《2004 年解释》第 12 条的规定,“非法经营数额”是指行为人在实施侵犯知识产权行为过程中,制造、储存、运输、销售侵权产品的价值。已销售的侵权产品的价值,按照实际销售的价格计算。制造、储存、运输和未销售的侵权产品的价值,按照标价或者已经查清的侵权产品的实际销售平均价格计算。侵权产品没有标价或者无法查清其实际销售价格的,按照被侵权产品的市场中间价格计算。多次实施侵犯知识产权行为,未经行政处理或者刑事处罚的,非法经营数额、违法所得数额或者销售金额累计计算。销售金额是指销售非法制造的注册商标标识后所得和应得的全部违法收入,即生产者、销售者出售产品后所得和应得的不再扣除成本及各种费用的全部违法收入。“所得收入”指出售商品后已经得到的违法收入;“应得收入”指商品已售出,按照合同或者约定将要得到的违法收入。因此,“非法经营数额”的范围比“销售金额”更宽,非法经营数额包括销售金额,也包括尚未售出部分商品的货值金额。就本罪而言,非法经营数额包括已售出的注册商标标识所已得和应得的全部收入,还包括未售出的注册商标标识的货值金额。

(2)违法所得数额

1993 年全国人大常委会《关于惩治假冒注册商标犯罪的补充规定》(现已失效)设立的销售假冒注册商标的商品罪以“违法所得数额较大”为构成要件。1993 年最高人民检察院《关于假冒注册商标犯罪立案标准的规定》(现已失效)将“违法所得数额”解释为“销售收入”,而“销售收入”实际上就是“销售金额”,而最高人民法院则将其解释为“获利数额”,二者对“违法所得数额”理解的不同,造成执法中的混乱。我们认为,从字面意义上,违法所得数额应当是不法行为获利的数额,它不同于销售金额,应对行为人投入的原材料成本和经营成本(包括人工成本)进行扣除。理由是:在销售金额包括了行为人从事违法活动活动所付出的成本,其并非非法行为获取的利益,不能称其为违法所得,即销售金额包括成本和利润两个部分,而违法所得数额应是除去投入的成本后的利润部分,所以,销售金额的外延要大于违法所得数额。

(3)注册商标标识数量

根据《2004年解释》的规定,“伪造、擅自制造或者销售伪造、擅自制造的注册商标标识数量在二万件以上的”构成本罪,这里的件数应如何理解?实践中有的商品包装单位是盒,但是,每个盒子里有多个商品小包装,这些小包装上也有商标标识。例如,假冒邦迪牌创可贴,包装单位是盒,每盒中有100片创可贴,那么,是以盒还是以片或者是两数相加来计算?另外有的商品在一个包装单位上会有几个商标标识,那么是以包装单位来计算商标标识数量,还是以实际的商标标识个数来计算?我们认为,《2004年解释》规定的是注册商标标识的数量,至于商标标识使用者如何使用商标标识无关紧要,只需要考虑制作者制作了多少数量的商标标识,至于制作的商标标识是在内包装还是外包装上使用,是用在一个包装盒上还是几个包装盒上都不影响。所以,这里的件数应理解为非法制造的商标标识的数量,而不应与包装单位等关联起来计算。

三、犯罪主观方面

本罪主观方面表现为故意,过失不构成本罪。本罪的故意是指行为人明知自己非法制造他人的注册商标标识而故意制造,或明知自己销售非法制造的注册商标标识而故意销售。如果行为人不知道自己印制的是他人的注册商标标识,或者不知道自己超出了委托人约定的数额制造,则不构成本罪。本罪一般出于牟利的意图,但也不排除特定情况下行为人可能出于其他动机,如意图破坏他人商业信誉或进行不正当竞争等。

关于本罪的“明知”,有学者认为没有必要增设明知的限制,否则会使司法实践面临很大的难题。我们认为,这种观点不妥,有违罪刑法定原则,司法机关对此应当负有证明责任,该罪的明知是证明行为人具有该罪主观故意的必要条件。如果行为人不明知自己非法制造的是他人的注册商标标识或销售的是非法制造的注册商标标识的,则不具备本罪的犯罪故意。

如何认定本罪的“明知”,刑法学界和司法实务中存在争论,大致有两种观点。一种是“确知”说,该观点认为,“明知”就是“确知”,是指行为人明确无误的供述自己知道或有其他证据证明行为人一定知道的。本罪的“明知”是指行为人明确知道自己是未经他人授权而制造他人的注册商标标识或销售的是非法制造的注册商标标识。另一种是“明知”或“应当知道”说,该观点认为,根据有关行政法规或司法解释,如1994年原国家行政管理局《关于执行(商标法)及其(实施细则)的通知》(已废止)第6条规定了侵犯商标权相关行为“明知”和“应当知道”的判定标准,因此,该罪的“明知”是指该通知所说的“知道”或“应当知道”。“知道”即是确知,而“应当知道”是推定的知道,即根据一定的事实推定其主观明知。这是因为,任何主观心理事实都必然反映到客观现实当中,根据一定的客观事实推定行为人的主观认识是可以实现的。同时,为了保障实体公正,应当赋予被告人辩解的权利。

我们认为,第一种观点缩小了行为人主观明知的范围,证明难度较大,对于司法机关的要求过高。第二种观点有利于司法机关打击侵犯商标权犯罪,同时,也赋予被告人对抗的权利,较好地平衡了打击犯罪与保障人权两方面需要。从体系解释角度来说,销售假冒注册商标商品罪中的“明知”中包含“应知”,对非法制造、销售非法制造的注册商标标识罪的主观明知的认定也应与之保持一致。具体到司法实践中,“应当知道”应当理解为刑事司法中的推定认定存在“明知”,通过结合相关客观事实来认定:其一,行为人不审查他人提供的注册商标标识的相关证明文件而为其印制的;其二,有商标印制资格的行为人明知印制数额,而有意加印以留作他用的。当然,即使存在上述事实,如果行为人能够举出证据证明自己确实不知的。例如,行为人与商标标识提供人长期以来形成合作关系,以往商标标识提供人提供印制的商标均是已获授权的注册商标,但本次印制的是未获授权的注册商标标识,但行为人由于长期以来的合作关系而受到欺骗而确实不知的,不能认定为明知。

第二节 非法制造、销售非法制造的注册商标标识罪的司法认定

一、本罪与非罪的界限

在认定本类犯罪时,需要注意以下问题:其一,行为人制造、销售他人注册商标标识是否得到他人授权,如果行为人得到他人授权则不属于非法制造;其二,行为人制造、销售的他人注册商标标识是否在已经注册的有效期限内,如果他人商标未注册或已经超出注册的有效期限,则不构成本罪;其三,必须达到情节严重的程度,情节严重的认定标准可根据相关司法解释予以确定;其四,把握主观明知的认定,行为人实施了非法制造、销售行为,但不知道其制造的是他人注册商标标识或不知其销售的是非法制造的注册商标标识的,不构成本罪。

关于本罪"情节严重"的认定标准,除《2004 年解释》规定的具体数额标准外,还包括其规定的其他情节严重的情形,根据 2001 年《关于经济犯罪案件追诉标准的规定》,"其他情节严重"的情形包括"虽未达到上述数额标准,但因非法制造、销售非法制造的注册商标标识,受过行政处罚 2 次以上的,又非法制造、销售非法制造的注册商标标识的;利用贿赂等非法手段推销非法制造的注册商标标识的"两种。这里受过行政处罚两次以上的,是否应有时间上的限制?我们认为,结合其他司法解释的规定,应该明确为 2 年内因实施同样的违法行为而被行政处罚过两次再实施该行为的情形。

二、此罪与彼罪的界限

(一)本罪与假冒注册商标罪的区别

本罪与假冒商标罪属于上下游犯罪,在犯罪客体、犯罪对象等方面存在一定的联系,在司法实践中,区分这两罪时应注意以下问题:(1)本罪在客观方面表现为非法制造、销售他人注册商标标识的行为,而假冒注册商标罪表现为未经商标权利人许可,在同种商品上使用与其注册商标相同的商标。本罪是制作和销售商标标识,

而假冒注册商标表现为使用商标标识，二者客观行为不同。(2)行为人伪造、擅自制造他人注册商标标识以后，又使用这些商标标识用于他人注册商标标识相同的商品上的，属于牵连犯，手段行为构成非法制造他人注册商标标识罪，目的行为构成假冒注册商标罪，应从一重处罚。(3)行为人受假冒注册商标犯罪人委托，非法制造他人注册商标标识，如果与委托人有共谋的，共同构成假冒注册商标罪，如果没有共谋的，行为人仅构成非法制造、销售非法制造的注册商标标识罪。

(二)本罪与销售假冒注册商标的商品罪的区别

销售假冒注册商标的商品罪属于假冒注册商标罪的下游犯罪，区别两罪要注意如下问题：

1. 犯罪对象不同。本罪的犯罪对象是他人的注册商标标识，销售假冒注册商标的商品罪的犯罪对象是假冒他人注册商标的商品。

2. 客观行为表现不同。本罪表现为非法制造他人注册商标标识或销售非法制造的注册商标标识的行为，后者表现为销售假冒注册商标商品的行为。

3. 行为人既非法印制他人注册商标的标识，又使用在与注册商标所有人的相同商品上销售。行为人有三个犯罪行为，非法制造他人注册商标标识是为了假冒注册商标，最终是为了销售获取利润，三个犯罪行为分别构成非法制造他人注册商标标识罪、假冒注册商标罪、销售假冒注册商标的商品罪，非法制造注册商标标识是假冒行为的手段行为，而销售行为是假冒行为的结果行为。三罪构成目的手段牵连犯和原因结果牵连犯，理应从一重罪处罚，由于三罪的法定刑相同，无法从一重罪处断，鉴于假冒注册商标的行为在其中居于核心地位，可按假冒注册商标罪定性，把其他两种行为作量刑情节考虑。

4. 行为人销售假冒注册商标的商品时，往往使用的是非法制造的注册商标标识，行为人对此也都是明知的，有学者认为，该销售行为同时触犯了销售假冒注册商标的商品罪和销售非法制造的注册商标标识罪，构成想象竞合犯，应从一重罪处罚。我们认为，销售非法制造的注册商标标识罪不应包括将之使用到商品上销售的行为，商标标识应独立于商品，否则就被商品所吸收不再单独成为商标标识。

三、共同犯罪的认定

《2004 年解释》第 16 条规定，“明知他人实施侵犯知识产权犯罪，而为其提供贷款、资金、账号、发票、证明、许可证件，或者提供生产、经营场所或者运输、储存、代理进出口等便利条件、帮助的，以侵犯知识产权犯罪的共犯论处”。因此，为行为人制造、销售他人注册商标标识而提供贷款、资金、账号、发票、证明、许可证件，或者提供生产、经营场所或者运输、储存、代理进出口等便利条件、帮助的，以本罪的共犯论处。只要帮助者明知他人实施的是非法制造、销售行为，而为其提供上述帮助的，即构成本罪的共犯。

明知他人销售非法制造的注册商标标识而购买的行为是否构成犯罪？有学者提出，购买非法制造的注册商标标识的行为可从销售非法制造的注册商标标识罪的共犯角度入罪，购买人的购买行为客观上对销售行为起到了帮助作用，主观上如果有帮助故意则可构成共同犯罪。我们认为，单纯的购买商标标识的行为其危害性并不大，一般均是购买商标标识用于假冒注册商标行为，因此对假冒注册商标的行为加以处罚即可，而不必再对购买行为进行打击。此外，一次性的购买行为很难证明购买者和销售者之间存在共同故意，对其购买行为按共犯处罚的根据不足。

第三节　非法制造、销售非法制造的注册商标标识罪案例分析

一、张某非法制造“普兰娜”商标标识案

（一）案情简介

张某原是天津市某化妆品科学技术研究院有限公司职员，参与了“普兰娜”化妆品的研发工作，1995 年辞去职务后成立天津市某化妆品商贸有限公司并任总经理。2004 年天津市某化妆品科学技术研究院有限公司与波兰 M 公司解除了合作关系，张某认为有机可乘，与波兰 M 公司商定，波兰 M 公司委托张某，为其提供“PULANNA”商标标识和化妆品半成品，分批向境外出口，波兰 M

公司在收到原材料后，经过简单加工，在外包装上印上"Made in China"等字样，销售给境外几家大型化妆品销售企业，从中牟取高额利润。其间，张某将"PULANNA"商标化妆品包装盒图片通过电子邮件发给浙江某印刷有限公司进行生产，共非法制造印有"PULANNA"商标的化妆品包装盒25万只。

天津市和平区人民法院经审理认为，张某明知"普兰娜"（PULANNA）商标标识是天津市某化妆品科学技术研究有限公司注册的商标，未经商标权人的委托或同意，在商标权人的注册区域内，仿造他人注册商标的文字、字母、图形、图样，非法制造他人注册商标标识，并在包装盒上注明中国制造，侵犯了国家的商标管理制度和他人注册商标专用权，情节严重，构成非法制造注册商标标识罪。张某作为其成立的公司的主管人员，直接指挥并参与了犯罪的全过程，指令企业员工在他人注册商标标识上加入自己企业代码、生产许可证并大量印制，不属于未经商标所有人允许的擅自制造行为，而是伪造行为；其对注册商标标识个别字条的变更，对广大消费者有着更大的欺骗性，构成对国家商标管理制度和他人注册商标专用权的侵犯。张某在主观上是故意，在客观上实施了侵权的行为，应认定其构成非法制造注册商标标识罪。

（二）案件中的重要问题

本案的关键问题是，张某是单独构成非法制造注册商标标识罪，还是构成假冒注册商标罪的共同犯罪？非法制造、销售非法制造的注册商标标识罪与假冒注册商标罪都是侵犯他人注册商标专用权的犯罪，二者在犯罪客体、犯罪主体和主观方面都有着相似之处，主要区别在于客观方面的行为。当行为人非法制造了他人注册商标标识后，又将该标识用于与他人注册商标相同的商品上时，行为人实际上实施了两个行为，一个是非法制造注册商标标识的行为，另一个是假冒注册商标标识的行为，构成牵连犯，应从一重论处。但如果数人出于假冒注册商标的故意，分工合作，有人伪造注册商标标识，有人生产产品并实施假冒注册商标行为，行为人主观上有共同犯罪故意，客观上实施了相互分工、相互合作的行为，伪造他人注册商标标识的行为实际上是假冒注册商标行为的帮助行为，应当按照假冒注册商标罪一罪论处，而不能将伪造注册商标标识的行为单独定罪。

本案中,张某与波兰M公司共谋,张某非法制造注册商标标识,波兰M公司进行贴标销售,实施假冒注册商标行为,二者相互合作,各有分工,构成共同犯罪,张某的行为应当认定为假冒注册商标罪,而不能认定为非法制造注册商标标识罪。

二、刘某销售非法制造的注册商标标识案

(一)案情简介

刘某(1982年10月16日出生)在得知转卖商标标识获利丰厚后,萌生倒卖他人注册商标标识的意图。2006年6月,刘某从山东省向他人购买了伪造的"燕京啤酒"商标10万套(30万件)欲向他人出售,在长途汽车站提取上述货物时被当场抓获。北京市丰台区人民法院经审理认为,被告人刘某销售非法制造的他人注册商标标识,情节特别严重,其行为构成销售非法制造的注册商标标识罪,系犯罪未遂,因其能够如实供述所犯罪行,认罪态度较好,故对其予以减轻处罚。

(二)案件中的重要问题

本案的关键问题是,行为人购买了非法制造的注册商标标识还未销售的,构成犯罪预备还是犯罪未遂?犯罪预备与犯罪未遂的区别在于是否着手实行犯罪,判断标准有二:一是客观上是否开始实施了刑法分则规定的客观方面的行为;二是主观上是否具备该罪的主观条件。构成销售行为,行为人应当实施了准备销售的行为才能认定为着手,如将商品储存在仓库之中准备卖出,或行为人已经开始销售部分商品,主观上应能明显地反映行为人意欲销售的意图,因意志意外原因而没有销售出去的,应认定为犯罪未遂。在本案中,行为人虽实施了购买行为,但尚未拿到货物,距离销售行为距离较远,也没有足够的证据表现出行为人有立即实施销售行为的意图,行为人仍然是为销售行为做准备的过程,应构成销售非法制造的注册商标标识罪的预备犯。

第五章　假冒专利罪

目前，世界上大多数国家对专利权给予刑法保护，对严重侵犯专利权的行为予以刑罚处罚。1985年《专利法》第63条规定，“假冒他人专利的，依照本法第六十条的规定处理；情节严重的，对直接责任人员比照刑法第一百二十七条的规定追究刑事责任”。1997年《刑法》第216条规定了假冒专利罪，并一直适用至今。

第一节　假冒专利罪的犯罪构成

根据《刑法》第216条的规定，假冒专利罪是指违反国家专利法规，假冒他人专利，情节严重的行为。假冒专利罪是简单的犯罪构成，其构成要件如下。

一、犯罪客体方面

(一)犯罪客体

有学者认为，假冒专利罪的犯罪客体是复杂客体，包括国家的专利管理制度和专利权人的专利权。其主要理由是：根据我国《民法通则》(已失效)第95条和《专利法》第11条、第12条、第15条的规定，假冒他人专利的行为，侵犯了专利权人的专利权，破坏了国家的专利管理制度，必须依法予以惩处。也有学者们持不同的观点：一种观点认为，本罪侵犯的客体是专利权人的专利权；另一种观点认为，本罪的犯罪客体是国家的专利管理制度；还有一种观点认为，本罪的客体是复杂客体，它不仅破坏了国家对专利的管理，也侵犯了他人的专利权和消费者的利益。

根据我国《专利法》和《专利法实施细则》的规定，申请人就其发明创造向国家专利局提出申请，经专利局依法审查符合专利授权条件的，在授予专利权后，专利权人在法定期间内对该项发明创造享有排他性、独占性权利。专利法上的“专利权”一词，有广义和狭义两种解释，有学者认为其包括七项权能，包括独占实施权、进口权、转让权、实施许可权、标记权、放弃权和出质权，这是广义的专利权。从《专利法实施细则》规定的四种假冒他人专利行为来看，假冒他人专利行为并非侵犯专利权人的全部专利权能，只侵犯专利权人的标记权和专利权人的身份权，假冒他人专利罪的犯罪客体是国家的专利管理制度和专利权人的身份权或标注权。

（二）犯罪对象

关于本罪的犯罪对象，通说认为，本罪的犯罪对象是专利号、专利证书、专利文件、专利申请文件，专利本身不是本罪的犯罪对象。其法律依据主要是《2004 年解释》第 10 条对假冒他人专利行为的规定，其规定假冒专利行为是指“（一）未经许可，在其制造或销售的产品、产品的包装上标识他人专利号的；（二）未经许可，在广告或者在其宣传材料中使用他人专利号，使人将涉及的技术误认为是他人专利技术的；（三）未经许可，在合同中使用他人的专利号，使人将合同中涉及的技术误认为是他人专利技术的；（四）伪造或变造他人的专利证书、专利文件或者专利申请文件的”。因此，本罪的犯罪行为指向的对象，是前三种情形中的专利号和第四种情形中的专利证书、专利文件或者专利申请文件。

但是，有学者不同意上述看法，认为假冒专利罪的犯罪对象是专利权人的专利，即发明创造（包括发明、实用新型和外观设计）。作为假冒专利罪对象的专利是指取得了专利权的发明创造，即具有独占权的专利技术。发明是指对产品、方法或者其改进所提出的新的技术方案，发明是发明人的一种思想，这种思想可以在实践中解决各种技术领域中所特有的技术问题。实用新型是指对产品的形状、构造或结合所提出的、适于实用的新技术方案。外观设计是指对产品的形状、图案、色彩或与其结合所做出的富有美感并适合于工业上利用的新设计。前述观点将本罪的犯罪对象确定为专利权人的专利，即作为思想形式存在的技术方案和新设计，缘于立法未明确“假冒他人专利”的具体内涵，反映了法学界和司法实践在这个问题上的分歧。也有学者认为，本罪的对象是专利，同时也包括专利标识和专利号。在2010年《专利法实施细则》对假冒他人专利的行为方式有明确规定的前提下，作为技术方案或者新设计形式存在的“专利”被人们确定为本罪的犯罪对象，说明这一问题仍然有待厘清。

刑法学通说认为，犯罪对象是指刑法分则条文规定的犯罪行为直接作用的具体人或具体物。犯罪对象的这一定义主要有三个层次的含义：一是犯罪对象具有客观实在性和可知性，指具体的人或物；二是犯罪对象是犯罪行为直接作用的人或物；三是犯罪对象是刑法规定的人或物。由于犯罪对象能够反映犯罪行为的性质，进而揭示犯罪行为侵犯而为刑法所保护的具体的社会关系，准确认识个罪的犯罪对象具有理论和实践中的重要意义，犯罪对象必须依据刑法和相关法律法规的规定来确定。1984年《专利法》和1997年修订的《刑法》对假冒专利罪的罪状都简单描述为“假冒他人专利”，因此，要确认本罪的犯罪对象必须从《专利法实施细则》寻找依据。

根据刑法条文对罪状的描述方式，罪状可以分为叙明罪状、简单罪状、引证罪状和空白罪状。无论是从1985年《专利法》的附属刑法条款，还是从现行刑法来看，本罪的罪状既不是叙明罪状，也不属于引证罪状。有学者认为，在2001年《专利法实施细则》施行以前，本罪属于简单罪状，施行以后则属于空白罪状。我们赞成这一观点，在2001年7月1日前，关于假冒他人专利罪的“假冒他人专利”行为的内涵，既没有司法解释，也没有其他法律法规规定，没有理由认为本罪罪状为空白罪状。立法机关则认为，假冒他人专利已经揭示了该犯罪的基本构成特征，如果有严重危害社会的情节，应当定罪处罚，2001年7月1日前本罪的罪状属于简单罪状。2001年7月1日以后，《专利法实施细则》第84条明确规定了“假冒他人专利”的四种行为，适用《2004年解释》第10条规定认定假冒专利罪时必须依据前述规定。

根据《2004年解释》第10条的规定，本罪的犯罪对象是他人专利的专利号、专利证书、专利文件或者专利申请文件，专利本身和专利标记都不能成为本罪的对象。依据国家知识产权局2003年5月公布的《专利标记和专利号标注方式的规定》(2003年7月1日起实行，现已失效)，“专利号”是国家知识产权局授予的专利权的专利号，其中，“ZL”表示“专利”，第一、二位数字表示提交专利申请的年代，第三位数字表示专利类别，第四位以后为流水号和计算机校验位。专利标记属于专利号之外的内容，具体包括“采用中文标注专利权的类别，例如中国发明专利、中国实用新型、中国外观设计……除上述内容外，还可以附加其他文字、图表标记，但附加的文字、图形标记及其他标注方式不得误导公众”。专利证书是国务院专利行政部门发给专利权人用以证明其已经获得专利权的证件，上面一般写明了专利权类别、发明创造名称、专利权人姓名或名称、专利号等。专利申请文件是申请人提出专利申请时向国务院专利行政部门提交的书面文件，国务院专利行政部门做出授予相应的专利权决定后，向社会公开并能反映发明创造内容的文件即为专利文件(如发明和实用新型的权利要求书、说明书等)。

假冒他人专利罪的“犯罪行为所作用的客观存在的具体物”是前述专利号、专利证书、专利文件或者专利申请文件，而不是以思想形式存在的、作为专利内容的新技术方案或者新技术设计，后者没有因为假冒专利行为而发生某种改变或留下痕迹。因此，假冒专利罪的犯罪对象不是专利权人的专利，而是专利号、专利证书、专利文件或者专利申请文件。假冒他人“专利标记”并不属于前述细则和司法解释规定的假冒他人专利行为，因此“专利标记”不能成为本罪的犯罪对象。

二、犯罪客观方面

假冒专利罪在客观方面表现为违反国家专利管理制度，假冒他人专利且情节严重的行为。

(一)危害行为

本罪的危害行为是违反国家专利管理制度假冒专利的行为。国家专利管理制度,是指关于专利管理的法律规范。国家就专利证书、专利文件、专利申请文件产生的条件和程序、专利标记和专利号标注方式等制定了相应的法律法规和规章,目的在于保障专利权,规范与专利有关的权利人及社会公众的行为,假冒专利行为违反了专利管理制度,特别是有关专利号标识和专利标记的制度。如果行为人标识有关专利标记和专利号符合国家专利管理制度的,则不构成本罪。

根据2010年《专利法实施细则》第84条的规定,假冒专利行为是指:"(一)在未被授予专利权的产品或者其包装上标注专利标识,专利权被宣告无效后或者终止后继续在产品或者其包装上标注专利标识,或者未经许可在产品或者产品包装上标注他人的专利号;(二)销售第(一)项所述产品;(三)在产品说明书等材料中将未被授予专利权的技术或者设计称为专利技术或者专利设计,将专利申请称为专利,或者未经许可使用他人的专利号,使公众将所涉及的技术或者设计误认为是专利技术或者专利设计;(四)伪造或者变造专利证书、专利文件或者专利申请文件;(五)其他使公众混淆,将未被授予专利权的技术或者设计误认为是专利技术或者专利设计的行为。专利权终止前依法在专利产品、依照专利方法直接获得的产品或者其包装上标注专利标识,在专利权终止后许诺销售、销售该产品的,不属于假冒专利行为。"本罪的危害行为具有以下特征:(1)假冒行为,即未经专利权人许可,以某种方式表明其产品为获得专利保护的专利产品,或者其方法为他人获得保护的专利方法,从而产生误导公众或有关人员的效果。(2)被假冒的是他人的实际存在的专利。这是假冒他人专利行为与冒充专利行为的区别所在,如果冒用的不是实际存在的专利,则构成冒充专利行为。假冒专利的行为是行为人采用一定的方法、以自己的非专利产品冒用他人的专利产品、侵犯专利权人权益的行为,其行为方式多种多样,不管是何种方式,都是将不具有专利权的产品或方法假冒成他人的专利产品或方法。

1. 假冒他人专利中的"他人"

假冒专利行为侵犯的专利必须是他人的专利。这里的"他人",除了专利权人,是否还包括专利权人以外的其他利害关系人?专利法中规定的权利人有多种,如发明人或设计人、专利申请人、专利申请权人、专利权人以及实施专利的被许可人。发明人或设计人是指对发明创造的实质性特点做出创造性贡献的人。职务发明的专利权属于单位,但发明人或设计人有署名的权利。非职务发明创造的申请专利权属于发明人或设计人,申请被批准后专利权属于该发明人或设计人。专利申请人是指有权申请专利的人,如果申请被受理,专利申请人就成为专利申请权人,依法对该专利申请享有权利。专利权人是指对发明创造依法享有专利法规定的权利并承担义务的人。专利权人的资格可以通过申请专利、约定或继承的方式取得,专利权人可以是单位或个人。专利权人如果以合同的方式许可他人实施专利,被许可实施专利的人就是专利实施的被许可人,包括独占实施专利的被许可人、排他实施专利的被许可人和普通实施专利的被许可人三种。

有观点认为,假冒他人专利的人是无权实施专利、行使专利权的人,故受本罪危害行为侵害的“他人”应当理解为专利权人和独占性专利许可合同的被许可人。如果专利权人于独占性专利许可合同生效期间,在自己的商品上标示专利标记和专利号的,属于侵犯专利独占使用权人的合法权利的行为,也是违反合同约定的行为,但是,由于不存在假冒他人专利的犯罪故意,不应该认定为犯罪。该观点的问题在于,在独占性专利许可合同的场合,当专利权人侵犯被许可人独占使用权时,一方面认为独占实施的被许可人为假冒他人专利罪中的“他人”,另一方面又忽略了该“他人”的存在,进而排除专利权人假冒“他人”专利的犯罪故意,将这种行为认定为合同违约。

我们认为,假冒他人专利中的“他人”只指专利权人,不包括其他利害关系人。理由如下:

(1)从法律的字面解释出发,无论是“他人专利”“他人的专利号”,还是“他人的专利证书、专利文件、专利申请文件”中的“他人”,都是指对有效专利及其专利号、专利证书、专利文件、专利申请文件享有全部专利权利的专利权人,而不是基于合同或其他方式而产生的合同权利的权利人,或其他与专利权有关权利的利害关系人,如独占实施专利合同的被许可人。这样理解符合汉语语言的逻辑习惯和一般人的认知。

(2)本罪旨在打击严重侵犯他人专利权的行为,而不是打击侵犯与专利权有关的其他权利的犯罪行为。专利权人和利害关系人的专利权利都应当得到保护,但保护的内容不一样。对专利权人是保护专利权,对利害关系人是保护其与专利权有关的合法权利。对后者相关权利的保护通过刑法实施一并获得,或通过民事、行政救济渠道解决,如追究合同违约责任或依照《专利法》第65条追究行政责任、民事侵权责任等。

(3)《刑法》第216条、2020年《专利法》第68条、《专利法实施细则》第84条以及《2004年解释》第4条、第10条规定的"假冒他人专利"中的"他人",都是指专利权人,不包括其他利害关系人。《专利法实施细则》第84条、《2004年解释》第10条所规定的三种假冒他人专利行为中的"未经许可"中的"许可人"或"他人"所指的也是专利权人,而不包括其他利害关系人。所谓未经许可,意味着他人(专利权人)拥有相应的权利,权利人可以许可,也可以不许可。

2. 非法实施他人专利与假冒他人专利行为的关系

刑法没有明确规定假冒专利罪危害行为的行为方式,法学界与司法实务界对此有多种不同理解,如把本属于专利侵权行为、冒充专利、冒名骗取专利等行为都视作假冒专利行为。在2001年《专利法实施细则》修改后,《2004年解释》明确了四种形式的假冒专利行为,统一了假冒他人专利行为的认定,将专利侵权、冒充专利侵权等违法行为排除出假冒专利罪的处罚范围。冒充专利与假冒专利的行为相互排斥,前者一般不会与本罪混淆,而刑法意义上的假冒专利行为与非法实施他人专利行为却有一定的关联,非法实施专利行为可以与假冒专利行为并存于犯罪事实中,但是,非法实施他人专利行为不是假冒专利罪的构成要件。分析非法实施他人专利与假冒他人专利行为之间的关系具有一定的意义。

我们认为,非法实施他人专利不属于假冒他人专利行为,理由如下:(1)2000年《专利法》第60条、第63条分别规定了非法实施他人专利、假冒他人专利行为,对假冒他人专利行为情节严重的,明确规定应当依照相应的刑法条款追究刑事责任,而对非法实施他人专利行为的法律责任,并没有规定追究刑事责任。因此,假冒专利罪的客观行为方式并不包含非法实施他人专利的行为。(2)《2004

年解释》明确规定的假冒他人专利的情形的共同特征是违反国家对专利号或相关专利文件证书的管理制度。而未经许可实施专利权人的专利技术方案或新设计的非法实施他人专利行为，不具有以上特征，不属于以上情形。

3.“他人”专利的有效性问题

任何专利都有法定的保护时效。根据我国《专利法》的规定，发明专利的期限为20年，实用新型和外观设计的期限为10年，均自申请之日起算。如果专利权人没有按照规定缴纳年费，或者以书面声明放弃专利权的，专利权在期限届满前终止。专利权授予后，还可能由于某些原因被撤销或宣告无效，则专利权视为自始即不存在。关于假冒的专利是否必须是有效的专利，有不同的观点。一种观点认为，假冒专利的行为必须发生在他人专利权的有效期限内，任何专利权超过权利期限就不存在了，该项发明创造就成了社会公共财产，任何人都可以使用，不存在假冒和侵权。另一种观点认为，假冒专利的行为可以发生在他人专利权失效之后，原因是假冒专利罪不是单纯的侵犯财产权犯罪，它还侵犯了国家的专利管理制度和社会主义市场经济秩序，行为人可以使用已超过保护期限的专利号欺骗消费者，达到非法盈利目的。我们认为，本罪的客体是国家专利管理制度和他人的专利权，如果没有侵犯他人的专利权，则不成立本罪。与假冒已过保护时效的专利行为相类似的是冒充专利行为，二者都违反了我国专利管理制度，但都没有给他人合法权益造成损害。由于我国刑法没有将冒充专利行为犯罪化，因此，不应将假冒已过保护期限的专利行为作为犯罪处罚。

（二）具有严重情节

本罪属于情节犯，构成本罪必须具有严重情节。情节犯是我国刑法特有的犯罪形态，是指某种危害社会的行为以情节严重或情节恶劣为犯罪成立要件的犯罪形态。情节犯的犯罪情节是犯罪构成的特殊要件。既然刑法分则对某种犯罪的构成要件指明情节严重或者情节恶劣，说明立法者是在一般的构成要件之外，强调情节的定罪意义。作为定罪的情节不包括该罪构成基本要件的事实，依据其属性可以归属于犯罪构成某个方面之中，包括犯罪手段、犯罪次数、违反有关行政法规而受到行政处罚的次数、犯罪时间、犯罪地点、犯罪的直接后果和间接后果、一定的社会影响、犯罪对象的性质与价值、犯罪数额或金额、犯罪的持续时间、预谋犯罪、行为人的主观恶性、犯罪动机或目的以及其他可能影响定罪的情节。

本罪是谋利型的经济犯罪，其社会危害性的大小应当主要从非法经营额、违法所得或专利权人的直接经济损失来衡量。根据《2004 年解释》《2007 年解释》的规定，本罪的严重情节是指：(1)非法经营数额在 20 万元以上或者违法所得数额在 10 万元以上的；(2)给专利权人造成直接经济损失 50 万元以上的；(3)假冒两项以上他人专利，非法经营数额在 10 万元以上或者违法所得数额在 5 万元以上；(4)其他情节严重的情形。对单位犯本罪的，《2004 年解释》规定按照相应个人犯罪的定罪量刑标准的 3 倍定罪量刑，但是，《2007 年解释》改变了这一规定，将自然人与单位犯本罪的数额标准统一起来，以解决单位犯罪和个人区别对待的不公平问题，防止单位犯罪人逃避法律制裁，加大了知识产权保护力度。

关于"其他严重情节"的认定，可以从以下方面考虑：(1)侵权人主观恶性程度，如故意假冒他人专利时间的长短，或经充分证据证实犯罪属实后，仍拒不交代或不积极对专利权人赔偿损失的。(2)给国家或他人的利益造成重大损失的。(3)侵权手段的恶劣程度，如为了搞垮同类专利产品的目的，故意生产一部分劣质产品假冒他人的专利产品投入市场，损害专利产品的声誉。(4)假冒他人专利在国际上造成恶劣影响。(5)专利执法人员假冒他人专利。

三、犯罪主体

本罪的犯罪主体是一般主体，包括一般自然人主体和一般单位主体。一般自然人主体是指年满 16 周岁具有刑事责任能力的自然人。假冒专利罪一般是在生产经营中使用非法手段牟取利益而实施的经济犯罪，因此，本罪的主体多为单位。这里的单位主体不以所有制为限，既包括国有或集体所有性质单位，也包括中外合资经营、外资经营、公私合营、合作经营的企业。

根据《2004 年解释》对本罪"情节严重"的规定，本罪的犯罪主体中有一类特殊身份的主体，即"因假冒他人专利，受过行政处罚二次以上的"单位或自然人。按照刑法学通说，犯罪主体的特殊身份是指刑法规定的影响行为人刑事责任、在行为人开始实施危害行为时就已具有的特殊资格或已经形成的特殊地位或状态,“受过行政处罚二次以上”的单位或者个人的特殊身份状态,属于构罪的特定身份,这类单位和个人属于特定构罪情形下的特殊主体。

四、犯罪主观方面

本罪主观方面是故意,因过失而错标他人专利号、专利标记的不构成本罪。刑法学通说和司法实务一般认为,本罪在通常情形下是直接故意,但不排除间接故意也可构成本罪。对于本罪的罪过形式也存在不同的意见。有观点认为,假冒他人专利的对象明确,不存在实施某一犯罪行为或非犯罪行为而放任假冒专利的危害结果发生的情况,不符合间接故意的特征,本罪在主观方面是出于故意,且希望这一危害结果发生,只能是直接故意。我们认为,本罪的故意应当包括直接故意和间接故意,不能排除行为人在犯罪对象不明确的情况下,实施冒充专利行为而发生与他人专利相同的“巧合”,随着专利申请量的增加,我国五位数的专利序号已显不足,这种“巧合”的可能性是存在的,间接故意构成本罪完全可能。犯罪动机不是本罪主观方面的构成要件,虽然在司法实践中本罪多出于非法牟利目的,但不排除存在其他动机,如破坏他人商誉、沽名钓誉等,虽然动机不影响本罪成立,但能够反映行为人的主观恶性程度,可以作为酌定量刑情节。

第二节 假冒专利罪的司法认定

一、本罪与非罪的界限

假冒专利罪是侵犯专利权人的专利权的行为,但是,侵犯他人专利权的行为并非都构成本罪,只有齐备假冒专利罪构成要件的侵犯专利权的行为,才构成本罪。在司法实践中,与假冒专利行为容易混淆的是专利侵权和冒充专利行为,前文论及的部分不再赘述,这里仅讨论经专利权人同意伪造或变造其专利证书或相关专利文件的行为。

假冒他人专利包括三种未经专利权人许可而使用其专利号的行为和一种伪造或变造专利权人的专利证书、专利文件或专利申请文件的行为。假冒他人专利行为从本质上体现了对专利权的侵害，损害了专利权人的合法利益，因此，有一种观点认为，经专利权人同意而伪造其专利证书或专利相关文件的行为，是基于权利人自愿的损害，不属于假冒他人专利的行为。这种观点将上述伪(变)造行为归入刑法理论中的正当行为之列，从而排除其可责罚性。

我国刑法规定的正当行为只有正当防卫和紧急避险，刑法学理论通说认为，正当行为除上述两种行为外，还主要包括自救行为、履行职务的行为(直接依法实施的职务行为和执行命令的职务行为)、正当业务行为(医疗和竞技行为)、基于权利人承诺或自愿的损害(权利人明确承诺的损害、推定权利人承诺的损害、自损行为和法令行为)。那么，上述经专利权人同意而为的伪(变)造行为是否属于上述第四类行为，取决于其是否符合该类行为的法律特征。刑法学理论通说认为，被害人承诺的行为是指权益所有人对他人侵害自己可以支配的权益所表示的允诺。据此，上述经专利权人同意的伪(变)造行为要归入正当行为，须符合以下两点：其一，专利权人是权益受到损害的所有者；其二，受损害的权益受专利权人自由支配。专利权作为一种基于发明创造人的创造性劳动而产生，依法定的专利审查程序而取得的权利，一方面是专利权人对其发明创造所拥有的垄断性权利，包括其持有、使用专利证书、专利文件或专利申请文件的权利；另一方面也关联着国家专利管理机关对与专利相关的事务的公权力，包括制作、颁发和管理专利证书及相关专利文件的权力。专利证书、专利文件或专利申请文件的制作、颁发，属于国家专利主管机关的职能活动，体现国家的专利管理制度。专利权一经授予并登记公告，这些证书和文件就具有国家专利行政公文的效力。显然，专利权人只享有持有并依法使用这些公文的权利，而不能授予他人进行伪造或变造。换句话说，在发生专利权人同意他人伪(变)造其专利证书或有关专利文件的场合，不仅专利权人自己受到损害，而且国家专利管理秩序也受到损害。因此，该行为不具备正当行为的形式特征，不能成立正当行为。

从理论上分析，经专利权人同意的伪(变)造行为不具有实质意义上的正当性。关于正当行为的判断根据的社会相当性说处于通说地位，该观点认为，行为若符合历史所形成的社会伦理秩序，其行为就具有社会相当性。一般认为，社会相当性应从以下三个方面加以判断：其一，目的正当性，即行为人的目的符合社会生活的一般伦理秩序；其二，手段的正当性，指行为人实施正当目的之方法无悖于社会伦理观念；其三，法益均衡性，即对保护法益与损害之法益作综合判断，二者能保持均衡。如果一种行为同时符合上述三个方面，则可认为是正当行为。一般认为，伪造或者篡改国家行政机关制作的证书、公文的行为违法，至少被认为有悖道德伦理，对专利权人的损害、对国家专利管理制度的破坏与行为人想得到的利益（暂且认为其不违法或合法）存在法益上的失衡，该伪（变）造行为至少不具有目的上的正当性和法益上的均衡性，因此，该种行为不具备社会相当性，不能成立正当行为。如果达到情节严重的程度，应当认为构成假冒专利罪。当然，由于以上行为获得了专利权人的同意，客观上没有对专利权人造成损害，这一情节可以作为酌定从轻减轻处罚情节，在确定刑罚时予以考虑。

二、本罪与彼罪的界限

在司法实践中，行为人假冒他人专利时，往往有生产、销售伪劣产品的行为，由于假冒专利罪和生产、销售伪劣产品罪都属于破坏社会主义市场经济秩序罪，二者具有较多共同之处。例如，二者都属于侵害社会主义市场经济秩序罪，构罪都以违反一定的国家经济法律法规为前提，假冒他人专利的产品往往是伪劣产品等，因此，在处理涉及这两种行为的案件时，要注意区别以下几点：第一，两罪的直接客体不同。前者的直接客体是国家的专利管理制度和专利权人的专利权，后者的直接客体是国家对产品质量的监督管理制度、市场管理制度和消费者的合法权益。第二，危害行为不同。假冒他人专利的行为有四种表现方式，前文已有叙述，在此不再赘述。生产、销售伪劣产品的危害行为表现为：(1)在产品中掺杂掺假，即在产品中掺入杂质或异物，致使产品质量不符合国家法律、法规或产品明示质量标准规定的质量要求，降低、失去应有使用性能的作用；(2)以假充真，指以不具有某种使用性能的产品冒充具有该使用性能的产品;(3)以次充好,指以低等级、低档次产品冒充高等级、高档次产品,或以残次、废旧零配件组合、拼装后冒充正品或者新产品;(4)以不合格产品冒充合格产品。第三,犯罪成立的标准不同。前者属情节犯,犯罪数额是主要的情节标准,后者是数额犯,销售金额须在5万元以上。第四,犯罪故意的内容不同。前者是假冒他人专利的故意,后者是生产、销售伪劣产品的故意。

如果案件中假冒他人专利与生产、销售伪劣产品行为并存时,应如何定罪处罚?一种观点认为,行为人既假冒他人专利同时又生产、销售假冒他人专利的伪劣产品的,属于牵连犯,假冒他人专利是方法或手段行为,应从一重罪处罚。另一种观点认为,行为人假冒他人专利,而生产、销售的假冒他人专利的产品是伪劣产品的,属于吸收犯。由重行为吸收轻行为,只定一罪。其理由是,假冒他人专利行为与生产、销售伪劣产品的行为实际上是处于犯罪发展的不同阶段、前后相继的两个行为。所以,当上述两个行为均分别达到犯罪界限时,上述情形其实属于理论上所说的吸收犯,应当按照重行为吸收轻行为的原则,以生产、销售伪劣产品罪定罪处罚,至于假冒他人专利的行为,则被生产、销售伪劣产品行为所吸收,不再单独定罪。还有一种观点,它以"暴力取财"行为为适例,从该行为的典型犯罪构成(抢劫罪)与近似犯罪构成(寻衅滋事罪)入手,以罪质和刑度为考量标准,提出了现行罪数理论中没有涉及的问题,即典型犯罪构成与近似犯罪构成的关系现象,并以此创立了"转换定罪规则",来解决侵犯知识产权犯罪与生产、销售伪劣产品罪或类似犯罪并存时的定罪处罚问题。该观点认为,典型犯罪构成是一般适用情形,只有当具体危害行为在罪质上明显区别于典型犯罪构成,相对应的刑罚明显产生畸轻畸重现象时,才能考虑适用近似犯罪构成。也就是说,转换定罪规则强调罪质的改变,按照罪质定罪,一方面符合刑法追求实质合理性的基本立场,另一方面也可以适度改变本质上属于侵犯知识产权犯罪,而按照其他犯罪定罪处罚的不尽理想的现状。按照这种观点,在假冒专利行为与生产、销售假冒伪劣产品行为并存时,将视罪质的具体情况,分别定假冒专利罪或生产、销售伪劣产品罪,与前面的"从一罪处断说"、"从一重从重处罚说"、"数罪并罚说"和"双重处断原则说"(从一重处断和数罪并罚择一说)

等几种观点有明显差别。

针对假冒他人专利与生产、销售伪劣产品两类行为并存的情形,出现上述众多不同的学说观点,凸显我国牵连犯等相关刑法理论研究的不足和刑事立法的不统一,并由此在司法实践中产生了一定程度的困惑与混乱。

我们认为,假冒他人专利行为与生产、销售伪劣产品行为不成立吸收关系。依刑法理论通说,吸收犯是指数个不同的犯罪行为,依据日常一般观念或法条内容,其中一个行为当然为他行为所吸收,只成立吸收行为的一个犯罪。吸收犯的构成要件,须有事实上的数个不同犯罪行为及它们之间的吸收关系。在吸收犯理论中,吸收关系的存在一方面是由于吸收犯的前后行为之间存在必经阶段与当然发展之关系,另一方面在于吸收犯的前后行为所侵害的法益具有一致性或趋同性,故对吸收犯只能以吸收之罪论处,不能认定为数罪。而生产、销售伪劣产品和假冒他人专利这两种行为,相互之间不是必经阶段和当然发展的关系,假冒他人专利的产品不一定就是伪劣产品,生产、销售伪劣产品不一定就要在产品上加上他人的专利号来假冒他人专利。更重要的是,生产、销售伪劣产品所侵害的法益是国家的市场管理制度和消费者权益,而后者所侵害的法益则是国家的专利管理制度和专利权人的专利权,两个法益既不趋同更不一致。因此,两者之间不具有吸收关系,或者说,在两种行为并存的场合,刑法学吸收犯理论不能为我们提供只以生产、销售伪劣产品罪定罪处罚之根据。

“转换定罪规则”只适合于一个犯罪行为之场合,不适于具有数个独立的、符合犯罪构成的犯罪行为的情形。“转换定罪规则”理论以“暴力取财”为适例,其认为,在一般的刑法观念上,其该当的犯罪类型就是抢劫罪。易言之,抢劫罪是暴力取财行为的典型犯罪构成。问题在于是否所有的暴力取财行为都应认定为抢劫罪?答案是否定的。对于青少年使用轻微暴力,只为劫取少量钱财的行为,现在已经形成比较一致的看法,即以认定寻衅滋事罪为妥。寻衅滋事罪就是暴力取财行为的近似犯罪构成。可见,该规则是在一个犯罪行为同时符合一个典型犯罪构成和一个近似犯罪构成的场合,为了在定罪中真正贯彻刑法追求“实质合理性”的基本立场和罪刑相当原则的要求，以行为的社会危害程度和法定刑为考察标准，采取罪质评价的方法，从典型犯罪构成之罪转换到近似犯罪构成之罪来定罪处罚。由于抢劫罪的罪质体现了对人身和财产的严重威胁，而在青少年以轻微暴力劫取少量钱财的案件中，行为人往往在主观故意和客观行为方面都表现出明显的节制性，故与抢劫罪不符，宜以罪质相当的寻衅滋事罪定罪处罚。“转换定罪规则”与想象竞合犯理论有相似之处，都表现为一个犯罪行为，但想象竞合犯下的危害行为均成立其所触犯之罪，故须以重罪论处。而“转换定罪规则”下的危害行为虽然符合典型的犯罪构成，但其罪质与典型之罪不符，适用该罪会导致明显的罪责刑失衡，故宜以其所符合的近似犯罪构成之罪定罪处罚。

我们认为，“转换定罪规则”的实质可以解释为，特定危害行为虽然在形式上符合典型之罪的犯罪构成，但所犯该罪的“情节显著轻微危害不大”，不成立典型之罪，而以其所符合的近似犯罪构成之罪论处。作为一种刑法理论的创新，我们发现，“转换定罪规则”可以从《刑法》第 13 条犯罪概念中的但书条款、禁止重复评价的刑法理论和“实质合理性”的刑法基本立场，甚至“宽严相济”的刑事政策中找到渊源，并有待刑法理论的深入研究和司法实践的检验。总之，这一规则不适于假冒他人专利与生产、销售伪劣产品两种行为并存情形之判断，不能为以假冒专利罪或生产、销售伪劣产品罪一罪定罪处罚提供充分的刑法理论支撑。

我们应抛弃本身不具有可操作性且价值不大的牵连关系之争，从法律评价行为的实质，即罚当其罪的角度去思考牵连犯的处罚原则问题，以假冒专利罪和生产、销售伪劣产品罪两罪并罚。按照我国刑法通说，牵连犯是指实施一个犯罪，而其犯罪的方法行为或结果行为又触犯其他罪名的情况。通常认为，牵连犯具有三个特征：必须出于一个犯罪目的；行为人必须实施了数行为，且数行为间存在手段与目的、原因与结果的牵连关系；目的行为或原因行为触犯一罪名，手段行为或结果行为触犯了另一罪名。在牵连犯理论中，“牵连关系”是核心，不同的认识会直接导致对牵连犯犯罪形态认识上的分歧。但是，何谓“牵连关系”，刑法理论界至今并没有达成一致的观点。而且，围绕牵连关系的各种学说在具体的司法实务中都很难操作,常常导致对同一犯罪事实是否构成牵连犯得出完全不同的结论。另外,由于立法在不同牵连犯处断上的多样化,又导致刑法理论在牵连犯的处断原则上,从最初的“从一重处断”发展到“从一重从重处断”“数罪并罚”“双重处断”等多种学说并存的局面,甚至出现牵连犯的存废之争。尽管刑法总则没有明文规定牵连犯概念与处罚原则,刑法理论对此也没有达成一致的认识,但刑法分则对牵连犯则表现出不同的态度,刑法分则条文对大多数牵连犯的处罚没有作出明文规定,有的条文规定从一重处罚,有的从一重从重处罚,有的规定了独立的较重的法定刑,有的则为数罪并罚。一般来说,在刑法没有特别规定的情况下,在司法实践中采取的是从一重处罚的原则。我们认为,除极少数情况下,因为数个行为在事实关联上的特殊性,或者出于刑事政策上的考虑,由刑法作出明确的例外规定之外,无论是分则条文所作的明确规定,还是没有作出规定的情形,对牵连犯的处罚不能违反刑法的罪责刑相一致原则,即应该“罚当其罪”。在考虑对行为的处罚是否罚当其罪时,必须注意两条原则的要求,即禁止双重评价原则和充分评价原则。在具体适用刑罚时,判断是否违背双重评价原则应从法定构成要件的角度去进行分析。

立足于罪责刑相一致的刑法原则并以双重评价禁止和充分评价原则为标准,从法定构成要件的角度去分析假冒他人专利和生产、销售伪劣产品行为并存的刑法现象,笔者认为:(1)以假冒专利罪和生产、销售伪劣产品罪两罪并罚不存在重复评价的问题。双重评价禁止原则的核心是“一行为一罚”。由于假冒他人专利行为和生产、销售伪劣产品行为相互具有独立性,因此,以两罪并罚并不存在对“一行为一罚”规则的违反。(2)以两罪并罚,符合充分评价原则,也是基于法益保护目的的内在要求。对足以建立不法或者责任的加重刑罚事实,不能因为行为人还实施了其他更严重的不法行为,而不加以考虑,在前述两种行为并存的场合,假冒专利行为侵犯的法益超出了生产、销售伪劣产品行为所侵犯法益的效力范围,对这样的两个行为应该分别进行评价,否则,刑法的一般预防目的便无法实现。如果只定假冒专利罪,或者只定生产、销售伪劣产品罪,无疑都是对另一犯罪的放纵,对于这种超出了一个法条的构成要件的效力范围，必须适用数个法条的构成要件才能充分评价的牵连犯，即数个行为之间具有独立关系的牵连犯，应当数罪并罚。

三、共同犯罪的认定

在侵犯知识产权犯罪的刑事司法中，面临的突出问题是如何界定侵权行为参与人的刑事责任。侵犯知识产权犯罪区别于盗窃、抢夺、抢劫等传统犯罪的主要特征之一是其集团性、有组织性，行为过程中往往有多数人的参与。在假冒专利犯罪中，犯罪的发生一般要经历酝酿过程，不会一蹴而就。例如，某人见他人的专利产品很畅销，产生假冒他人专利之犯意后，开始拟定实施方案，进而为实现犯罪筹措资金、工具、物品。在很多场合，行为人以团伙形式进行分工合作，分工制造包含专利号的产品标识、生产或组织使用专利标识的产品、假冒专利产品的销售等，犯罪过程比较复杂，参与人数众多，且不同环节的人员所起的作用不同。为了正确认定假冒专利罪的共同犯罪，科学分配各种共犯的刑事责任，有必要认清该类犯罪的组织形式特征。

根据《刑法》第 216 条和《专利法实施细则》第 84 条的规定，假冒专利罪立法规定的是引证式罪状，导致对该罪危害行为的具体内容存在不同看法。有观点认为，未经许可在其制造或销售的产品、产品的包装上标注他人专利号，在广告或在其他宣传资料中使用他人专利号，在合同中使用他人专利号，以及伪造或变造他人的专利证书、专利文件、专利申请文件，使第三人误以为是专利产品或专利技术，能够构成假冒专利罪共同犯罪的场合，相应的实行行为只能是“标注他人专利号”“设计、制作、发布假冒他人专利的广告或其他宣传材料”“参加合同条款的协商、文本起草而故意将他人的专利号引入合同内容”“排印他人专利证书并加盖专利局印章、伪(变)造他人专利文件或专利申请文件”行为；而将以共同的犯罪故意制造带有他人专利号的商品标识、制造或购买用于假冒他人专利的产品，伪造专利行政部门印章，寻觅他人专利号、专利证书、专利申请文件模本，寻找订立合同客户，提供刻制印章的工具、材料，以及各种便利条件的行为，归为帮助行为。

笔者认为，上述观点局限于法律的字面意义，应当运用多种法律解释方法，综合考虑刑法自身的规则体系，充分权衡刑法的立法精神和刑罚目的，合理界定本罪的危害行为范围，不应把“假冒他人专利”的行为简单解读，归结为“标注、加盖印章”等行为片段，应将假冒他人专利行为进行整体认定。以伪造印章用于伪造他人专利证书为例，虽然《专利法实施细则》第 84 条没有规定假冒专利行为包含伪造印章、伪造专利证书并加盖印章，而只采取概括的方式表述为“伪造他人专利证书”，但是凭常识就能判断，在前述场合下上述行为缺一不可，将伪造国家机关印章这种具有严重社会危害性和刑事可罚性同时又是伪造他人专利证书必要组成部分的行为排除在本罪实行行为之外，仅以帮助行为认定，显然不能正确的反映其犯罪性质。

以未经许可在其生产或销售的产品上标注他人专利号这一行为为例。某甲、乙、丙合谋后决定去假冒他人专利，由甲负责生产含有他人专利号的商品标识，乙负责生产假冒他人专利的产品，丙负责在产品上标注上述商品标识后销售，构成本罪的共同犯罪。与上例相似，该罪行为的实施离不开基本的前提条件，丙只有在获得甲生产的含有他人专利号的商品标识、乙生产的假冒他人专利的产品后，才能实施“标注他人专利号”的行为。甲、乙两人的行为不是帮助行为，即为共同犯罪“提供有利条件，帮助他人完成犯罪，促进犯罪结果发生”，而是起着“形成、实施并完成”本罪共同犯罪的作用，将甲、乙两人的行为评价为帮助行为，同样也没有正确反映他们参与犯罪的客观状态。

伪造专利机关印章、制造带有他人专利号的商品标识、制造或购买假冒他人专利的产品的行为，都应认定为本罪的实行行为，理由如下：

1. 从上述危害行为与本罪危害结果之间的关系来看，两者之间存在刑法意义上的因果关系。国内外刑事司法特别是国外刑事审判实践中对刑法上的因果关系长期采用条件说，即当危害行为与危害结果之间存在“没有前者就没有后者”的关系（条件关系）时，前者就是后者的原因：第一，作为条件的行为必须是有导致结果发生可能性的行为；第二，条件关系中的“结果”是指具体的、特定形态、特定规模与特定时间发生的结果；第三，条件关系是一种客观联系，至于与行为人预料的发展过程是否符合，并不影响条件关系的成立；第四，行为是结果发生的条件之一即可认定条件关系，并非唯一条件时才肯定条件关系。从上述条件说观点看，“伪造专利机关印章、制造带有他人专利号的商品标识、制造或购买假冒他人专利产品”与本罪的危害结果之间存在刑法上的因果关系。因此，这些行为与前述“标注他人专利号的行为”等典型的假冒他人专利行为一样，同属于本罪中的危害行为。如果将行为人以实施本罪的故意从生产含有他人专利号的商品标识、生产假冒他人专利的产品和伪造专利行政机关印章时起，认定为本罪的实行行为的“着手”，从刑罚的目的性来讲更具有合理性。

2. 根据复合行为理论，上述伪造印章、制造假冒专利的标识和假冒他人专利的产品的行为，与典型的假冒专利行为相结合，构成了类似于复合行为的危害行为。所谓复合行为，是指危害行为由复数行为组合而成。根据我国刑法理论通说，如果具体个罪的危害行为是复合行为，在共同犯罪场合，实施该犯罪复合行为中的手段行为的行为人与实施目的行为的行为人成立共同正犯。在本罪中，伪造印章、制造含有他人专利号的商品标识，制造假冒他人专利的产品的行为是手段行为，在产品上标注该商品标识的行为是目的行为，假冒专利罪的“标注他人专利号”行为，是由上述行为复合而成，包括一种伪造（印章）行为、两种制造（商品标识和产品）行为，分别与排印他人专利证书并加盖印章、标注标识行为相结合，缺一不可。行为人以实施本罪的故意，开始实施伪造印章、制造含有他人专利号的商品标识和假冒他人专利的产品，应当认定为本罪的“着手”。

刑法学通说认为，帮助犯实施的是对犯罪的实行行为起辅助作用的行为，为实行犯提供作案工具、排除障碍、制造便利条件等。帮助犯在主观上认识到自己的行为是帮助他人实施犯罪，而不是直接实施犯罪，并认识自己所帮助的实行犯有犯罪的故意，并将要或正在实行犯罪；认识到自己的帮助行为使实行犯的犯罪容易实行或促进其结果的发生；希望或放任实行犯所实施的犯罪结果的发生。帮助行为的“辅助作用”，是使实行犯的犯罪更容易实行或促进犯罪结果发生，没有这种“辅助作用”，犯罪行为仍然可以实施并完成。

关于实行行为和帮助行为之间的内在联系,大陆法系的刑法理论认为,帮助行为与正犯的实行行为之间必须有因果关系,要求帮助行为给正犯以心理的或者物理的影响,从而使实行行为更为容易,否则,帮助行为与实行行为之间就没有因果关系,该帮助行为就不可罚。也就是说,两种行为之间的因果关系,不仅包括物理意义上的外在因果关系,也包括心理意义上的内在因果关系,前者如为杀人犯提供凶器、为假冒专利者提供经营场所,后者如为盗窃犯放风,因为放风的帮助行为,可以使盗窃者放心实施盗窃,从而强化和维持其犯罪意志,使其实行行为更容易,并促进盗窃的完成。在假冒专利罪共同犯罪中,前述"伪造专利机关印章、制造或获取含有他人专利号的商品标识、制造或获取用于假冒他人专利的产品"的行为,其所以是实行行为而不能当作帮助行为对待,是因为这些行为不是通过给实施"标注行为、设计、制作、发布该等广告或其他宣传材料的行为"等行为的实行犯以心理或物理的影响,发挥使实行行为更容易实施的"辅助作用"。二者互相依赖、缺一不可,两者结合起来构成完整的刑法意义上的假冒他人专利行为,本罪才得以成立。

假冒专利罪中的帮助行为一般表现为:(1)以帮助他人实施该罪的故意,为实行犯罪寻觅他人的专利号、销售假冒专利产品以及其他为他人犯罪制造便利条件;(2)以帮助他人犯罪的故意,为实行犯寻觅他人专利号以及为实行犯设计、制作、发布该等广告或其他宣传材料提供便利条件;(3)以帮助他人犯罪的故意,为实行犯寻觅他人专利号,寻找订立合同的客户,以及为实行犯订立或履行合同提供便利条件;(4)以帮助他人犯罪的故意,为实行犯寻觅他人专利证书、专利文件、专利申请文件模本,提供刻制印章的工具、材料,在实行犯产生犯罪决意之后提供技术上的建议,以及为实行犯的犯罪行为提供便利条件。另外,按照《2004年解释》第16条的规定,明知他人实施本罪,而为其提供贷款、资金、账号、发票、证明、许可证件,或者提供生产、经营场所、运输、储存、代理进出口等便利条件和其他帮助的,都属于本罪中的帮助行为。对实施上述帮助行为的,以假冒专利罪的共犯(帮助犯)论处。

《2004年解释》规定了假冒专利罪的帮助犯的认定规则,在认定这些帮助犯时,正确认定是否为帮助犯的"明知"是关键。我国刑法中有多种犯罪要求行为人“明知”他人犯罪，该“明知”要件要素具有以下特点：其一，下游犯罪的社会危害性越严重，对明知的内容要求就越宽泛，反之要求就越明确；其二，行为人参与犯罪活动过程越长，对明知的内容要求就越抽象，反之要求越具体。在假冒专利罪案件中“明知”的认定要注意以下特点：(1)危害性质的不明确性。本罪属于法定犯，专利权与我们日常生活并不紧密，需要证明行为人明知假冒他人专利行为违法，证明行为人与假冒他人专利的事实有密切的接触。(2)参与行为的间接性。《2004 年解释》列举了多种帮助行为，其行为具有间接性，由于行业的专业性，加之犯罪分子通常行为隐蔽，他人需要较长时间才能达到明知他人犯罪的程度，需要证据证明行为人长期参与侵权行为或者多次反复参与。(3)职业性。《2004 年解释》规定的多种共犯行为是某种职业活动，如从事运输业、出租房屋谋利等，行为人为了谋利，对业务活动帮助的对象所实施的行为是否合法往往并不在意，认定行为人的“明知”时需要证明其知晓行为性质。

第三节　假冒专利罪案例分析

一、周某某假冒专利案

(一)案情简介

1996 年 9 月山东阳谷玻璃工艺制品厂职工卢某某获得“双层艺术玻璃容器”实用新型专利(专利号为：中国 ZL－95229146.0，专利保护期限十年)。1997 年 5 月山东阳谷玻璃工艺制品厂与卢某某就该专利的实施达成书面实施许可合同，生产专利产品“诺亚”牌双层艺术玻璃口杯。2004 年 3 月，被告人周某某注册成立乐凯制品厂(个体性质)，同年 4 月，河北开元实业有限公司授权乐凯制品厂使用其拥有商标权的“乐凯”商标。周某某即日起从滕州天元瓶盖厂购进杯体，生产双层艺术玻璃口杯。同年 5 月 13 日，被告人向中国专利局专利复审委员会请求宣告卢某某的“双层艺术玻璃容器”实用新型无效。同年 5 月至 9 月被告人以每只 78 元至 182 元的不等价格在成都、南昌等地销售“乐凯”牌口杯 3168 只，经营额

282,366.52元,获利76,446.52元。2005年3月20日,专利复审委员会作出决定,维持卢某某95229146.0号专利有效。

山东省专利管理局就被告人生产的“乐凯”口杯,与卢某某的95229146.0号专利的权利要求是否相同,是否属于侵犯专利权的行为,于2004年10月11日作出专利侵权咨询鉴定书,认为“乐凯”口杯具备了95229146.0号专利的必要技术特征;在没有经过专利权人许可,或者不符合《专利法》第62条等以及其他不属于侵犯专利权的规定的情况下,乐凯制品厂为生产经营目的制造、销售上述产品,属于侵犯专利权人卢某某的95229146.0号实用新型专利权的行为。

阳谷县人民检察院指控被告人周某某犯假冒专利罪,向阳谷县人民法院提起公诉。阳谷县人民法院一审认为,被告人在生产、销售乐凯口杯前即明知卢某某具有95229146.0号专利权,被告人具有假冒专利罪的主观要件。被告人在专利保护期内,未经专利权人许可,为生产经营目的非法制造、销售侵犯他人专利权的乐凯口杯,属假冒专利行为。被告人生产、销售乐凯口杯3168只,非法经营额282,366.52元,非法获利76,446.52元,属假冒专利情节严重,被告人具备假冒专利罪的客观要件。被告人的行为严重侵犯了国家的专利管理制度和他人的专利专有权,构成假冒专利罪,非法获利76,446.52元应予追缴,赃物乐凯口杯300只应予没收。周某某生产、销售乐凯口杯的行为,直接侵犯了山东阳谷玻璃工艺制品厂对专利的实施权,损害了其生产经营,对其经济损失应予赔偿。

宣判后,被告人周某某不服,提出上诉。其辩护人认为:被告人不构成假冒专利罪。理由是:(1)判决书对被告人周某某假冒专利罪主观要件认定错误。(2)判决书认定被告人周某某“假冒专利罪的客观要件”自相矛盾,不能自圆其说。(3)阳谷县人民法院认定被告人周某某假冒专利罪的唯一证据是山东省专利管理局的《专利侵权咨询鉴定书》,该鉴定书不具有法律效力,不能作为定案的依据。

二审法院经审理认为,假冒专利罪主观方面的特征是故意,就辩护人所执“一审判决书对被告人周某某假冒专利罪主观要件认定错误”的意见而言,上诉人周某某主观认识因素的内容是其明知其假冒专利的行为会发生侵犯专利权人的合法权益,损害国家专利管理制度的社会结果,上诉人虽没有主动表白其在“明知”的情形下实施了"假冒专利"的行为,但其在四川省专利管理局检索出山东阳谷玻璃工艺制品厂生产的"诺亚"口杯系专利产品后,为规避法律制裁,而向专利复审委员会申请宣告卢某某的95229146.0号专利无效,在未得到正式决定前,即开始实施、制造、销售乐凯口杯的行为恰恰证明了上诉人了解其行为的性质、内容及结果,上诉人在主观上具备了"明知","上诉人主观上不具备故意认识因素"的辩护意见不能成立。

对于辩护人所执"一审判决书认定被告人周某某假冒专利罪的客观要件自相矛盾,不能自圆其说"的辩护意见而言,上诉人周某某合法注册成立了乐凯保温制品厂,并与河北天元实业有限公司就"乐凯"商标的使用达成协议,以及从滕州定作结构及外形同"诺亚"口杯相一致的杯体的一系列行为,正说明了上诉人周某某是采用典型的不正当竞争方法,在技术方案、技术指标、外形及结构上模仿"诺亚"专利产品,并在仿造的产品上标注自己的"乐凯"商标,达到以假乱真的效果,其行为的实质就是假冒专利产品的行为方式之一。辩护人这一辩护意见不能成立。

对辩护人提出山东省专利管理局作出的《专利侵权咨询鉴定书》没有法律效力,不能作为证据使用的意见而言,该鉴定书虽然只是咨询性质,不属直接具有法律效力的文书,但该鉴定书对上诉人周某某生产、销售的乐凯口杯是否属侵犯卢某某专利权行为的表述是科学严谨的,符合《专利法》的规定,与本案查证的其他证据相结合,起到了证明案件事实的作用,故该鉴定可以作为证据使用。

(二)案件重要问题评析

本案没有明确假冒专利罪的行为方式究竟是什么?其与实施他人专利的行为有无区别?

根据《2004年解释》第10条的规定:"实施下列行为之一的,属于刑法第二百一十六条规定的'假冒他人专利'的行为:(一)未经许可,在其制造或者销售的产品、产品的包装上标注他人专利号的;(二)未经许可,在广告或者其他宣传材料中使用他人的专利号,使人将所涉及的技术误认为是他人专利技术的;(三)未经许可,在合同中使用他人的专利号,使人将合同涉及的技术误认为是他人专利技术的;(四)伪造或者变造他人的专利证书、专利文件或者专利申请文件的。”可见，假冒专利的行为其核心在于行为人采用一定的方法，以自己的非专利产品冒用他人的专利产品，侵犯专利权人权益，其方式多种多样，但不管是何种方式，都是将不具有专利权的产品或方法假冒成他人的专利产品或专利方法。实施他人专利的行为是将他人的专利成果应用于自己的产品之中，其核心是使用他人的专利，而假冒专利行为是不使用他人的专利，但在外观上标注上他人专利号，假冒他人专利的行为。两者侵犯专利权的范畴不同，实施他人专利的行为侵犯了他人专利的使用权，而假冒他人专利行为并未使用他人专利，只是侵犯了国家对专利号或相关专利文件证书的管理制度，二者有着根本的差别。

本案中，周某某生产双层艺术玻璃口杯，使用了他人的专利，但并未在自己的商品上标注他人的专利号，也没有在宣传材料、合同或广告上使用他人专利号，也没有伪造、变造他人的专利文件等，不能构成假冒专利行为，而是实施他人专利的行为，不应认定为假冒专利罪。本案中两审法院的判决都值得商榷，周某某不应作为犯罪处理，而只应承担侵犯专利权的民事赔偿责任。

二、唐某某假冒专利案

（一）案情简介

洛阳市某软轴控制器厂研制的“软轴控制器发动机”被授予专利并实施后，产生了非常好的经济效益和社会效益。唐某某系该厂业务员，其为谋取个人利益，从 2000 年 9 月起伙同他人合伙伪造“软轴控制器发动机”专利产品，该产品不具备专利效用。2001 年 9 月，唐某某将伪造的一批“软轴控制器发动机”销售给郑州市一厂家，声称自己销售的是洛阳软轴控制器厂研制的高科技专利产品，并在产品包装上打上专利产品和专利号，伪造专利证书，获利达400 万元。郑州厂家使用后发觉该发动机效用很差，与包装上的专利所述严重不符，又无法联系上唐某某，遂向公安机关报案，公安机关经侦查后将唐某某抓获。检察机关以假冒专利罪向法院提起公诉，法院在审理时有以下几种意见：(1)唐某某的行为构成假冒专利罪。唐某某在自己销售的产品上标注他人的专利号，并伪造他人的专利证书，是假冒专利的行为，虽然行为在客观上对郑州厂家造成了经济损失,也符合诈骗罪的犯罪构成,但假冒专利罪与诈骗罪是法条竞合关系,假冒专利罪是特别法,唐某某的行为应当认定为假冒专利罪。(2)唐某某的行为构成诈骗罪。唐某某虽然实施了假冒专利的行为,即在自己销售的产品上标注他人的专利号,并伪造他人的专利证书,但这些行为都是为了骗取他人的财产,是诈骗行为的手段行为,假冒专利的行为和诈骗行为是一种牵连关系,应当从一重按照诈骗罪论处。

(二)案件重要问题评析

本案的关键问题在于,假冒专利罪与诈骗罪是什么关系?假冒专利罪的行为是否包括销售假冒专利的产品的行为?

有学者认为,假冒专利罪不包括销售行为,虽然通常情况下行为人实施了假冒专利行为后要进行销售,但销售行为并不是假冒专利罪的构成要件,行为人只要实施了假冒专利的行为就可以构成犯罪。我们认为,假冒专利行为是一种虚构事实的行为,其与销售行为结合在一起,必然对购买者的财产造成损失,这也是通过虚构事实的方法取得他人财物。如果明知产品效能比专利产品差,就符合骗取他人财物的构成特征,齐备诈骗罪的构成条件。构成假冒专利罪,要求情节严重,根据司法解释的规定,情节严重是指:"(1)非法经营数额在 20 万元以上或者违法所得数额在 10 万元以上的;(2)给专利权人造成直接经济损失 50 万元以上的;(3)假冒两项以上他人专利,非法经营数额在 10 万元以上或者违法所得数额在 5 万元以上;(4)其他情节严重的情形。"可见,判断假冒专利行为是否构成犯罪的关键在于行为人的经营数额或违法所得数额,如果行为人不实施销售行为,则这些数额无从产生,专利权人的经济损失也无法认定,销售行为是假冒专利罪的必然结果和应有之义。

行为人虽然在假冒他人专利上存在欺骗行为,如果其提供的产品与专利产品质量相当甚至更好,就没有诈骗他人财产的故意;如果明知其提供的产品比专利产品差,则应当认为其具有诈骗他人财产的故意。在后者情况下,由于诈骗罪是重罪,应当按照重罪定罪处罚。本案中,唐某某伪造专利证书,非法标注他人专利号,向被害人销售质量比专利产品差的产品,销售获利 400 万元,应当认定为诈骗罪。

第六章　侵犯著作权罪

1979年《刑法》未规定侵犯著作权罪，1991年6月1日《中华人民共和国著作权法》开始施行，1994年7月5日全国人大常委会通过了《关于惩治侵犯著作权的犯罪的决定》，首次规定了侵犯著作权罪。1997年《刑法》第217条、第218条分别规定了侵犯著作权罪、销售侵权复制品罪。2001年全国人大常委会对《中华人民共和国著作权法》进行了修正，补充了信息网络传播权等规定，补充规定了可构成犯罪的四种行为。2020年12月通过的《刑法修正案（十一）》对《刑法》第217条、第218条进行了较大修改，适应当前侵犯著作权犯罪网络化的特点完善了罪状，显著提高了该罪的法定刑，将该罪由结果犯改为情节犯，强化了著作权的刑法保护。

第一节　侵犯著作权罪的犯罪构成

侵犯著作权罪，是指以营利为目的侵犯著作权或者与著作权有关的权利，违法所得数额较大或者有其他严重情节的行为。该罪的主体为一般主体，包括一般自然人主体和一般单位，对该罪的其他构成要件分析如下。

一、犯罪客体方面

(一)犯罪客体

侵犯著作权罪侵犯的客体是著作权经济秩序以及他人的著作权及有关权利,后者是指作者及其他著作权人依法对作品享有的权利,包括著作相关人身权、财产权和著作邻接权。

著作权又称版权,根据我国《著作权法》第10条第1款的规定,著作权包括17种权利,分别为:(1)发表权,即决定作品是否公之于众的权利;(2)署名权,即表明作者身份,在作品上署名的权利;(3)修改权,即修改或者授权他人修改作品的权利;(4)保护作品完整权,即保护作品不受歪曲、篡改的权利;(5)复制权,即以印刷、复印、拓印、录音、录像、翻录、翻拍、数字化等方式将作品制作一份或者多份的权利;(6)发行权,即以出售或者赠与方式向公众提供作品的原件或者复制件的权利;(7)出租权,即有偿许可他人临时使用视听作品、计算机软件的原件或者复制件的权利,计算机软件不是出租的主要标的的除外;(8)展览权,即公开陈列美术作品、摄影作品的原件或者复制件的权利;(9)表演权,即公开表演作品,以及用各种手段公开播送作品的表演的权利;(10)放映权,即通过放映机、幻灯机等技术设备公开再现美术、摄影、视听作品等的权利;(11)广播权,即以有线或者无线方式公开传播或者转播作品,以及通过扩音器或者其他传送符号、声音、图像的类似工具向公众传播广播的作品的权利,但不包括本款第十二项规定的权利;(12)信息网络传播权,即以有线或者无线方式向公众提供,使公众可以在其选定的时间和地点获得作品的权利;(13)摄制权,即以摄制视听作品的方法将作品固定在载体上的权利;(14)改编权,即改变作品,创作出具有独创性的新作品的权利;(15)翻译权,即将作品从一种语言文字转换成另一种语言文字的权利;(16)汇编权,即将作品或者作品的片段通过选择或者编排,汇集成新作品的权利;(17)应当由著作权人享有的其他权利。著作权人可以许可他人行使前款第5项至第17项规定的权利,并依照约定或者本法有关规定获得报酬。著作权人可以全部或者部分转让本条第1款第5项至第17项规定的权利,并依照约定或者本法有关规定获得报酬。

除了前述著作权外,本罪的犯罪客体还包括著作邻接权等其他与著作权有关的权利,即出版者对其出版的图书和期刊的版式设计享有的权利,录音录像制作者对其制作的录音录像制品享有的权利等。

(二)犯罪对象

侵犯著作权罪的犯罪对象是文字作品、音乐作品、美术作品、视听作品、计算机软件、录音录像制品、他人享有专有出版权的图书,以及法律、行政法规规定的其他作品。

1. 作品

作品是最重要的著作权客体,毫无疑问也是侵犯著作权罪最重要的一类犯罪对象。根据我国《著作权法》规定,作品是指文学、文艺和科学领域内,具有独创性并能以某种有形形式复制的智力创造成果。作品是作者对于客观世界的认识,是通过语言文字、符号等形式表达出来的智力创造成果。作品应该具备以下特征:其一,作品必须是属于文学、文艺、科学领域内的思想和情感的表达,即作品是作者表现其思想和情感的产物。专利和商标一般不包含作者的思想或情感,只是权利人的创造。其二,作品必须具有独创性或原创性,即作者运用自己的方法和习惯将思想和情感赋予文学或艺术的形式,体现了作者的取舍、选择、安排、设计或组合。这种独创性不要求与以前作品有突出的特点和显著的提高,只要是作者自己独立创作的,不是单纯模仿抄袭他人的作品,即属于作品的范畴。其三,作品必须以某种客观的形式表现出来,且能以某种有形形式复制。作品表现的是思想和情感,它必须通过某种客观的形式表现出来才能为人们所感知,必须能够以某种有形形式复制才能得到利用,否则著作权的存在就没有意义。

我国《著作权法》将作品分为以下几类。

(1)文字作品

文字作品,是指小说、诗词、散文、论文等以文字形式表现的作品。文字作品在版权公约和许多国家版权法中都被列为受保护作品的第一项,这是由于版权是从印刷技术的发展而使保护文字作品成为必须保护的对象。

文字作品的种类很多,包括诗词、专著、译著、小说、传单、商品说明书、专利说明书、目录、表格等,其必须满足的条件就是以文字形式表达,而以什么语言表达以及文字表达的形式等在所不论。例如,我国湖南西部地区的“女书”,只有极少数人能读懂,也属于文字作品。以密码写成的文章,虽然表现形式是密码,但是仍然可以还原成文字表达,所以也属于文字作品。但是,并不是所有的以文字形式表现的都属于文字作品,如表格和目录,在有些国家不认为其属于文字作品,不受其著作权法的保护。有些国家则认为,如果表格和目录或与之性质相近的其他作品,如果能“反映出一定数量的信息”即应视为文字作品,受到著作权法的保护。还有一些虽然以文字表达,但不能够确定是否为受到保护的“作品”,如电话号码簿,这种作品内含了整理者的劳动,但其资源和利用方式似乎都应当是公用的,对此我国《著作权法》并没有明确作出规定,国外立法的规定也不相同。我们认为,这类作品在学理上称为“边缘客体”,其是否属于保护的对象要结合具体的情况加以认定。如果该电话号码簿的号码资源收集较为困难,而利用方式只是供少数人利用,应当认定其享有著作权;如果资源收集较为容易且供大众使用,一般应认定属于公有领域,不享有著作权。

(2)音乐作品

根据我国《著作权法》,音乐作品是指交响乐、歌曲等能够演唱或演奏的带词或不带词的作品。音乐作品必须是声音的组合,里面附带的歌词虽然是一种文字作品,但一般认为是附带在音乐作品中,属于音乐作品的范畴。音乐作品中的一部分可能与戏剧和舞蹈作品发生重叠,如歌舞剧。一般认为,如果歌舞剧作为一个整体作品,里面的音乐当然归入戏剧或舞蹈作品,但是,如果音乐作品能够单独成为一个作品,则仍然可以作为音乐作品。

音乐作品一般采用曲谱的形式表达。20 世纪以来越来越多的作品没有曲谱,只有录音的形式,有些现代派的音乐甚至无法以乐谱表示,如近些年来有些音乐家把大自然中的声音(如风啸声、海浪声)等与其创作的曲调结合,这种方式产生的作品只能采用录音的方式表现。有学者认为,在这种情况下,著作权和邻接权的界限就十分模糊,这种录音作品和邻接权的客体录音制品的区别就不明显。我们认为,如果作品的表现形式是录音,而这个录音又是由录音制作人制作的,那么在这个录音作品上,它附着了两种权利:一是音乐作者的著作权,二是录音制作人的邻接权。这两者并不冲突,并行不悖,并不存在著作权和邻接权界限模糊的问题,两种权利实现的方式也完全可以共存。这种共存实际上是两种权利的载体重合,但各自的权利客体并没有重合,著作权的客体音乐作品仍然是录音中表现的声音形式,而邻接权的客体仍然是录音制品,不存在两种权利界限模糊的问题。

事实上,我们可以这样分情况讨论:①音乐家将其作品自编自演,自己录制成录音,这时这种录音就称为录音作品,这里就没有邻接权的存在,因为没有录音制作人;②音乐家将其作品自编自演,另请录音制作人录音,这种情况下的作品其上主要权利仍然是著作权,但是也包含着录音制作人的邻接权,这就是前述两种权利载体的重合;③音乐家将其作品编排,请他人演出,录音制作者将他人演出制作成录音,这是一般音乐作品的发行方式,录音制作者享有邻接权,表演者享有表演权,著作人享有著作权,三者共存。不管在哪种情况下,著作权和邻接权的界限还是清楚的。

(3)戏剧作品

戏剧作品是指话剧、歌剧、地方戏曲等供舞台演出的作品,那么,戏剧作品究竟是指舞台上演出的戏,还是剧本?如果是剧本,它和文字作品有何差别?现在的不少话剧不也是用文字表现的吗?这个问题在很多国家有很大争议。一般认为,戏剧作品指的是剧本,而不是舞台上演的戏。舞台上演的戏是对剧本的表演和演绎,而不是戏剧作品本身,舞台上的其他创作者各自享有各自的权利,也无须在戏剧作品中享有任何权利。例如,表演者就其表演活动享有表演者权,布景制作者享有布景的美术作品的著作权等,可见戏剧作品指的是剧本,而不是依据剧本做出的表演。

戏剧作品既然一般以剧本的形式表现,那么它和文字作品有何区别?剧本总是以一定文字写成的,理应也属于文字作品的范畴。我们认为,剧本虽然以文字写成,其区别于文字作品之处,创作文字作品是供人阅读,而戏剧作品以文字表现是为了供舞台演出,二者的创作目的是不同的。所以,应当把戏剧作品从文字作品中独立出来,且戏剧作品往往还要附加曲调等,这些都和文字作品有着显著的差别。

(4)舞蹈作品

舞蹈作品的情况和戏剧作品类似。有人认为舞蹈作品是指现场表演的舞蹈,实际上舞蹈作品指的是舞蹈的动作设计,即通过连续的动作、姿势和表情所表现的作品。这种作品可以书面形式或者其他形式加以固定,可以用录像的方式,也可以用图片的方式等。舞蹈中的服装设计、场景要求是否属于舞蹈作品,关键看是不是舞蹈作品创作的一部分。如果舞蹈设计中包含了服装的设计和场景的设计,那么应当作为舞蹈作品整体享有著作权,但是,如果只是利用他人的服装进行舞蹈,则他人享有服装美术品的著作权,舞蹈作品不包含这一权利。

(5)口述作品

口述作品也称口头作品,很多国家不把口述作品作为著作权保护的对象,其原因在于口头作品难以保护,没有一定的物质载体,在确认侵权时取证较为困难。英美法系国家一般认为作品必须固定在一定的物质载体之上,否则不能成为著作权法保护的客体,认为口头作品不在保护范围之内。我国《著作权法》规定,只要用创作表现了一定的思想、感情并属于文学、艺术、科学领域内的创作均属于作品,只要其能以某种有形形式复制。口头作品虽然没有一定的载体,但是可以通过某种有形方式加以固定,在我国仍然属于著作权法保护的作品,这也是大多数大陆法系国家的立场。

在保护口头作品的国家,教师的讲课、政治家的讲演、律师在法庭上的未形成书面的辩护词、法师的讲经等都属于口头作品,尤其在我国传统的曲艺作品中,有的老艺术家讲了很多年也没有形成文字,是典型的口头作品。口头作品与其他作品的区别就在于口头作品是以口头语言创作,并未以任何物质载体固定,口头作品一旦以某种形式固定下来,就成为固定下来的作品形式。例如,辩护发言一旦形成文字就成为文字作品,曲艺表演一旦形成录像就成为曲艺作品等。我国确认口头作品的著作权作品的法律地位实际上是法律为其提供特殊保护,保护那些还没有形成有形形式的作品的著作权人的利益。

(6)美术作品

美术作品是一类复杂的作品,许多国家对于美术作品的范围规定不同,我国《刑法》第 217 条将美术作品规定为本罪的犯罪对象,有必要确定美术作品的范围。

根据我国《著作权法》的规定,美术作品是指绘画、书法、雕塑等以线条、色彩或其他方式构成的有审美意义的平面或者立体的造型艺术作品。从这个概念上判断,摄影作品和建筑作品一般不属于美术作品的范畴。美术作品一般可以分为两类。一类是纯美术作品,如绘画、书法、雕塑等,是为了表现个性与美感而创作的美术作品。另一类是实用艺术品,在表现个性和美感的基础之上,以满足生活实用或生产需要为目的的美术作品,如陶瓷、雕花的家具、染织图案等。纯美术作品当然受到著作权法的保护,但实用艺术品是否应当受到保护还存有争议。一些国家认为,为实用目的而制作的、创作后被实际上付诸使用的艺术物品不能称为美术作品,不应当被保护;而有些艺术品作者创作它们时并没有想到会应用到实用物品上,后来却在实际使用中取得了巨大收益,这种艺术品则应当受到保护。在我国,实用艺术品属于保护对象似无争议,一般认为只要艺术品上作者实施了创作,表现了个性与美感,就可以认为是美术作品,属于保护范围。至于确实为实用而制作的物品,由于没有独创性则不能成为作品,如一般的家具、碗筷等。

实用艺术品和工业品的外观设计有很多相似之处,许多国家认为二者没有分别,如奥地利著作权法就将二者结合起来,称为"工业艺术品"。但是,二者之间还是有一定区别的,工业品的外观设计仅仅是实用艺术品的一部分,而实用艺术品可以是手工制品、少量生产的艺术品,也可以是大量工业生产的制品的设计,在后一种情况下,实用艺术品和工业品的外观设计才大致相同。我国著作权法意义上的实用艺术品只包括手工实用艺术品,不涉及工业领域。需要说明的是,实用艺术品保护的是艺术方面,也就是实用艺术品的设计和美观方面,它的实用方面不在保护之列。从这一点上看,它与纯美术作品没有分别。

美术作品中有一类特殊作品,即工艺美术品。所谓工艺美术品,就是指采用一定工艺制成的美术作品。对此各个国家认定的方式不一,一般认为工艺美术品是手工制作的美术作品。工艺美术品在我国的地位突出,我国有很多采用不同工艺制成的美术作品,包括陶瓷、刺绣、织锦、玉器、剪纸等。有人认为，工艺美术品所保护的应当是制作的工艺，而制作的工艺可以使用专利的保护方式，也可能使用商业秘密的保护方式，因此，没有必要采用著作权保护的方式，应当将工艺美术品排除在著作权保护范围之外。我们认为，工艺美术品之所以具有著作权，不是因为其制作的工艺，而是因为其制品上体现的独创性的造型和美术图案，对此无法纳入专利权和技术秘密来保护。

美术作品是不是必须达到一定的水平才具有著作权？答案是否定的，著作权强调的是独创性，而不要求水平的高低，而且，无法评价著作权水平高低程度，很难说达到多高水平才享有著作权。有些国家曾制定过此类标准，但受到了广泛的批评。

美术作品中的临摹作品是否具有著作权？临摹是通过自己的摹写再现他人作品的行为，临摹必须具备一定的技巧，可以说一定程度上也是再创作的一个过程，这种临摹的作品也是“再创作”出新的美术作品。但是，临摹本身存在侵权的嫌疑，临摹可能侵犯了原著作权人的演绎权，需要分情况加以讨论。如果原美术作品注明了“未经许可不得临摹”，这时，临摹的作品就侵犯了他人的著作权，其不属于著作权法上的保护对象。如果原美术作品未注明，则可以视为允许临摹，但是临摹的作品上必须标注“临摹××的作品”，如果未注明而署上自己的名字，则属于一种抄袭行为，该临摹作品当然不享有著作权。只有当原著作权人未禁止演绎，且临摹人注明系临摹作品的时候，临摹作品才享有著作权。但是还有一种情况，原美术作品是没有著作权的，如古代的美术作品，那么对于这种古代美术作品临摹而成的作品是否享有著作权呢？答案是肯定的，保护的是对作者临摹时的创作，并不因为其是临摹的而给予著作权保护。

(7)摄影作品

所谓摄影作品，是指借助器材在感光材料或者其他介质上记录客观物体形象的艺术作品。摄影作品与其所反映的对象和反映的目的无直接关系，无论拍摄的是什么，无论为了什么而拍摄，只要拍摄者在其中赋予了思想和情感，属于一种创作活动，就可以成为摄影作品。一切纯复制形式的照片不能够成为摄影作品，因其不具有独创性和初创性，这种照片和复制品没什么区别，不能成为著作权的客体。摄影作品既包括传统的照片，也包括随着现代技术发展而产生的新的拍摄方式的作品，例如数码相片、红外相片等。摄影作品一般是静态性的图像，如果是动态的，则应当属于视听作品。

(8)视听作品

根据我国《著作权法》，视听作品除了一般的电影作品以外，还包括以类似摄制电影的方式创作的作品，指设置在一定介质之上，由一系列有伴音或无伴音的画面组成，并借助适当的装置放映或者以其他方式传播的作品，包括影视作品、录像作品等。电影作品一般是指摄制完成的影片，而不是电影剧本，电影剧本可以归入文字作品的范畴，这和戏剧作品有着根本的不同。前文分析过，戏剧作品指的是剧本而不是“一台戏”，而电影作品不是剧本却是整部电影。为什么有这么大的差别？这主要是由演绎过程中创造性的大小决定的。戏剧作品的演绎一般是严格按照剧本上演的，如果戏剧的导演在上演中有了较大的创作和改变，则相当于导演创作了新的剧本，这一台戏是按照新的剧本来表演的，新的剧本就成为戏剧作品，剧本的完成就表明戏剧作品的完成。但是电影作品不同，任何电影剧本完成只是电影作品创作的开始，一般说来还要经过很多步骤，包括导演对于剧本的理解和阐述、导演对剧本演绎后形成的分镜头剧本、影片的摄制、后期的剪辑等。每一部分都可能包含着导演对于剧本的再创作，只有当前述步骤全部完成以后，电影作品才算创作完成，所以电影作品指的是拍摄完成的影片，而不是电影剧本。正是电影作品的制作经过了上述复杂的过程，电影作品和前述许多作品有重合，如电影的剧本可以是文字作品，电影的插曲可以是音乐作品，电影里的造型可以是艺术作品，电影的任何一个单独的镜头都可以构成摄影作品，电影中还包含着表演者的邻接权等。当这些作品在电影中时，统一构成了电影作品，如果将其单独出来，则各自属于各自的作品范畴。

视听作品不限于狭义的电影，还包括以摄制电影方式创作的其他作品，如纪录片、科教片、木偶片、动画片、无声片等。但幻灯片一般认为不属于电影作品，幻灯片实际上属于一组静态的画面，如果幻灯片是由一系列美术作品构成,则属于美术作品,如果由一组照片产生则属于摄影作品。幻灯片不属于连续活动的画面,不能视为电影作品的"以摄制方式创作的其他作品",这主要是指电视剧作品。电视剧作品的摄制过程和电影并无太大差别,虽然在制作的精细程度上逊于电影作品,但本质上并无差别,因而将其归入电影作品的范畴。电影作品区别于那种简单的以录像方式复制戏剧、舞蹈的现场表演的录像制品,以录像方式记录现场表演的只是一种单纯的复制,其中不包含有创作性的因素,不属于电影作品。

当前网络上兴起一种创作方式,即通过对某些著名的电视作品的剪切,然后加上作者的一些创作性的编辑,重新组合成一种作品,即通常所说的"恶搞作品"。这种作品是否具有著作权,理论上还存在争议,一般认为,如果该剪辑的作品没有侵犯原电影作品的著作权,则该剪辑作品当然享有著作权,如果侵犯了原电视作品的著作权,则该剪辑作品属于一种侵权品,不享有著作权,不受著作权法的保护。

(9)建筑作品、设计图和模型

建筑作品是指以建筑物或者构筑物形式表现的有审美意义的作品,建筑作品是否属于美术作品还存有争议。我国《著作权法》是将美术作品和建筑作品并列规定的,美术作品不应包括建筑作品。

建筑作品一般包括两项内容,一是建筑物本身,二是建筑设计图和模型。建筑本身作为作品的主要原因在于建筑物的外观给人一种美的感受,与建筑物的建造所采用的技术、材料等因素无关。采用相同技术和材料建造外观不同的建筑不构成侵犯著作权,但是,有可能构成侵犯专利权,因为建造建筑物的技术、材料可能成为专利权保护的对象。建筑模型作为受保护的客体,实际上相当于一种美术作品,无论是建筑物建成前的美术作品还是建成后的缩影模型,都表现了建筑师的独创性构思,应当和建筑物一样得到保护。建筑设计图则比较复杂,建筑设计图又可以分为建筑效果图和建筑施工图。建筑效果图是建筑建成以后所要表现出的效果的图画,在不同的人看来和一般的国画和素描画没什么区别,也表现出一种美感,作为著作权保护的客体并无争议。建筑施工图则与之不同,建筑施工图是指建筑物施工时所依据的设计图,这种设计图在外行人看来是根本看不懂的,复制发行这样的设计图没有多大的利用价值。施工图是据以施工的图纸,其最大的功用在于据以施工,对于施工图的保护重点在于禁止以利用的方式复制,也就是禁止他人未经设计师许可而按照施工图施工。禁止他人施工所保护的是著作权吗?我们必须回到建筑物本身来回答这个问题,如果建筑物本身具有著作权,其施工图也应当受到著作权的保护,建筑物受到保护的是其外观,那么施工图转化为立体建筑物的权利就是由平面到立体的复制权,而不是工业产权中的制造权。实际上著作权保护的不是施工图上体现的特殊施工技术,而是施工图上体现的建筑物的具有美感的特殊外观构造。

(10)地图、示意图

地图是对于客观世界的直接反映,不受专利权法的保护。在地图制作过程中,制作人员为其制作付出了一定的创造活动,一般将地图作为著作权保护的对象。地图一般分为两类,包括普通地图和专业地图。由于政治上的考虑,对于普通地图,国家一般只允许采用政府制定的地图,这种地图和政府文件之类的不受著作权法保护的客体相似,很多国家认为其不具有著作权。专业地图则是作者在普通地图的基础上为满足一定的需要而制作的专业性的地图。专业地图可以是公用的也可以是非公用的,属于著作权法保护的客体。示意图的性质和地图相近,其中凝聚了制作者创作的智力劳动,属于著作权保护的对象。

(11)计算机程序

计算机程序是指为了得到某种结果而可以由计算机等具有信息处理能力的装置执行的代码化指令序列,或者是可以被自动转换为代码化指令序列的符号化指令序列或者符号化语句序列。计算机程序一般包括目标程序和源程序,目标程序就是由源程序经编码以后由计算机直接执行的程序,而源程序就是用高级语言或汇编语言编写的程序,二者都是著作权保护的对象,一般是参照文字作品来保护。

2. 音像制品

音像制品,包括录音和录像制品,录音制品是任何声音的原始录制品，录像制品是电影作品以外的任何连续形象的原始录制品。音像制品和前述作品的区别就在于音像制品制作过程中，录音录像制作者只是将他人的作品机械地复制，而没有创作性的活动，它属于邻接权的客体，而不能称为作品。任何录制品都包含有著作权，即录音录像录制的他人的作品的著作权，但这与录音录像制作者没有关系，录音录像制作者只享有邻接权。

3. 图书

图书是指经出版者编辑加工、版式设计、封面设计等技术处理并排版复制发行的书刊出版物。一般认为图书是由许多页码连成一册的著作或图片的出版形式。图书上附着有出版者的专有出版权，如果侵犯这种专有出版权，有可能构成犯罪，同时，图书上还附有原著作权人的著作权。从这个意义上说，未经许可复制发行他人享有著作权的图书的，也有可能构成侵犯著作权犯罪的第一种行为方式，即复制发行他人的作品，从而构成犯罪。

根据《著作权法》的规定，以下人类创作物虽然满足独创性条件，但不属于《著作权法》所保护的作品，也不能成为侵犯著作权罪的犯罪对象：(1)依法禁止出版、传播的作品。对法律法规禁止出版的作品，著作权法不予保护，不享有著作权，例如淫秽书刊等。认定作品是否属于禁止出版、传播，应当依照我国现有法律法规如国务院《出版物管理条例》等。(2)法律法规、政府文件等。这类作品不属于著作权保护的对象，因其已经进入公有领域，体现的是国家或政府的意志，其普及和传播有助于这些作品的实施和遵守，其不享有著作权。(3)时事新闻。时事新闻只是对客观事件的描述，无须多少创作性成分，为了加快消息的流通，促进新闻的传播，一般不认为其享有著作权。(4)历法、通用数表、公式等。这些是全人类的共同财产，其本身是为了让人们使用而促进社会发展的，不享有著作权。(5)已过保护期的作品。著作权的保护有期限限制，如果作品超过保护期，其著作财产权就不再受到保护。根据我国《著作权法》的规定，公民的作品的保护期限为作者有生之年以及死亡后50年，截止于作者去世后第50年的12月31日；如果是合作作品，截止于最后去世的作者去世后的第50年的12月31日；如果是法人或非法人单位的作品，其保护期为50年，截止于作品首次发表后第50年的12月31日,但作品自创作完成后50年内未发表的,《著作权法》不再保护。电影、电视、录像和摄影作品的保护期为50年,截止于作品首次发表后第50年的12月31日,但作品自创作完成后50年内未发表的,《著作权法》不再保护。

如果侵犯他人著作权的作品具有独创性,是否享有著作权?如果享有著作权,这一著作权的外延有多大?如果这一著作权又被许可给他人使用,他人是否构成对原著作权人的侵害?临摹作品是否具有著作权也存在这一问题。对此,各国立法差别较大。一部分国家认为,一切侵权品,无论其自身是否具有或具有多少独创性,一概不享有著作权,采纳这种立场的典型国家是美国。在这种立法规定下,一些作品如"恶搞作品"如果侵犯了他人著作权则不享有著作权。另有一些国家认为,侵权作品如果自身具有独创性,仍是著作权保护的客体。多数国家认为这个问题应当留给法官去认定,而不宜在法律上规定,应由法官结合作品的实际情况,如作品的原创程度、侵权程度等加以界定。

我们认为,凡是能够认定为侵权作品的,一概不赋予著作权为宜,否则,侵权作品如果还享有著作权就会面临一种两难的困境:许可给他人著作权,实际上是在唆使他人实施侵权行为,因为被许可的著作权的客体本身就是侵权品。但是,将侵犯著作权的作品完全否定也不合适,仅因其一部分侵权而否认其他部分的原创性,无疑是对原创者的权利的漠视,不符合著作权法的本意。当前我国采取的是将侵权品排除在著作权法保护之外,强调对侵权行为的打击。

二、犯罪客观方面

侵犯著作权罪在客观方面表现为实施了侵犯著作权及有关权利的行为。我国《著作权法》第51条至第53条规定了21种侵犯著作权的行为,但这些行为并非都能构成侵犯著作权罪,我国《刑法》第217条只规定了6种行为可以构成侵犯著作权罪,其他的侵犯著作权行为无论情节是否严重,都只承担相应的民事或行政法律责任,不能承担刑事法律责任。侵犯著作权罪的危害行为分述如下。

（一）未经著作权人许可，复制发行、通过信息网络向公众传播其文字作品、音乐、美术、视听作品、计算机软件及法律、行政法规规定的其他作品

该种危害行为包括以下构成要素：

1. 犯罪前提是未经著作权人许可

我国《著作权法》第26条规定："使用他人作品应当同著作权人订立许可使用合同，本法规定可以不经许可的除外。"除了法定的情形之外，通常著作权人通过订立许可使用合同等方式约定许可他人使用其作品，约定的内容通常包括许可使用的方式、限制条件、被许可方应当支付的对价、违约责任等。被许可方应当严格按照使用许可约定来使用他人作品，如果未经著作权人许可或者超过使用许可的范围使用他人作品的，都属于"未经著作权人许可"的情形。

著作权许可制度在各国法律中有着不同的称谓。有的称为有限转让，有的称为许诺，有的称为专有性转让，还有的直接称为许可，不管什么名称，其基本含义是一致的。所谓著作权许可就是指著作权人将其著作权上的某种财产性权利，以某种形式、在某段时间、某个范围内授权他人实施或使用的著作权利用方式。一般来说，著作权法意义上的许可包括以下几个要素：

（1）许可关系的当事主体。著作权许可使用关系的当事主体也就是著作权许可的双方当事人，一方必然是著作权人，另一方则是不特定的被许可人。著作权的许可使用一般是不会导致著作权人变更的，至少在形式上不会，否则就是著作权转让而不是著作权许可了。由于著作财产权具有可分性，也就是著作权的同一权能可以处分多次，可以多人同时实施，所以，对于同一著作权，被许可人可以是多个，而这多个被许可人也可以同时享有同一个著作权。

（2）许可的客体。著作权许可使用的客体当然是著作权，但并不是所有的著作权都可以成为许可的客体，如署名权这种具有人身属性的著作权就不能许可给他人。但是，这不意味着所有的具有人身属性的著作权都不得许可他人行使，例如，修改权和保护作品完整权经著作权人许可，被许可人也可以对作品进行修改。当然，这种许可是否属于著作权许可制度还存在一定疑问，因为修改是否属于对于作品的利用还存在一定的争议。我们认为，经允许的修改并

不属于对作品的利用,因为修改并不能直接取得某种物质上的利益,而只是对作品实施的某种变动行为,改变后的作品也是利用的对象,所以著作权许可的客体应当是著作权中的财产性权利。根据著作权法的规定,著作财产权主要是指复制、表演、播放、展览、发行、摄影、电影、电视、录像或者改编、翻译、注释、编辑等方式使用作品的权利,根据刑法规定,未经著作权许可的是复制发行行为,所以,刑法上许可的客体应该只包括复制、发行两种财产权。

(3)许可的方式。著作权许可必须达成著作权合同,著作权许可合同一般通过书面的方式来确认。书面的形式包括许可使用合同和许可证两种,其中,许可证相当于是一份使用权证书。行为人双方口头上约定的著作权许可合同是否有效?双方没有签订许可合同但是通过双方的行为可否推定其已经达成了合同,也就是口头合同和默示合同能否成为著作权许可的形式?我国《著作权法》第26条规定:"使用他人作品应当同著作权人订立许可使用合同,本法规定可以不经许可的除外。"该法第27条规定:"转让本法第十条第一款第五项至第十七项规定的权利,应当订立书面合同"。通过这两款规定的对比,我们可以看出,著作权许可和著作权转让不一样,著作权转让必须要订立书面合同,但著作权许可只是应当订立合同,不应当否定口头和默示的著作权许可合同的效力。当然,默示的著作权许可合同也应当符合合同法上的构成要求,即"一方已履行主要义务,对方已接受的"。

(4)许可的期限。一般说来著作权许可的期限双方可以自由约定,但不能等于或超过著作权保护的期限,如果超过著作权保护的期限则超过的期限没有法律意义。如果著作权许可的期限等于法律保护的期限,则需分两种情况:一是独占许可,在这种情况下,著作财产权在存在期限内已经不可能回转到著作权人手中,它和著作权转让就没有实质差别,因此这种情况下不应当允许;二是一般许可,这种情况下,许可并不妨碍著作权人行使其权利,被许可人只是获得了一个不明确确定使用限期的权利,著作权人仍然保留了许可其他人使用其著作权的权利以及自己使用著作权的权利。国外有的国家为了保证许可合同的期限限制,甚至还规定了在超过一定时间以后,著作权人可以行使收回权。例如,美国版权法规定,作者在许可版权之后，在版权保护期内的某个时间点上，可以终止有关许可，收回相关权利，重新获取经济利益。

构成刑法意义上的许可，除了满足《著作权法》规定的许可条件外，还必须具备以下条件：

（1）必须是著作权人的许可。

依据我国《著作权法》相关规定，著作权人包括原始著作权人和继受著作权人。原始著作权人是指著作权产生时所依附的主体。《著作权法》第 11 条第 1 款规定，“著作权属于作者，本法另有规定的除外。”原始著作权人只能是作者，即直接创作作品的人。《著作权法》第 2 条规定，“中国公民、法人或者非法人组织的作品，无论是否发表，依照本法享有著作权。”可见，作者可以是自然人、法人和非法人单位。《著作权法》第 12 条规定，“在作品上署名的自然人、法人或者非法人组织为作者，且该作品上存在相应权利，但有相反证明的除外。”与原始著作权人相应的是继受著作权人，是指并非基于自己的创作，而是基于其他法律事实如继承、赠与、遗赠、受让等而获得著作权的人。依据《著作权法》第 21 条的规定，国家当然享有无人继受的公民、法人或者其他组织的著作权，因此，国家在特定的情况下可成为著作权人。

确定著作权人还需要遵守以下规则：

①两人以上合作创作的作品，著作权人由合作作者共同享有，没有参加创作的人，不能成为合作作者。合作作品如果可以分割使用的，作者对各自创作的部分可以单独享有著作权，但行使著作权时不得侵犯合作作品整体的著作权。合作作品如果不可以分割使用的，合作作者对著作权的行使如果不能协商一致，任何一方无正当理由不得阻止他方行使。

②职务作品的著作权人。具体包括四种情况：其一，公民为完成法人或非法人单位的工作任务所制作的作品是职务作品，著作权由作者享有，法人或者非法人单位有权在其业务范围内优先使用。作品完成两年内，未经单位同意，作者不得许可第三人以与单位使用的相同方式使用该作品。其二，主要是利用法人或非法人单位的物质技术条件创作，并由法人或者非法人单位承担责任的工程设计、产品设计及说明、计算机软件等职务作品，作者享有署名权，著

作权的其他权利由法人或者非法人单位享有。其三,法律、法规规定著作权由法人或者非法人享有的其他职务作品。其四,根据劳动合同规定,由法人或非法人单位主持,职务作者根据法人或者非法人单位意志创作,并由法人或者非法人单位承担责任,法人或者非法人单位视为作者的职务作品,著作权由被视为作者的法人或者非法人单位享有。作为实际作者的公民享有劳动报酬请求权,而不享有任何著作权。

③受委托创作的作品,其著作权的归属由委托人和受委托人通过合同约定。合同未作明确约定或者没有订立合同的,著作权属于受托人。

④电影、电视、录像作品的导演、编剧、作词、作曲、摄影等作者享有署名权,著作权的其他权利由制作电影、电视、录像作品的制片者享有。电影、电视、录像作品中剧本、音乐等可以单独使用的作品的作者有权单独行使其著作权。

⑤改编、翻译、注释、整理已有作品而产生的作品,其著作权由改编、翻译、注释、整理人享有,但行使著作权时不得侵犯原作品的著作权,并且不得阻止其他人对同一作品进行注释、整理。

⑥编辑作品由编辑人享有著作权,但行使著作权时,不得侵犯原作品的著作权。编辑作品中可以单独使用的作品的作者有权单独行使其著作权。

⑦由法人或者非法人单位组织人员进行创作,提供资金或者资料等创作条件,并承担责任的百科全书、辞书、教材、大型摄影画册等编辑作品,其整体著作权归法人或非法人单位所有。

⑧美术等作品原件所有权的转移,不视为作品著作权的转移,但美术作品原件的展览权由原件所有人享有。

(2)许可的权利必须是复制、发行权。

刑法意义上的“许可”,其客体必须是复制、发行的权利,而不能是其他著作财产权。如果行为人得到了其他权利的许可,但未得到复制发行的许可而实施了复制发行行为的,属于刑法意义上的“未经许可”。

这里有一个问题,一般说来发行的许可里面会包含复制的许可,因为必须要采取一定的复制行为以后才能够进行发行,但是,复制的许可中并不一定包含有发行的许可，如果行为人仅得到了复制的许可而实施了发行行为的，是否构成“未经许可”？我们认为这种情况下属于“未经许可”。刑法上规定的复制、发行行为，并不要求行为人同时具备这两种行为时才构成犯罪。1998年12月11日颁布的《最高人民法院关于审理非法出版物刑事案件具体应用法律若干问题的解释》第3条明确规定：“刑法第217条第1、3项中规定的‘复制发行’是指行为人以营利为目的，未经著作权人许可而实施的复制、发行或者既复制又发行其文字作品、音乐、电影、电视、录像作品、计算机软件及其他作品的行为”。因而，这里的“复制”与“发行”并不是并列的关系，而是选择要件之一。行为人在实施复制、发行时如果二者中有任意一种行为是未经许可的，或者行为人只实施了其中一种行为而未经许可的，都属于侵犯著作权犯罪中的行为。

(3)行为人必须在许可的范围内行使权利。

一般情况下，许可的双方都会约定许可的期限，许可实施的方式和许可实施的地域范围，一经约定，被许可人就必须在约定的期限方式和范围内行使使用权。如果行为人超越了许可的范围实施被许可的使用权，则构成“未经许可”。超越许可的范围一般包括违反许可期限实施许可、违反许可的方式实施许可和违反许可的地域实施许可。违反许可的期限实施许可是指许可期未至或许可期届满以后行为人仍然实施许可；违反许可的方式是指行为人获准以A方式发行，行为人却采用了B方式发行，即属于未经许可；违反许可的地域是指行为人在获得许可的地域以外实施许可等，以上均属于超越许可范围的实施许可，属于“未经许可”的范畴。

《2004年解释》第11条规定，“刑法第二百一十七条规定的‘未经著作权人许可’，是指没有得到著作权人授权或者伪造、涂改著作权人授权许可文件或者超出授权许可范围的情形。”具体来说，行为人未经许可的表现方式可能有以下几种：

(1)和著作权人和录音录像制作者间没有任何许可的约定，行为人复制发行他人作品和录音录像制品的。

这是最为普通的一种情况，行为人和权利人间没有任何法律上的联系，而实施了复制发行他人作品的行为，当然属于未经许可的范畴。这种情况占了侵犯著作权犯罪案件的绝大多数。但是存在以下几种例外。

①合理使用的例外。所谓合理使用,即指特定情况下法律允许他人自由使用享有著作权的作品,而不必征得权利人的许可,不向其支付报酬的合法行为。我国《著作权法》规定了12种合理使用行为,其中关涉复制发行的有"为学校课堂教学或科研使用少量复制他人作品的","图书馆、档案馆、纪念馆等为陈列或者保存版本的需要,复制本馆收藏的作品的","将中国公民、法人或其他组织已经发表的以汉语言文字创作的作品翻译成少数民族语言文字在国内出版发行的","将已经发表的作品改成盲文出版的"这几种情况。这些行为虽然没有得到权利人的许可,但是属于对作品的合理利用,因此,不需要得到许可,也不需向权利人支付报酬,其复制发行行为不属于"未经许可复制发行",不构成犯罪。

②法定许可的例外。所谓法定许可,指按照著作权法规定,行为人使用他人已发表的作品,可不需征得权利人的同意,但应向其支付报酬并尊重其权利的一种法律制度。我国《著作权法》对法定许可作了具体规定,其中涉及复制发行行为的有:"作品刊登后,除著作权人声明不得转载、摘编的以外,其他报刊可以转载,或者作为文摘、资料刊登";"录音制作者使用他人已经合法录制为录音制品的音乐作品制作录音制品,可以不征得权利人许可";"为实施九年义务教育和国家教育规划而编写教科书,除作者事先声明不许使用的除外,可以不经过著作权人许可,在教科书中汇编已经发表的作品片段或短小的文字、音乐作品或者单幅的美术作品、摄影作品"。在以上几种情况下,行为人未经权利人许可而复制发行了他人作品,不属于未经许可。如果行为人没有向权利人支付报酬,不构成犯罪,而是一个民事侵权行为。要注意的是,法定许可使用这些作品,均有一个前提,即作者声明保留权利的除外。如果作者事先声明保留这些权利,不得转载、摘编或不许使用,则行为人实施这些行为时必须得到许可,否则仍有可能属于"未经许可",从而构成侵犯著作权犯罪。

③强制许可的例外。所谓强制许可,即指在著作权人无正当理由而拒绝与使用者达成使用作品协议情况下,使用者经向著作权行

政管理部门申请并获授权而使用该作品。强制许可不需征得权利人的同意,但应向其支付报酬。我国《著作权法》中没有规定强制许可制度,但是,我国加入了《伯尔尼公约》和《世界版权公约》,且没有对强制许可制度做出保留,因此,前述公约相关规定具有法律效力。在强制许可的情况下,行为人虽然没有得到权利人的许可,但向著作权行政管理部门申请并获授权,不属于"未经许可",不构成侵犯著作权罪。

(2)已经获得权利人的某种许可,但超越许可的范围实施许可的。

行为人与权利人间已经达成许可协议,存在特定许可关系,但是,行为人滥用许可权利,超越许可范围实施许可,属于"未经许可",包括以下几种情况。

①权利人许可行为人复制发行以外的行为,而行为人实施复制发行行为。这种情况下,行为人虽然获得了许可,但并未获得复制发行权的许可,行为人实施复制发行行为和未获得权利人许可的复制发行并无二致,仍然属于"未经许可"。但是,存在一种特殊情况,行为人只获得了复制、发行两种权利中的一种,如果实施了另外一种行为是否属于"未经许可"?我们认为,许可发行一般不存在这种情况,发行一般包含了复制的行为,只存在行为人只获得复制的许可而实施了发行的行为的情况,这种情况和上述获得复制发行以外的权利而实施复制发行行为的情况没有实质的差别,仍属于"未经许可",也可能构成犯罪。

②权利人的许可包含了一定的期限,行为人在规定的期限以外行使许可的。许可使用都有一个使用期限,行为人在规定的期限内行使许可,自然无法律上的问题。但是,如果许可期限已经截止,或许可期限尚未开始,行为人就实施了许可,也应当视为侵犯了权利人的利益,属于未经许可。当然,在认定犯罪数额时,应当排除行为人在约定期限内实施的犯罪数额。

③权利人的许可包含了一定的地域限制,行为人在约定以外的地域实施许可的。有的许可使用规定了被许可人必须在一定的地域内实施,如果行为人在约定以外的地域实施许可的行为,也应当视为未经许可。在认定犯罪数额时,也应当排除行为人在约定地域

内实施的犯罪数额。

④权利人的许可包含了一定的手段方式限制，行为人未按照约定的手段实施许可。权利人的许可有时要求许可人以一定的方式实施，行为人如果不按照约定的方式实施，可能构成侵犯著作权罪。复制发行的方式可能有多种，如利用不同媒介有不同的发行方式，如果权利人只许可了行为人通过书籍等纸质媒介发行，而行为人则利用了网络传播这一媒介方式发行，这种情况是否属于"未经许可"还有一定的争议。我们认为，如果行为人实施的方式与权利人的许可的方式之间存在显著的差异时，应当属于"未经许可"，因为这种行为侵犯了权利人用其他方式实施许可的权利，可以构成侵犯著作权罪。如果两种方式之间并无本质上的差异，则应认定为是一种违约行为，不构成犯罪。

⑤权利人的许可包含了一定的数量限制，行为人超出了数量进行复制发行的。权利人有的时候为了促进销售，保持市场上流通量，往往规定了数量的限制，如果行为人超出了规定的数额复制发行的，应当属于"未经许可"，这种情况下犯罪数额的认定只应当包括超出部分的数额，而不能是行为人实施的全部数额。

2. 本项危害行为表现为复制、发行著作权人作品

关于"复制、发行"，《2007 年解释》第 2 条规定，刑法第 217 条侵犯著作权罪中的"复制、发行"，包括复制、发行或者既复制又发行三种行为方式。

(1)复制行为

根据《著作权法》相关规定，复制即以印刷、复印、拓印、录音、录像、翻录、翻拍等方式将作品制作一份或多份的行为。复制是一种作品的再现，不包括增加创作内容的行为，如翻译、广播等，是作品的一种非创造性的再现。如果不是作品的再现，而是作品载体的一种使用如展出等，则不属于复制。复制必须具备"三性"：一是作品内容的再现性；二是作品表达形式的重复性；三是作品复制行为的非创造性。

复制一般包括三种方式，第一种是不改变作品的载体，或者改变作品的载体但不改变作品的表现方式的复制，这是最常见的复制，绝大多数复制都属于这一类型。例如，对于文字作品、音乐作

品、戏剧作品来说，手抄、复写、复印、油印、照相翻拍等都属于复制，美术作品中平面作品也可以通过复印翻拍等方式复制。这些复制行为有的没有改变作品的载体，有的改变了载体，但实质上作品的表现形式没有改变。

随着技术的发展，复制行为也有了新形式。例如《2004 年解释》第 11 条规定，“通过信息网络向公众传播他人文字作品、音乐、电影、电视、录像作品、计算机软件及其他作品的行为，应当视为刑法第二百一十七条规定的‘复制发行’。”传播属于一种发行行为，这在认定上并无争议，但是发行必须以复制行为为前提，那么这一复制发行中的复制行为是什么呢？是将作品输入计算机中的行为，还是输入以后大量拷贝的行为？有学者认为，将作品输入计算机上不属于复制行为，因其既改变了载体也改变了作品的表现方式，即不再用文字或其他而是用代码来变现原作。

我们认为，将作品输入计算机中仍然属于复制行为，是将作品再现于计算机的屏幕之上，和其他复制行为一样，也是作品的一种再现，它实际上没有改变作品的表现方式。作品要想为人所认知，仍然是通过原有的文字等方式来表现，至于代码只是这一作品的载体(计算机软件除外)。著作权人有权禁止他人将其作品输入电脑上，当然合理利用的除外。

第二种新复制方式是从无载体到有载体的复制，主要是针对口头作品及现场表演活动而言的，复制方式主要是录制或者是某种有形的记录。

对于口头作品而言，笔录、打字记录、录音等可以对其进行复制，计算机及其他智能技术发展起来以后，计算机复制也可以成为一类复制方式。口头作品的复制存在两个主要问题：一个是口头作品的认定，这个问题在犯罪对象中已经分析清楚，这里不再赘述；另一个是口头作品创作完成阶段的确定。根据我国《著作权法》规定，作品一旦完成即享有著作权，如果行为人是在口头作品的表述过程中开始复制，由于这时口头作品还没有完成，不享有著作权，这时候的复制不属于侵犯著作权；口头作品一旦完成，除非是多次表演，否则很难有再现的机会，将无从复制，因此，有必要对口头作品的复制权加以保护。

对于现场表演而言，如果现场表演的不是享有版权的已有作品，而是表演者的即兴演奏、演唱，则这种作品的复制和口头作品的复制并无大的差别。如果表演者表演的是已经享有版权的作品，那么录制者所复制的就包含了表演者的演出实况和原作品两个部分。对于演出实况来说，是从无载体到有载体的复制，对于原作品来说是变换了载体的非直接复制，因此，未经许可的现场录制则侵犯了两个主体的复制权，行为人如果未得到其中一个主体的许可应当是未经许可的复制，如果行为人是以牟利为目的，可能构成侵犯著作权罪。

第三种复制方式就是所谓的从平面到立体或从立体到平面的复制，主要是针对艺术作品、建筑作品以及对摄影作品的制作而言。

立体的艺术作品可以有三种复制的方式。第一种就是由立体到立体。即所谓"照着做"，这种复制没有改变作品的表达方式，应当属于第一种复制方式。第二种是由平面到立体。很多艺术品的创作都是由制作者先创作出一个设计图，然后交由他人按照设计图进行制作，那么这种作品的设计图毫无疑问是享有著作权的，而且按照设计图进行制作很多情况下比按照实物做更容易，行为人依据设计图制作出作品也属于复制。需要指出的是，这与专利权中的制作行为不一样，制作行为也是按照图纸制作，两者保护的内容不同，制作行为保护的是制作的工艺和方法，而复制权保护的是制作的外形、结构线条等，也就是作品的表达。事实上，一般认定行为人是否是一种从平面到立体的复制，一般遵循这样一条规则，即当一个非专家的第三者认为某立体物即为某平面设计的再现时就可以认定为复制，要有非专家的第三者看出二者的同一性。这个规则也适用于建筑作品。第三种方式就是从立体到平面的复制，主要是针对摄影而言，即将他人立体的美术作品拍摄为平面的照片，因此，未经他人许可而实施的拍摄他人艺术作品行为，应当视为复制行为。

(2)发行行为

根据《著作权法实施条例》第5条的规定，发行是指"为满足公众的合理需求，通过出售、出租等方式向公众提供一定数量作品的复制件的行为。"修订后《著作权法》规定了发行权的概念，即"发行权是指以出售或者赠与的方式向公众提供作品的原件或复制件的权利”,因此,发行的概念可以表述为以出售或者赠与的方式向公众提供作品的原件或者复制件的行为。

我国著作权法没有规定出版权,发行权包含部分出版权,因此,有必要区分出版和发行两种行为。《伯尔尼公约》将出版行为定义为,“已出版”的作品系指经作者同意而已经出版的作品,就其性质而言,无论其复制本是以什么方式制成的,只要其份数能满足公众的合理需求,就应视为“出版”。同时规定,戏剧作品或音乐作品的表演、电影的上映、文学作品的公开朗诵、以无线电或有线电广播去传播文学艺术作品等,均不应视为“出版”。可见,出版行为实际上包含了复制和发行的两个行为,出版必须存在复制,否则不可能向公众提供一定的份数;出版也必然包含发行,否则不是向公众提供作品。发行不限于出版这一种发行的方式,还包括赠与等。出版与发行有着一个根本的共同点,就是向公众提供一定数量的原作品或复制品。发行必须满足以下条件:①向公众提供一定数量的作品。如果为了某个目的向特定人群的小圈子提供,一般不认为是发行。究竟是多少数量才能构成发行,一般认为和出版一致,只要其份数能够满足公众合理需求即可。②出售或者赠与。必须转让了原作品或复制品的所有权,排除出租等转让作品使用权的行为。

在网络环境下判断是否属于发行行为存在困难。我们认为,只要是以转移作品或复制品所有权的方式提供给公众的,都应当属于发行的范畴。在信息网络环境下,作品是以代码的载体方式存在的,代码的发送相当于复制品所有权的转移,只要作品的发行向公众提供了代码,且代码能够在公众的终端为公众所感知,可以认定为发行行为。这也符合前述司法解释的规定:“通过信息网络向公众传播他人文字作品、音乐、电影、电视、录像作品、计算机软件及其他作品的行为,应当视为刑法第二百一十七条规定的‘复制发行’。”

发行行为包括两种行为方式,一种是出售,一种是赠与。出售是指行为人以一定对价向公众提供原作品或复制品的行为。赠与是行为人免费向他人提供原作品或复制品的行为。这里侵犯著作权罪和销售侵权复制品罪发生了竞合,即行为人未经许可,出售原作品或复制品的也构成了销售侵权复制品罪。有学者认为,如果行为人既实施了复制行为,又实施了销售的发行行为,则应当认定为侵犯著作权罪,如果行为人只实施了销售侵权复制品的行为,则应当构成销售侵权复制品罪。

行为人实施了复制、发行、复制并发行三种行为方式任何一种的,都构成本项危害行为,不以数罪论处。关于本项危害行为,有观点认为,既复制又发行是此种侵犯著作权行为的重要特征。如果只复制不发行,就达不到营利的目的,不可能构成侵犯著作权罪;反过来,如果不复制一般也就无物可发行,更不可能营利。我们认为,侵犯著作权罪是以营利为目的侵犯他人著作权的行为,行为人以营利为目的未经著作权人许可复制或发行他人作品的,可以构成侵犯著作权罪,原因是"以营利为目的"是主观要件,而并非要求行为人实际上营利或者能够营利,行为人以营利为目的复制他人作品的,属于侵犯他人著作权的行为,如果符合其他构成条件,可以构成侵犯著作权罪。单纯复制他人作品的行为人可以通过不特定第三者的销售行为获取违法利益,如目前的地下盗版书的印刷者往往不是自己出售盗版书籍,而是将其出售给特定的盗版书销售者群体来牟取非法利益,由于其只向特定群体而非公众提供盗版书,故不属于发行行为,但其复制他人作品的行为无论是否最终实际获取非法利益,都可以按照侵犯著作权罪追究刑事责任。

行为人未经许可发行著作权人作品的行为,能否单独构成侵犯著作权罪?根据我国著作权法的规定,发行行为是以出售或者赠与方式向公众提供作品原件或者复制件的行为,如果行为人是以赠与方式向公众提供作品原件或者复印件,没有通过赠与行为谋求经营利益的,则其行为不符合本罪主观方面的营利目的的构成要件,不能构成侵犯著作权罪。换言之,可能构成侵犯著作权罪的发行行为只能是出于营利目的的销售侵权复制品的行为。我国《刑法》第218条规定了销售侵权复制品罪,将以营利为目的销售明知是刑法第217条规定的侵权复制品,违法所得数额巨大的行为,独立规定为销售侵权复制品罪。因此,行为人自己不复制著作权人的作品,而只是销售他人复制的侵权复制品的,应按《刑法》第218条的规定定罪处罚,而不能定侵犯著作权罪。

比较销售侵权复制品与其他以营利为目的的发行行为,如出租或者通过互联网提供有偿下载电子版本形式的作品，前者的社会危害性上更大或者至少与后者基本相当。我国刑法对前者单独规定为销售侵权复制品罪，不按侵犯著作权罪处罚。那么，对于社会危害性相当或者更轻的以出租、网络销售形式的发行行为更没有理由适用法定刑更重的侵犯著作权罪。因此，未经著作权人许可的单独发行其作品的行为，不能独立构成侵犯著作权罪。

除了传统行为方式，本罪的复制发行行为还有通过计算机、互联网实施的行为，《2004 年解释》第 11 条规定，通过信息网络向公众传播他人文字作品、音乐、电影、电视、录像作品、计算机软件及其他作品的行为，应当视为《刑法》第 217 条规定的“复制发行”。虽然有以上司法解释的规定，但是，利用信息网络向公众传播前述作品，毕竟与传统的复制发行行为不同，因此，《刑法修正案（十一）》单独规定了“利用信息网络向公众传播”行为，与“复制发行”并列规定为一种独立的行为方式，与后者不同的是，行为人可以不复制侵权作品，而只是向公众非法提供获得他人作品或其途径，从而可以规制向公众提供网络链接包括深度链接的行为。发行行为除了实际向公众提供侵权作品之外，侵权产品的持有人通过广告、征订等方式推销侵权产品的，根据《2007 年解释》第 2 条的规定，也属于本罪的“发行”行为。需要注意的是，这里的复制发行行为的犯罪对象限于著作权人的文字作品、音乐、电影、电视、录像作品、计算机软件及其他作品。

（二）出版他人享有专有出版权的图书的行为

1. 本项危害行为是出版行为

出版是文字作品和部分美术作品的主要利用方式，也是戏剧和音乐作品等其他作品的利用方式之一。严格来说，出版实际上是复制发行的一种综合行为，其包含了复制、发行两个过程。我国著作权法规定，出版指作品的复制、发行。很多国家将出版权规定为复制发行权以外的独立权利，一方面是为了强调出版权的重要性，另一方面这些国家往往没有规定发行权，而将发行视为出版的一部分加以保护。我国著作权法并没有规定著作权人的出版权，只规定了复制发行权，而将出版规定在出版者的邻接权的范畴当中，但这并不意味着著作权人不享有出版权，只是我国是将出版权视作复制发行权的一部分。图书出版者享有的专有出版权依然是由著作权人通过合同许可的,未经著作权人许可,图书出版者不享有出版权。

出版权意味着作者有权禁止他人不经许可出版自己的作品,也有权以某种形式通过某种方式出版自己的作品以获得经济利益。出版权的实施方式可以是自己实施,即自己印刷、发行,也可以是许可他人出版。如果许可他人出版的是专有的出版,即许可之后作者不得再行出版,也不得再许可他人出版,这时被许可人获得的就是专有出版权。如果许可他人出版时未注明为专有,则作者可以自己再行出版或许可他人出版,被许可人享有的并不是专有出版权。

一般认为,构成著作权法意义上的出版,必须具备以下几个条件:首先,出版必须是以销售发行取得经济利益为目的,如果没有营利的目的则不能认为是出版。例如,行为人复制发行作品,并不以销售为目的,而是仅赠与一些人,则不能认定为出版。其次,出版必须是向公众发行,而不能局限于某一小范围的人。例如,行为人制作图书以供课堂上学生使用,并无向公众发行的目的,这种情况下也不属于出版。最后,出版必须被复制一定的数量,"能满足公众的合理需求",才能成为出版。由于后两项也是发行的要件,因此,出版包括了复制发行两个过程,前一过程复制,即生产制作复制品,后一过程发行即将作品提供给公众,并满足公众的合理需求,这两个过程都是为了销售以获得经济利益。

根据我国著作权法的规定,出版指作品的复制、发行。而原《著作权法实施条例》第 5 条第六项规定:"出版是指将作品编辑加工后,经过复制向公众发行"。那么,出版是否必须经过对作品的编辑加工的过程呢?根据《出版管理条例》的规定,出版必须是具备法定的主体资格的出版者才能实施,刑法上的出版是否必须具备这一条件?我们认为,刑法上的出版只是一种行为上的规定,而不必有主体上的限定,出版的核心在于复制和发行,行为人实施了以销售营利为目的的复制发行行为即属于出版,而不必考虑其是否有编辑加工行为。在盗版行为中,行为人往往仅仅是将正版的图书加以复制、销售,并没有对原出版物作任何编辑复制工作,如果认为出版必须经过编辑加工的过程,则这种行为不能认为是出版,进而可能脱罪,这显然不利于打击盗版犯罪。因此,我们认为,刑法上的出版行为不必以对作品的编辑加工为要件。只是从出版者的角度来看，出版者的出版行为必然包含了编辑加工的行为，这也是出版者享有版式设计权的根据之一。

2. 本项行为侵犯他人的图书专有出版权

我国《著作权法》第 33 条规定，“图书出版者对著作权人交付出版的作品，按照合同约定享有的专有出版权受法律保护，他人不得出版该作品”。这是我国著作权法对专有出版权的规定。专有出版权究竟是一种什么样的权利？很多学者认为其是一种邻接权，因为著作权法是将其规定在出版者的权利当中。我们认为，要注意区分专有出版权和版式设计权两种权利。专有出版权是出版者根据著作权人的许可而得来的权利，实际上仍然属于著作权的范畴，只不过著作权人将其许可给出版者实施，其和邻接权有着本质的不同。而版式设计权则是出版者对其出版的图书的版式设计所享有的权利，这是出版者对作品进行编辑加工以后所享有的权利，因而是一种邻接权。两者是截然不同的权利，因此如果认为专有出版权是一种邻接权就会出现很多矛盾。专有出版权的构成特征有以下几个方面：

(1) 专有出版权的主体

专有出版权是图书出版者根据图书专有出版合同所享有的专有出版的权利。什么是图书出版者？图书出版者需要满足什么样的条件？是否任何个人或单位均可以被授予图书出版权，实施图书出版活动？

2008 年新闻出版总署《图书出版管理规定》第 8 条规定：“图书由依法设立的图书出版单位出版。设立图书出版单位须经新闻出版总署批准，取得图书出版许可证。本规定所称图书出版单位，是指依照国家有关法规设立，经新闻出版总署批准并履行登记注册手续的图书出版法人实体。”第 9 条规定了图书出版单位需要具备的实体资格性条件。可见，并不是任何单位和个人均可以成为图书出版者并享有专有出版权，一方面要经过新闻出版总署批准，并履行登记注册手续；另一方面要满足实体性的资格条件。前述《图书出版管理规定》规定了八类条件，符合这些条件才能成为图书出版者。

有学者提出，出版权是著作权人的一项权利，可以许可出版单位实施,也可以许可其他个人实施,法律并没有规定著作权人只能许可给图书出版单位。不管著作权人许可给谁,如果被许可人没有图书出版资格,不是图书出版单位,其就不能实施专有出版权,著作权人授权许可不具有出版资格的他人出版的,实际上属于标的不能,合同不能成立。所以,受著作权人许可享有专有出版权的人,只能是具有图书出版资格的图书出版单位,如果行为人出版的是不具有出版资格的单位或个人复制发行的图书,则没有侵犯其专有出版权,不符合该类行为要件。但是,行为人可能侵犯了原著作权人的复制发行权,仍然可能构成侵犯著作权罪。这种分析具有合理性。

(2)专有出版权的设立

我国《著作权法》第 33 条规定:“图书出版者对著作权人交付出版的作品,按照合同约定享有的专有出版权受法律保护,他人不得出版该作品。”专有出版权必须得到著作权人的许可,依照出版合同的设立而产生,是一种根据法律行为而设立的方式,是一种约定权利。与之相反,原著作权法将专有出版权视为一种法定权利,规定为,“图书出版者对于著作权人交付出版的作品,在合同约定期间内享有专有出版权。”因此,曾有学者认为,按照原著作权法的规定,只要著作权人交付出版,出版者就享有了专有出版权,而不以著作权人的主观意愿转移,著作权人可以选择哪个出版者,但是,他无权选择是否授予专有出版权,这不符合意思自治的要求。新著作权法将法定权利改为约定权利,如果在许可合同中没有规定为专有出版权,则出版者获得的只能是非专有出版权,著作权人仍有自己出版或许可他人出版的权利。如果出版者获得的是非专有出版权,如果行为人出版该出版者出版的图书,则因不满足该罪行为要件,不构成侵犯他人的图书专有出版权。但是,如果其未获著作权人许可,可能侵犯了原著作权人的复制发行权,可以成立侵犯著作权罪。

(3)专有出版权的内容和限制

专有出版权的内容一般是由合同约定的,包括出版作品的期限、地域、文字、出版方式以及版本等,如果双方没有约定,对没有约定的内容不享有专有权利。专有出版权的权限范围受合同限制,主要有:

①时间上的限制。图书出版者的专有出版权必须严格依照合

同约定的期限行使,超过合同约定的期限出版者就不再享有专有出版权。在约定期限以外的时间实施出版他人出版的作品不构成侵犯专有出版权的行为,也就不可能符合这一行为,但仍有可能构成侵犯著作权罪。原著作权法规定,专有出版权的合同约定的期限不得超过十年,但期满可以续订。现行著作权法废除了这一规定,并没有对专有出版权的许可合同的期限做出规定,而是以约定为准,因此,专有出版权的期限只能由合同约定,著作权法不再对上限进行限制。

②地域上的限制。图书出版者享有的专有出版权只能在一定的地域行使,因此在约定的地域以外出版他人享有专有出版权的图书,不构成侵犯他人专有出版权的行为。但是行为人虽然在约定的地域以外出版,但图书仍然发行流通到约定的地域以内的,如何处理?我们认为,这种情况仍然构成对他人专有出版权的侵犯,如果行为人发行流通到约定的地域以内的数量过多,达到定罪的数额,仍可能构成侵犯著作权罪。即使行为人在约定的地域以外出版,如果未经原著作权人许可,仍然可能构成侵犯著作权罪。

③语言文字的限制。如果合同没有约定,图书出版者享有的专有出版权只能是针对著作权人交付的作品所使用的文字的版本。例如,著作权人交付的作品使用的文字是汉字,则出版者只对作品的汉字版本享有著作权,作品的英文、法文、德文、日文等版本可以同时交付其他出版社出版。汉字的简繁属于一个文字版本吗?我们认为,汉字的简繁不属于一个文字版本,出版社享有简体汉字的专有出版权,并不享有繁体汉字版本的专有出版权,反之也是一样。

④版本的限制。如果合同没有特别约定,图书出版者享有的专有出版权是针对作品的原版和修订版所享有的权利。原版指的就是作品的最初版本,即首次出版的版本,修订版指的是经过修订以后的版本。如果出版合同没有约定作品版本的限制,则出版者自动获得原版专有出版权并无问题,但是,是否自动获得修订版的专有出版权则存在疑问。我们认为,现行著作权法对此没有给予肯定性规定,从保护作者权利的角度和遵循合同约定的角度考虑,出版社

不享有修订版的专有出版权。缩编版是否属于专有出版权的对象？原著作权法实施条例规定专有出版权是针对作品的原版、修订版和缩编版，现行著作权法实施条例删除了缩编版相关规定。可见，现行著作权法不授权出版者自动享有缩编版的专有出版权，而必须经过著作权人的授权，如果著作权人没有授权缩编版的专有出版权，则出版缩编版的行为不构成对出版者的专有出版权的侵犯。

3. 侵犯专有出版权的行为表现

行为人出版他人享有专有出版权的图书，主要表现为以下几种情况：

(1)经过著作权人的许可，出版他人享有专有出版权的图书的。这种情况下，著作权人已经和他人签订了专有出版权的合同，但又和行为人签订了出版的合同，行为人侵犯了他人的专有出版权无疑问，但是这种情况是否构成犯罪则存在争议。我们认为，这种情况不应当作为犯罪处理，行为人虽然实施了侵犯他人专有出版权的行为，但是其已经得到了著作权人的许可，这种情况实质上是著作权人的违约行为，不宜作为犯罪处理，否则，著作权人在这种情况下也有犯罪的嫌疑，这是因为著作权人可能与后一出版者存在共谋的情况，甚至著作权人也可能自己印刷出版，这种情况如果认定为犯罪，则会出现著作权人自己出版自己的作品构成犯罪的情况，打击面过宽，有将民事纠纷纳入刑法规制的嫌疑。

(2)行为人出版的图书与出版者出版的图书实际内容大体一致或实质部分一致，但是这一图书本身属于正常的出版物，有书号、销售许可证等，这种行为是否构成侵犯他人图书专有出版权的行为？我们认为，专有出版权保护的是专有出版的权利，行为人出版的图书如果和出版者出版的图书实际内容大体一致或实际部分一致，实质上是一种剽窃行为，侵犯的是原著作权人的著作权，而不是出版者的专有出版权。出版者的专有出版权针对的是著作权人的作品，而不是剽窃过后的作品，出版剽窃他人作品的出版物的行为不构成侵犯专有出版权行为，而是侵犯了原著作权人的著作权，如果满足其他构成要件，应当认定构成侵犯著作权罪。

(3)行为人未经著作权人许可，也未经出版者许可，出版他人享有著作权人的作品的行为。该行为俗称“盗版”，一般具有以下几个特点：一是未获得任何著作权许可，无论是著作权人还是出版者的许可；二是出版的出版物一般和原出版物完全一致，是盗印行为；三是出版的主体没有出版的资质。盗版行为是我国侵犯著作权罪主要打击的对象之一，其不仅侵犯了著作权人的复制发行权，也侵犯了出版者的专有出版权，如果盗版图书数量巨大，应当认定构成侵犯著作权罪。

（三）未经录音录像制作者许可，复制发行、通过信息网络向公众传播其制作的录音录像的行为

我国《著作权法》第 44 条规定："录音录像制作者对其制作的录音录像制品，享有许可他人复制、发行、出租、通过信息网络向公众传播并获得报酬的权利。"录音、录像制作者对其制作的录音录像制品享有的权利是一种邻接权，它与著作权作品中以录音录像形式存在的作品不同。后者是享有著作权的人自己直接摄制的作品，或者为传播自己的作品而制作的录音录像形式的作品，享有的是对该作品的著作权。而前者是第三者为传播他人作品而制作的，录音录像制作者享有的是该录音录像的邻接权，该权利的保护期为 50 年，截止于该制品首次制作完成后第 50 年的 12 月 31 日。在法定期限内，未经录音录像制作许可，复制发行其制作的录音录像制品的，构成对该邻接权的侵犯。

录音录像制作者对录音录像制品的邻接权与著作权人的著作权有密切联系。《著作权法》第 42 条规定，"录音录像制作者使用他人作品制作录音录像制品，应当取得著作权人许可，并支付报酬。录音制作者使用他人已经合法录制为录音制品的音乐作品制作录音制品，可以不经著作权人许可，但应当按照规定支付报酬；著作权人声明不许使用的不得使用。"如果录音录像制作者违反以上规定，擅自使用他人作品制作录音录像制品的，不能取得对录音录像制品的合法权利，其行为属于侵犯著作权的行为。

如果行为人未经著作权人以及录音录像制作者的许可，复制发行以上侵权录音录像制品的，是否属于本项危害行为？我们认为，行为人以营利为目的，复制发行这种侵权制品，这也是一种侵权行为，但是，其行为侵犯的不是录音录像制作者的邻接权，而是侵犯了原作品著作权人的著作权，属于第一项危害行为中的复制发行他人

作品的行为。

本项危害行为表现为复制发行行为，其含义与前述复制发行相同，但其犯罪对象限于录音录像制品。目前，除了传统的复制发行行为形式之外，《刑法修正案（十一）》还补充规定了通过信息网络向公众传播其制作的录音录像的行为方式。

（四）未经表演者许可，复制发行录有其表演的录音录像制品，或者通过信息网络向公众传播其表演的行为

该项行为是《刑法修正案（十一）》新增的行为，以刑法手段保护表演者的邻接权。关于表演者的邻接权，现行《著作权法》第39条规定，"表演者对其表演享有下列权利：（一）表明表演者身份；（二）保护表演形象不受歪曲；（三）许可他人从现场直播和公开传送其现场表演，并获得报酬；（四）许可他人录音录像，并获得报酬；（五）许可他人复制、发行、出租录有其表演的录音录像制品，并获得报酬；（六）许可他人通过信息网络向公众传播其表演，并获得报酬。被许可人以前款第（三）项至第（六）项规定的方式使用作品，还应当取得著作权人许可，并支付报酬"。比较《刑法》和《著作权法》相关规定，侵犯著作权罪并未将所有侵犯表演者的邻接权的行为规定为该罪的危害行为，而只选取了侵犯表演者第（五）、（六）项权利的部分行为，这是因为这两项行为对表演者的财产权利危害更严重，有必要纳入刑法保护。还需要注意的是，该条还规定，行为人实施本项危害行为，如果没有获得著作权人的许可并支付报酬，同时构成侵犯著作权人的著作权行为，属于一行为侵犯著作权及其邻接权，属于想象竞合犯，只构成本罪一罪，而不以数罪论处。如果行为征得表演者的许可并支付报酬而实施本项行为的，如果未获得著作权人的许可，仍然可能构成侵犯著作权罪。

（五）制作、出售假冒他人署名的美术作品的

根据我国著作权法的规定，美术作品是指绘画、书法、雕塑等以线条、色彩或者其他方式构成的有审美意义的平面或者立体的造型艺术作品，包括绘画、雕塑、建筑艺术、工艺美术，书法和篆刻艺术作品等，不包括其他著作权作品，如假冒他人署名写作并出售小说、学术论文等，不构成侵犯著作权罪。

1. 本项危害行为表现为制作、出售美术作品

在司法实践中,制作美术作品主要有三种方式:

(1)复制他人的美术作品,署上他人名字,假冒他人的亲笔作品。复制行为的方式多种多样,包括印刷、复印、拓印、翻拍等,但是能称为“制作”的复制其复制品必然和原件在载体和表达方式上一致,也就是复制品和原作品必须存在相似性,其区别为一般人无法识别,这样的复制才能称为“制作”。而有些复制改变了作品的载体或表达方式,例如,从立体到平面的复制,其复制品就与原件有着较大的差别,这些复制一般不认为是制作,因为其不能被认为是假冒他人的作品。临摹是否属于制作?临摹他人的作品,然后署上他人名字冒充正品出售的,如何处理?我们认为,临摹本身也是一种创作,临摹是指以他人作品为蓝本,模仿学习,临摹也体现了临摹者的艺术表现力,但是如果临摹的作品未经他人许可,也未注明是临摹他人作品,而是署上他人姓名,冒充他人作品的,和复制他人的作品并无太大差异,应当认定为制作出售假冒他人署名的美术作品。

(2)将自己的作品署上他人的名字,假冒他人的作品的。前述复制他人的美术作品,其要件之一就是复制品和原作品必须存在较大的相似性,在第二种方式下则不要求这一点,只要是行为人将自己的某一作品署上他人名字,冒充他人作品即可。两种方式的区别在于,在第一种方式中所销售的美术作品是以某一原作品为参照制作而成,其销售时也会注明是某一原作品,而在第二种方式中则没有原作品的参照,只要是在自己的作品上署上他人名字,即可以构成本项的危害行为。

(3)把第三人的美术作品署上他人的名字,假冒名家的美术作品,这种方式和第二种类将自己的作品署上他人的名字的行为并无太大差别,都不以和原作品相似为要求。

制作和出售假冒他人的美术作品是否必须同时具备才能构成犯罪?一种观点认为,制作和出售行为本来只是独立的行为,但是在该罪的构成中,两个行为只有相互联系才能构成一个整体,以符合其客观构成要件。如果制作而不出售就不可能有牟利的目的,而只有出售而没有参与制作的则属于销售侵权复制品罪的范畴,因此

这一犯罪只有一个行为即制作出售行为。还有观点认为,此类犯罪包括两种方式,一是制作并出售,二是为出售而制作,只有这两种情况才表明行为人具有营利的目的。我们认为两种观点都有失偏颇。前者认为出售是以牟利为目的的唯一表现形式,但事实上制作假冒他人署名的美术作品后,也可以通过其他方式达到营利的目的,例如将制作的作品加以展览来收取参观费等。

仅有出售行为而没有参与制作行为,是否以销售侵权复制品罪论处?我们认为,《刑法》第218条规定的对象是侵权复制品,而假冒他人的美术作品在很多情况下,并非复制他人的美术作品,而是自己制作美术作品,销售后者的不能构成销售侵权复制品罪。

2. 本项行为侵害的是他人的署名权

本项行为"制作出售假冒他人署名的美术作品"侵犯了他人的署名权。根据世界知识产权组织《伯尔尼公约》的解释,署名权包括两方面的权利,一方面作者有权以任何善意方式在自己作品上署名以表明自己的身份,另一方面作者有权禁止他人在非自己的作品上署上自己的名字。实践中,侵犯署名权前一方面的行为主要表现为剽窃行为,这一行为是否属于犯罪还存在争议,但可以肯定其不属于制作出售假冒他人署名的美术作品的行为,制作出售假冒他人署名的美术作品侵犯的是第二方面的署名权的行为,即在假冒他人的作品上署上他人的名字,冒充他人的作品,以骗取经济利益。

(六)未经著作权人或者与著作权有关的权利人许可,故意避开或者破坏权利人为其作品、录音录像制品等采取的保护著作权或者与著作权有关的权利的技术措施的

该项行为是《刑法修正案(十一)》新增的行为。随着社会信息化网络化发展,著作权作品日益广泛地通过信息网络或以数字化方式向社会提供,为了防止著作权及相关权利被侵犯,数字化作品往往采取了一定的技术措施进行保护。有些人为了谋取不法利益,专门从事破解前述技术措施的活动,给他人的著作权作品保护带来严重危害。为了全面惩治侵犯著作权犯罪,刑法增设了本项行为。

本项行为不仅是刑法处罚的犯罪行为,也是《著作权法》规定的侵犯著作权相关权利的行为。《著作权法》第49条规定,"为保护著作权和与著作权有关的权利,权利人可以采取技术措施。未经

权利人许可,任何组织或者个人不得故意避开或者破坏技术措施,不得以避开或者破坏技术措施为目的制造、进口或者向公众提供有关装置或者部件,不得故意为他人避开或者破坏技术措施提供技术服务。但是,法律、行政法规规定可以避开的情形除外。本法所称的技术措施,是指用于防止、限制未经权利人许可浏览、欣赏作品、表演、录音录像制品或者通过信息网络向公众提供作品、表演、录音录像制品的有效技术、装置或者部件。"同时,该法还规定了不构成侵犯以上权利的情形,第50条规定,"下列情形可以避开技术措施,但不得向他人提供避开技术措施的技术、装置或者部件,不得侵犯权利人依法享有的其他权利:(一)为学校课堂教学或者科学研究,提供少量已经发表的作品,供教学或者科研人员使用,而该作品无法通过正常途径获取;(二)不以营利为目的,以阅读障碍者能够感知的无障碍方式向其提供已经发表的作品,而该作品无法通过正常途径获取;(三)国家机关依照行政、监察、司法程序执行公务;(四)对计算机及其系统或者网络的安全性能进行测试;(五)进行加密研究或者计算机软件反向工程研究。前款规定适用于对与著作权有关的权利的限制。"符合以上五类情形的行为,不构成侵犯著作权及相关权利的行为,自然不构成本项危害行为。

(七)犯罪情节

根据《刑法》第217条的规定,侵犯著作权的行为,只有达到违法所得较大或者有其他严重情节的才构成犯罪。这里的违法所得数额,是指实际获利数额。1998年《最高人民法院关于审理非法出版物刑事案件具体应用法律若干问题的解释》第2条规定,以营利为目的,实施《刑法》第217条所列侵犯著作权行为之一,个人违法所得数额在5万元以上,单位违法所得数额在20万元以上的,属于"违法所得数额较大";具有下列情形之一的,属于"有其他严重情节":(1)因侵犯著作权曾经两次以上被追究行政责任或者民事责任,两年内又实施刑法第217条所列侵犯著作权行为之一的;(2)个人非法经营数额在20万元以上,单位非法经营数额在100万元以上的;(3)造成其他严重后果的。以营利为目的,实施刑法第217条所列侵犯著作权行为之一,个人违法所得数额在20万元以上,单位违法所得数额在100万元以上的,属于"违法所得数额巨大"。具有下列情况之一的,属于“有其他特别严重情节”:(1)个人非法经营数额在100万元以上,单位非法经营数额在500万元以上的;(2)造成其他特别严重后果的。

《2004年解释》对前述解释规定的定罪处刑标准作了修正,其第5条规定,以营利为目的,实施《刑法》第217条所列侵犯著作权行为之一,违法所得数额在3万元以上的,属于“违法所得数额较大”。具有下列情形之一的,属于“有其他严重情节”,应当以侵犯著作权罪判处3年以下有期徒刑或者拘役,并处或者单处罚金:(1)非法经营数额在5万元以上的;(2)未经著作权人许可,复制发行其文字作品、音乐、电影、电视、录像作品、计算机软件及其他作品,复制品数量合计在1000份以上的;(3)其他严重情节的情形。以营利为目的,实施《刑法》第217条所列侵犯著作权行为之一,违法所得数额在15万元以上的,属于“违法所得数额巨大”。具有下列情形之一的,属于“有其他特别严重情节”,应当以侵犯著作权罪判处3年以上7年以下有期徒刑,并处罚金:(1)非法经营数额在25万元以上的;(2)未经著作权人许可,复制发行其文字作品、音乐、电影、电视、录像作品、计算机软件及其他作品,复制品数量合计在5000张(份)以上的;(3)其他特别严重情节的情形。该司法解释第15条规定,单位实施《刑法》第218条规定的行为,按照个人犯罪的定罪量刑标准的3倍定罪量刑。

《2007年解释》对《2004年解释》规定的定罪标准再次进行了修改。该司法解释第1条规定,以营利为目的,未经著作权人许可,复制发行其文字作品、音乐、电影、电视、录像作品、计算机软件及其他作品,复制品数量合计在500张(份)以上的,属于刑法第二百一十七条规定的“有其他严重情节”;复制品数量在2500(份)以上的,属于刑法第二百一十七条规定的“有其他特别严重情节”。同时,关于单位犯罪的定罪处刑标准,该解释第6条规定,“单位实施刑法第二百一十三条至第二百一十九条规定的行为,按照《最高人民法院、最高人民检察院关于办理侵犯知识产权刑事案件具体应用法律若干问题的解释》和本解释规定的相应个人犯罪的定罪量刑标准定罪处罚。”即按照本解释规定的个人犯罪定罪量刑标准处罚。

综合以上三个司法解释,侵犯著作权罪定罪量刑的标准(个人和单位犯罪适用相同的标准)可以概括为以下几个方面:(1)“违法所得数额较大”的标准为3万元以上,“违法所得数额巨大”的标准为15万元;(2)“非法经营数额较大”的标准为个人为5万元以上,“非法经营数额巨大”的标准为25万元以上;(3)复制品“数量较大”的标准为500张(份)以上,“数量巨大”的标准为2500份以上;(4)因侵犯著作权曾经两次以上被追究行政责任或者民事责任,两年内又实施《刑法》第217条所列侵犯著作权行为之一的,也视为有其他严重情节。

(八)理论争议问题

1. 复制行为的多层次性理论问题

(1)多层次性的含义

刑法中涉及著作权法中的概念,一般应以后者的概念为基础,根据著作权法对复制行为的规定来认定复制行为上通常不会遇到问题。但是,在侵犯著作权犯罪案件中,套用著作权法上的概念可能会产生矛盾,应当根据刑法规定对其作出适当的解释。

著作权法上的复制行为是对作品的再现,只要有一次再现的过程即构成著作权法中的复制行为。刑法上的复制行为与著作权法上的复制行为并不完全相同,除了具备著作权法上的复制要件以外,其还必须满足刑法的特定要求,才能成为刑法评价的对象。根据《刑法》第217条的规定,构成该罪的复制行为必须还要满足以下几个条件:一是主观目的要件,即必须以营利为目的;二是对象要件,即复制的必须是他人的作品;三是数量限制,即复制必须达到一定的数量才能构成刑法评价的对象;四是必须未经著作权人的许可。如果一个著作权法上的复制行为同时符合这几个条件,将其评价为刑法上的复制行为自无异议,但是,如果出现行为人实施了几个著作权法意义上的复制行为,而这几个复制行为分别符合上述刑法意义上的几个要件时,这种情况下应当如何处理?例如,行为人首先实施了从无载体到有载体的复制,将他人的口头作品记录下来,然后将记录下来的口头作品进行印刷成册,并发行于公众。行为人印刷成册的复制行为,符合数量上的要求,从记录他人口头作品的复制行为符合对象上的要求,而这两个要件并不是在一个复制行为中实现的,那么应如何处理这种情况?再如,行为人在记录他人口头作品时可能得到了著作权人的许可,但将记录下来的作品印刷并销售的行为并未得到许可,这种情况又应当如何认定?我们认为,应当将几个著作权法上的复制行为综合起来认定为一个刑法上的复制行为,只不过这一复制行为是具有多个层次的,各层次的复制综合起来能齐备刑法上的复制行为要件,这就是复制行为的多层次性。

刑法上复制行为的层次性问题是认定复制行为必须考虑的问题。著作权人的原作品的表现形式很多,有些形式往往无法进行大批量的复制,如口头作品就无法大量复制(对以口头作品进行笔录,一般不会一次性生成多个记录品,除非同时多人笔录,但这种情况很少发生)。有些表现形式的复制往往无法体现其牟利目的,如将他人的作品摄制成照片,这一复制行为难以判断有无牟利目的。行为人往往实施了后续的复制行为,后续的复制行为一般是大批量的复制,如将口头作品记录下来的笔录进行大量印刷,将摄制的照片印刷成册,准备出版发行,可以体现其牟利目的。这时该罪的构成要件由不同的复制行为分别具备,如将口头作品进行笔录,满足了对作品进行的复制要件,再将笔录进行大量印刷,满足了复制的数量要求,印刷成册准备发行,满足了牟利目的要求,这几个行为综合起来才齐备该罪的构成要件,应当综合起来认定为一个刑法上的复制行为,否则,就无法解释为什么印刷的是笔录而不是著作权人的原作品的犯罪对象与行为对象不同一的矛盾。同样,行为人对美术作品进行摄像,然后将摄像之后的照片印刷成册,印刷的是对原作品摄像而成的照片,而不是原作品,如果不将前后的复制行为综合起来就无法认定其为侵犯著作权犯罪。

这种综合后的复制行为可以分为多个层次,实践中一般以二层次的复制行为为主,以下仅讨论二层次复制行为。前一层次行为是将原作品复制为易于大量复制的形式,这一层次是对原作品的直接作用,符合对象要求,我们将其称为前复制行为;后一层次行为是将前一层次的复制品加以复制,这一行为一般体现了主观上牟利的目的和客观上数量的要求,我们称为后复制行为。两个层次的复制行为结合在一起构成刑法意义上的复制行为。一般来说,前复制行为主要是从无载体到有载体的复制,或者是从立体到平面的复制等,而后复制行为以一般的印刷、拓印、翻印等复制方式为主。将前后复制行为综合起来认定为一个整体,必须满足以下几个条件:①行为人是基于同一的故意而实施的前后复制行为。如果行为人不是基于同一故意,而是前后相互独立的行为,如行为人实施前复制行为时并无犯罪的故意,而在实施后复制行为时才产生犯罪的故意,则不能将前后行为作整体的处断。②行为人实施的前后复制行为必须具有关联性。前后复制行为必须具有承接的特征,才能作为一个整体进行处断,如果后复制行为的对象并不是前复制行为的产物,自然也不能构成统一的整体。③前后复制行为结合在一起必须能够齐备刑法上意义上复制行为的要件。唯此才能构成侵犯著作权罪,缺乏任何一个要件都不能够定罪。

当两个层次的行为不是一个主体实施时,该如何认定?如果两主体构成共犯关系,则应当视作一个共同犯罪主体来认定。如果两主体没有意思联络,两行为人是否分别构成刑法意义上的复制?例如,前一行为人未经许可将某一艺术作品进行摄影,然后将其展示在某一公共场合,比如放在自己的博客上,后一行为人看见了这一图片,认为有利可图,将其印刷成册进行发行,两行为人的行为如何认定?我们认为,前一行为人不具有牟利目的,且复制的数量不可能达到刑法上起刑点的要求,不应当认定为犯罪;后一行为人以牟利为目的,且复制发行数量也有可能达到起刑点,复制的不是著作权人的原作品,至于将美术作品摄制为相片由于不具备独创性的特征自然不能构成摄影作品,也不构成侵犯著作权罪中的复制行为。

(2)复制行为多层次性的拓展

司法实践存在以下情况,即行为人改编、演绎、剽窃他人的作品以后,再将改编、演绎、剽窃所成的作品加以复制发行的,这种行为应当如何认定?

我国未规定剽窃罪,单独的剽窃行为不能构成犯罪,未经著作权人许可的改编、演绎行为只是侵犯著作权的行为,也不构成犯罪。那么,是不是对上述行为不能进行刑法规制呢?有学者呼吁我国增设剽窃罪,把剽窃纳入刑法规制的范围。修改他人的作品后将其复制发行的,在我国已有认定为侵犯著作权罪的判例,如陈某某侵犯QQ公司著作权案,在该案中,行为人陈某某是对腾讯公司的QQ软件进行了修改(删除了QQ公司的广告,加入了显示IP地址功能和广告插件),推出了自己的珊瑚虫QQ,挂在网上供人下载,被认定为侵犯著作权罪。我们认为,解决这一问题则可以借助于复制行为的多层次性理论。前一行为主要是改编、剽窃两类行为,将其同后面的复制行为视作一个整体,认定为刑法上的复制行为,条件是前两种行为与后者复制行为有同质性;复制行为的本质在于作品的再现,如果行为人剽窃或改编的目的是原作品的再现,就可以将其和后者复制发行行为作为一个整体来认定。

如何认定剽窃行为和改编行为与复制行为具有同质性?我们认为,就剽窃行为而言,剽窃即抄袭,是将他人的作品据为己有的一种行为,其本质也是他人作品的再现,只不过这一再现还抹去了原著作权人的痕迹(以自己的署名取代著作权人的署名),因此,该剽窃行为与复制行为存在相似性,如果剽窃的程度较高,应当可以将剽窃行为和随后的复制发行行为作为整体视为复制发行行为,剽窃程度高说明复制发行的对象是他人作品的再现,符合侵犯著作权罪的要求。

改编行为则与之不同,改编行为是将他人作品进行修改,修改的过程是一个创造性的过程,修改的结果与原作品有着本质的差别,不是一种原作品的再现,因此,改编行为不具有与复制行为的同质性。但是,如果改变的程度不大时,改编后的产物主体上还是原作品,只是某些小部分进行了修改。如前述陈某某案中,陈某某修改之后的QQ其代码90%以上与腾讯公司的QQ代码相同,说明二者同一性程度极高,在这种情况下,所谓的改编行为实际是剽窃、复制行为,将它和随后的复制行为一起认定为复制发行行为是合理的。

总之,复制行为的多层次性理论要求,行为人的前一行为要求直接作用于原作品,但并不要求这一行为是复制行为,只需要这一行为的产物具有与原作品主体上的同一性即可,就可以将前一行为与后一行为视作整体行为,即可认定为刑法上的复制发行行为。

基于相同的理由,拓展的复制行为的多层次性也可能遇到前后行为的行为人不一的情况。如果前后行为的行为人构成共犯则准用共犯的规定自无异议,如果前后行为的行为人不是共犯时,应当如何处理?我们认为,如果他们不是共犯,则不能把他们的行为视为整体进行评价,应当对行为人进行分别分析。前一行为的行为人实施的是改编、剽窃的行为,一般无法达到数额上的要求,无法构成犯罪。后一行为的行为人复制的不是原作品,但是属于对剽窃或改编后的作品的复制,如果剽窃和改编者对此享有著作权的话,则可能构成侵犯著作权罪。由于我国著作权法规定侵权的作品一般不享有著作权,剽窃的产物不享有著作权,改编者如果获得著作权人的许可,则对改编作品享有著作权,在此情况下后一行为人可能构成侵犯著作权罪。

(3)对复制行为多层次性的批评和回应

有人提出,对于复制行为多层次性理论解决的问题,也可以通过扩展侵犯著作权罪中的作品范围来解决,即将作品范围扩大至与原作品具有一定程度的同一性的作品,只要行为人复制的是与原作品具有一定程度的同一性,未经著作权人许可,并达到数额上的要求,即可以构成侵犯著作权罪。例如,行为人改编他人的作品,并对改编后的作品进行复制,如果改编后的作品与原作品主体上大致相同,则可以认为行为人复制发行的仍是著作权人的作品,因而构成侵犯著作权罪。我们认为,这种观点存在以下不妥之处:①将作品的概念扩大至与作品有着一定程度的同一性的作品范围,改变了侵犯著作权罪的犯罪对象范围。将修改以后的作品称为原著作权人的作品过于牵强。②扩大作品范围容易扩大处罚范围。不知情的第三人复制发行了他人修改的著作权人作品,但第三人误以为修改人是著作权人而取得了修改人的许可。但是,未经原著作权人的许可,如果把复制发行的作品的范畴扩大,则第三人仍然可能构成侵犯著作权罪,因其复制发行的是原著作权人的作品且未经原著作权人的许可,明显扩大了该罪的处罚范围。此外,行为人复制发行他人改编的作品,根据著作权法的规定,应当取得原著作权人和改编者的许可,如果未经原著作权人的许可,则应当承担侵权责任,司法实践中一般并不会将这种情况作犯罪处理。如果扩大作品的范围,则这种行为将被定罪,显然扩大了侵犯著作权罪的处罚范围。

有人认为,《著作权法》第 16 条规定,"使用改编、翻译、注释、整理、汇编已有作品而产生的作品进行出版、演出和制作录音录像制品,应当取得该作品的著作权人和原作品的著作权人许可,并支付报酬。"因此,原作品的著作权人的复制发行权应延伸至改编、翻译、注释、整理、汇编后的作品,行为人将改变后的作品进行复制发行的,也侵犯了著作权人的复制发行权,应当直接认定为侵犯著作权罪,而无须依照复制行为的多层次性理论,将修改行为和复制行为视作一个复制行为来认定侵犯著作权罪。我们认为,这一观点值得商榷:①这一观点只考虑到了改编、翻译、注释、整理已有作品的行为是合法行为的情况,在这种情况下,原著作权人的复制发行权才通过对他人改编、翻译等行为的许可而延伸至改编、翻译作品。如果改编、翻译等行为本身就未得著作权人许可,是一种非法行为,则著作权人的权利自然就不再延伸至该改编、翻译作品,该改编、翻译作品本身属于侵权品,依照我国目前的著作权法理论是不享有著作权的,著作权人的复制发行权也无从谈起。该改编作品本身是一种侵权品,在很多情况下,第三人无法得知该侵权品的原著作权人的信息,如果第三人不知这一情况而复制发行该侵权品,则其根本无法得到著作权人的许可,如果将第三人入罪则明显扩大了处罚范围。②这一观点认为原著作权人的复制发行权及于改编作品,即使这一判断成立,也不能认为行为人复制发行了改编作品的就直接构成侵犯著作权罪。毕竟行为人复制的是改编作品,而非著作权人的作品。如果认为这种情况下,行为人复制发行的也是著作权人的作品,则实质上是扩大了作品的范畴,与前文所述观点无本质上的差别。

总之,引入复制行为的多层次性理论,既解决了与单一复制发行行为的社会危害性相当的行为的定罪问题,又严格遵循了罪刑法定原则,无疑是有理论和实践价值的。

2. 专有出版权和版式设计权之辩

有学者将专有出版权视为出版者的邻接权,认为侵犯著作权罪的第二种行为即"出版他人享有专有出版权的图书的"侵犯了出版者的邻接权,同时,又把专有出版权视为著作权转让的结果,要受到合同约定的约束,这样就存在相互矛盾之处。我们认为,出版者的邻接权指的是出版者对其出版的图书报刊等所享有的版式设计的权利,这一权利是在出版者出版图书以后依据法律自动获得的,其期限、范围等只有法定的限制,而不受出版合同的限制。而专有出版权是图书出版者依据图书出版许可合同所享有的、排斥他人出版该图书的专有出版权利,这一权利不是邻接权,而是由著作权人通过合同让与得到的权利,其期限、地域等均受合同的约束,超过合同约定的限制则不享有专有出版权利。我国刑法规定的专有出版权是指出版者的版式设计权还是专有出版权,抑或是二者的综合?我们认为,我国刑法中使用的"专有出版权"的认定应以著作权法为依据,专有出版权是著作权法规定的受合同约束的、由著作权人转让的权利,不包含出版者的邻接权即版式设计权的内容,因此,侵犯出版者的版式设计权的行为,不构成侵犯著作权罪。

盗版行为是侵犯著作权罪打击的重要对象,在司法实践中一般将盗版行为视为侵犯了出版者的专有出版权的行为。依据前述对专有出版权的分析,盗版行为并不一定侵犯专有出版权,其主要侵犯的可能是出版者的版式设计权。所谓盗版行为,实际上是一种盗印行为,即直接将他人出版的图书加以复制发行的行为,如果出版者对这一图书享有专有出版权,则盗版行为同时侵犯了出版者的版式设计权和专有出版权两种权利。如果盗版行为超出了专有出版权的保护范围,如超过专有出版权的约定年限或者专有出版权许可的地域范围等,则只侵犯了出版者的版式设计权,而没有侵犯专有出版权。在这种情况下,不应当将盗版行为认定为出版他人享有专有出版权的图书的行为。盗版行为是一种复制发行行为,如果盗版者未经著作权人许可(通常情况下,盗版者是不会去征得著作权人的许可的),则构成侵犯著作权罪的第一种行为方式即复制发行行为,从而构成侵犯著作权罪。

综上所述,出版他人享有专有出版权的图书的行为,侵犯的不是出版者的邻接权,而是出版者根据出版合同所享有的从著作权人处转让而来的专有出版权。这一权利受到合同约定的时间、地域、方式等的限制,超过这些限制进行出版的,不构成对专有出版权的侵犯,不构成侵犯专有出版权的行为。

3. 署名权与姓名权之辩

在分析署名权与姓名权的差别之前,先分析一个案例:1993 年 10 月 27 日,被告上海朵云轩、拍卖有限公司联合在香港地区拍卖出售了一幅《毛泽东肖像》,落款为"吴冠中画于工艺美院一九六二年"。拍卖前,吴冠中曾通过有关单位转告上海朵云轩,这幅画系假冒其署名的伪作。但是,上海朵云轩在接到通知和书面函件后仍与拍卖公司联合拍卖,甚至出具专家鉴定意见称该画系吴冠中作品,致使该伪作以高价竞买成交。吴冠中认为两被告的行为侵犯其著作权,使其声誉和真作的出售均受到损害,向上海市第二中级人民法院提起诉讼。本案涉及假冒他人署名行为的认定问题,其争议焦点是假冒他人署名行为侵犯的是著作权还是姓名权,从而影响法律的适用。

关于假冒他人署名的行为的性质,学界存在以下几种观点:

第一种观点认为,著作权法意义上的署名权是作者相对于其创作的作品而言的,只有创作了作品,才产生了著作权,著作权中的各种人身权和财产权由此才产生。没有所依附的客体,权利是不可能产生和存在的。没有作品的存在,著作权就是无源之水,无本之木。虽然《著作权法》规定了侵犯著作权的行为方式包括制作、出售假冒他人署名的作品的行为,但并不意味着该项行为就一定侵犯著作权,而是《著作权法》将其作为应当处罚的行为,是民法关于公民姓名权的规定在特别法中的具体化。因此,制作、出售假冒他人署名的美术作品的行为实质上不是侵犯的他人的著作权,而是一种姓名权。刑法将这种行为规定在侵犯著作权罪中存在一定的矛盾。但是,刑法这样处理并不一定就要求其行为侵犯的是著作权。有观点认为,这种行为可能侵害多种权利,造成多种危害,既侵害他人的姓名权、名誉权,又误导作品的读者,扰乱正常的文化市场秩序,因此,禁止冒名所保护的不仅是被擅自署名的作者的权利,考虑到此种行为涉及作品,由著作权法加以规定禁止并承担相应责任也是较为合适的。刑法将其规定在侵犯著作权罪中亦无不可。

第二种观点认为,"制作、出售假冒他人署名的美术作品"包括了三种行为:一是在自己创作的作品上署他人(一般是知名作者)的姓名然后将该作品予以出售;二是以临摹、誊印等方法,复制他人(一般是知名作者)的作品,然后署上原作者的姓名用于销售;三是将第三人的作品取来署上某知名作者的姓名,假冒知名作者的作品进行出售。这三种行为中,第一、三种行为均没有侵犯著作权人的著作权，只有第二种行为侵犯了著作权人的著作权，因此，应当认为“制作、出售假冒他人署名的美术作品的”只应包括第二种情况，即复制他人作品而当成真品进行出售的行为。

第三种观点认为，我国著作权法将假冒他人署名的行为以列举方式规定在侵犯著作权的中，而署名权本身就包含有自己使用、禁止他人使用等几项内容，因此，将其当成侵犯著作权的行为并无不妥。

第一、三种观点认为，三种制作、出售假冒他人署名的美术作品的行为都构成犯罪，只不过第三种观点认为所侵犯的是著作权，第一种观点认为所侵犯的是著作权的管理制度。而第二种观点认为，制作、出售自己或第三人的作品，并在这些作品上假冒他人署名的不构成侵犯著作权的行为，因为并没有侵犯他人的署名权，只有第二种行为复制临摹了他人的作品，侵犯了他人的著作权，只有第二种行为是该罪假冒他人署名的行为。我们认为，即使复制临摹他人的作品行为构成侵权，侵犯不是的署名权，而是复制发行和演绎权，更何况行为人在复制临摹作品时可能得到了著作权人的许可，不构成侵犯著作权。

1971 年《伯尔尼公约》规定，作者有权禁止他人在并非其作品上署其名，即禁止“冒名”。按照世界知识产权组织对《伯尔尼公约》的解释，郑成思教授将署名权从两方面解释，一方面作者有权（以任何善意方式）在自己的作品上署名，以表明自己的作者身份；另一方面作者有权禁止在并非自己的作品上署自己的名字。我国《著作权法》规定的“制作、出售假冒他人署名的作品”的行为应包括作者已经完成创作的作品和作者未曾创作过的作品。作者未曾创作过的作品即“伪作”的存在，会挤占“真作”的权利空间，低劣的“伪作”还会对作者名誉权也造成侵犯，将之作为侵犯著作权的行为并非不妥。

公民的署名权受到法律的保护，禁止制作、出售假冒他人署名的美术作品。朵云轩和香港永成在经协议联合主办的拍卖活动中公开拍卖了假冒吴冠中亲笔署名的美术作品，共同构成了对其著作权的侵害。如果该案件情节达到侵犯著作权罪的定罪标准的，应当以侵犯著作权罪定罪量刑。存在疑问的是，如果假冒的不是吴冠中的画作,而是古人吴道子的画作,用侵犯著作权来解释就不适当了。因此,前述解释仍存在未解决的问题。

三、犯罪主观方面

根据《刑法》第217条的规定,侵犯著作权罪在主观方面是故意,且必须"以营利为目的"。

(一)罪过形式为直接故意

行为人误认为著作权已过保护期,或行为人以为得到了著作权人的许可,但实际其得到的"许可"并不合法,过失实施了侵犯著作权的行为,不构成侵犯著作权罪。行为人的是否出于过失实施了侵犯著作权的行为,应当通过考察其注意能力是否达到能使行为人具备注意能力的程度。判断行为人是否具有注意义务,应当以主客观相统一的主观说为准,应该以被告人本人的具体能力、水平以及当时的具体条件来判断,而不是用一般人的水平来要求,不能仅凭行为人的口供,应综合考虑行为人的行业及职业特征、被侵权的著作权作品的公众认识度等情况全盘进行考察。如果行为人具有相关专业的知识和能力,判断标准可能需要高于一般人水平,以免轻纵犯罪。

侵犯著作权罪的主观方面不能是间接故意。间接故意是行为人实施某种行为,是为了追求某一目的而放任了危害结果发生的心理态度,行为人对于并非自己追求的、但将作为行为的伴随现象而出现的结果持容忍心理,这种情况在侵犯著作权罪中是不可能发生的。如果行为人以营利为目的实施侵犯计算机软件著作权行为,而又不发生侵犯他人著作权的结果,那么,行为人靠什么才能实现其所图谋的非法利益呢?

(二)以营利为目的

所谓"以营利为目的",是指行为人希望通过实施侵犯他人著作权的行为来牟取非法利益。"以营利为目的"是区分侵犯著作权罪与非罪的重要标准。如果行为人具有非法营利目的,表明行为人主观恶性大,否则主观恶性小,不满足特定犯罪目的要件,不成立该罪。"以营利为目的"不等于行为人实际获利,考察行为人"以营利为目的"的目的与行为人所具体实施的侵犯著作权行为之间的关系，侵犯著作权罪属于刑法理论上所谓“短缩的二行为犯”。短缩的二行为犯以实施第二个行为为目的而实施了第一个行为，就以犯罪（既遂）处理，而不要求行为人客观上实施了第二个行为。换言之，短缩的二行为犯的既遂与未遂，应以第一个行为的结果发生与否为标准。行为人以营利为目的，实施了复制发行侵权计算机软件复制品的实行行为（第一行为，即短缩的二行为犯的实行行为已经实施），但没有实际获利的（第二行为，即营利行为的目的未实现），根据《2004 年解释》的规定，如果行为人“非法经营数额在五万元以上的”，或者“未经著作权人许可，复制发行著作权作品，复制品数量合计在一千张（份）以上的”，或者“有其他严重情节的”，即使行为人未实际获利，仍然构成侵犯著作权罪。

有学者认为，侵犯著作权罪的主观方面可以不“以营利为目的”，理由主要有：（1）主观上可能出于其他恶意。例如，行为人为了损害他人名誉或报复，或者行为人沽名钓誉等，行为人以此心理态度实施侵犯著作权行为，其社会危害性与“以营利为目的”实施的行为在社会危害性上基本相当，将该罪限定为“以营利为目的”不利于打击犯罪。（2）侵犯知识产权罪并非都“以营利为目的”，如侵犯商标权犯罪和侵犯专利权犯罪。侵犯著作权罪作此限制，显然有失平衡。（3）取消“以营利为目的”是履行中国加入 WTO 承诺的需要。《与贸易有关的知识产权协定》将故意但不一定出于商业利益或个人经济利益为目的的严重侵权行为都纳入刑事犯罪的规制范畴，中国作为 WTO 的成员国，应据此对立法进行修改。（4）多数国家刑法规定的侵犯著作权犯罪不要求具备“以营利为目的”或者具有“商业目的”。

我们认为，我国著作权立法起步较晚，公民的著作权保护意识尚不太强，立法者限制刑法打击面，重点惩治实践中常见、多发的贪利型侵犯著作权犯罪，这种立法选择与立法当时的现实国情是相适应的。但是，随着时间的推移，特别是互联网应用的发展，不以营利为目的的侵犯他人著作权并造成严重危害的情况越来越严重，在新的社会环境下，学者们要求取消“以营利为目的”要件也是合理的，立法者应审时度势予以采纳。不过，从刑事司法实践的角度看，以上立法不足只能以修改立法方式来弥补，不能以违反罪刑法定原则为代价来突破刑法的规定。由于刑事立法相对稳定性特点,不可能在短时间修改相关刑法条文,司法实践中往往把一些营利目的不是特别典型的侵犯著作权犯罪纳入刑法打击的范围,如《2004 年解释》将“以刊登收费广告等方式直接或者间接收取费用的情形”规定为符合“以营利为目的”。

第二节　侵犯著作权罪的司法认定

一、本罪罪与非罪的界限

区分侵犯著作权罪罪与非罪的界限,应把握以下几点。

(一)侵犯著作权罪与著作权纠纷的界限

这里的著作权纠纷不是侵权纠纷,而是一种民法上的合同纠纷。例如,因职务作品、委托作品发生权属争议而擅自复制发行作品,即使最后确定著作权归属他人,也不宜以犯罪论处。再如,因使用作品在报酬上发生争议的,也只能按著作权纠纷处理。

以王定芳诉上海东方商厦有限公司征集入选的广告语著作权归属纠纷案为例:1992 年 7 月 3 日被告上海东方商厦有限公司在上海《每周广播电视》报上刊登广告语有奖征集活动启事,向社会公开征集企业广告语。原告王定芳阅看该征集启事后,在规定投稿期限内,以“世界风采,东方情韵——上海东方商厦”一稿应征。经多轮评审并经到会专家润色修改为“世界风采东方情——上海东方商厦”后被评为二等奖,被告在报刊上公告评选结果且原告也获得了荣誉证书和奖金,被告同时在该公告中刊有“获奖作品版权归公司所有”字样。事后,原告发现被告已在广播、电视、报刊、出租汽车、商品包装袋等处使用该广告语,遂向被告提出异议,因协商未果,原告向上海市徐汇区人民法院提起诉讼,要求确认“世界风采东方情”广告语著作权归属及相关权益。该案为典型的因作品著作权权属发生争议的著作权纠纷案件,而不宜以犯罪论处。

(二)侵犯著作权罪与一般侵权行为的界限

一般侵权行为不构成侵犯著作权罪。我国《著作权法》规定了若干种侵犯著作权行为,有的只能追究民事责任,有的除了要承担民事责任,还要处以行政处罚。我国刑法规定的侵犯著作权罪只将其中部分行为规定为该罪的危害行为,并且需要满足情节严重的条件,才构成犯罪。对于其他侵犯著作权行为,无论情节多么严重都不会构成犯罪。

违法所得数额未达较大又无其他严重情节的,不构成侵犯著作权罪。侵犯著作权罪是一种情节犯,需要达到情节严重,才构成犯罪。判断情节是否严重,根据我国《刑法》第217条的规定,要看行为人行为是否符合"违法所得数额较大"或"有其他严重情节"的条件。《2004年解释》和《2007年解释》都对犯罪数额和犯罪情节进行了规定,对"非法所得数额"与"非法经营数额"规定了不同的数额标准。"非法所得数额"指行为人在经营活动中非法获得的利润数额,是扣除了成本和费用后的净利润;而"非法经营数额"是指行为人在实施侵犯知识产权行为过程中,制造、储存、运输和销售侵权产品的价值。非法经营数额与经营利润无关,即当个人非法所得数额超过三万元,即便其非法经营数额不到五万元时,仍应对其追究刑事责任。而当个人非法所得不足三万元,甚至其侵权行为出现亏损时,只要其经营数额超过五万元,仍要追究其刑事责任。

二、此罪与彼罪的界限

(一)侵犯著作权罪与假冒注册商标罪的界限

两者的区别主要表现为,前者侵犯的客体是著作权管理制度以及他人的著作权和与著作权有关的权益,对象是他人作品、图书、音像制品或假冒美术作品,而后者侵犯的客体主要是注册商标专用权及其国家管理制度,对象是注册商标。前者要求行为人主观上有营利目的,而后者不要求。前者客观方面表现为复制发行、出版或制作、出售行为,后者表现为假冒行为。

行为人大量制作了侵犯他人著作权的复制品,并在复制品上使用了他人的注册商标的情况下,其行为既符合侵犯著作权罪的"未经录音录像制造者许可,复制发行其制作的录音录像的"规定,又符合假冒注册商标罪"未经注册商标所有人许可,在同一种商品上使用与其注册商标相同的商标"的规定,应当如何定罪处罚,对此有不同观点。一种观点认为,行为人主观上有侵犯他人著作权的故意和假冒他人注册商标的故意,客观上也实施了复制发行他人的作品和假冒他人的注册商标两种行为,侵犯了两种不同的客体,符合两个独立的犯罪构成要件,应当实行数罪并罚。另一种观点认为,只能以一罪论处,但内部又有分歧。有的人认为是牵连犯,有的人认为是想象竞合犯,还有人认为是吸收犯或者法条竞合犯。我们认为,这种情况应属于牵连犯,理由是:行为人复制发行他人作品和假冒他人注册商标进而销售,是以非法营利为目的,主观上符合牵连犯的牵连目的条件,客观上行为人假冒他人注册商标是为了利于其复制的他人作品能瞒过公众顺利销售出去,假冒他人注册商标的行为属于发行行为的手段行为,发行他人著作权作品的复制件是目的行为,符合牵连犯的牵连关系,应对其按照牵连犯的处理原则处理,一般是按照其中的重罪定罪,并从重处罚。

(二)侵犯著作权罪与制作、复制、出版、贩卖淫秽物品罪以及生产、销售伪劣商品罪的界限

侵犯著作权罪与制作、复制、出版、贩卖淫秽物品罪的区别是,两罪侵犯的客体和对象不同。前者侵犯的是合法作者作品的著作权,后者的犯罪对象是淫秽物品。根据我国《著作权法》第4条关于“依法禁止出版、传播的作品,不受本法保护”的规定,淫秽物品属于国家文化市场管制的违禁品,不受法律保护,因此,后者侵犯的客体不是著作权,而是文化娱乐制品管理秩序和社会风尚。区分两罪重点要查明犯罪对象是否属于国家文化市场管制物品。

侵犯著作权罪与生产、销售伪劣商品罪的区别主要是犯罪对象不同,侵犯著作权罪的犯罪对象是受著作权法保护的精神文化产品,后者的犯罪对象是掺杂、掺假、以假充真、以次充好或者以不合格冒充合格的产品,这些产品一般为生产、生活资料用品,大多与消费者的日常生活直接紧密相关。虽然著作权作品也可以被认为是产品,但毕竟其所承载的权利与普通财物不同,一般不会将复制发行著作权作品复制件的行为按照后罪处理。

(三)侵犯著作权罪与诈骗罪的界限

诈骗罪是指行为人以非法占有的目的,采用虚构事实或者隐瞒真相的做法,骗取数额较大的公私财物的行为。侵犯著作权罪与诈骗罪的区别有:在犯罪客体方面,侵犯著作权罪侵犯的是著作权人

的著作权,而诈骗罪侵犯的是公私财物所有权;在犯罪客观方面,前者主要以上述六种行为方式进行,而诈骗罪的行为方式多种多样;在犯罪主体方面,前者是一般主体,包括一般自然人主体和一般单位,而诈骗罪只能由自然人构成;在犯罪主观方面,虽然二者都是故意,但是,前者必须以营利为目的,而后者只需以非法占有为目的即可。

如果行为人制作、出售假冒他人署名的美术作品,购买者受到欺骗而购买,应如何定性?在1994年全国人大常委会颁布《关于惩治侵犯著作权犯罪的决定》之前,我国司法机关一直是按照诈骗罪来处理,在1997年修订刑法之后,有学者主张此情形是想象竞合犯,应当“从一重罪论处”定诈骗罪。我们不赞同此种观点,理由是:

(1)如果按照想象竞合犯处理,将使《刑法》第217条的规定成为空条文。如果按照上述观点处理,制作、出售假冒他人署名的美术作品,如果非法所得数额(同时也是诈骗购买者财物的数额)在3万元以下的,由于未达到侵犯著作权罪的定罪数额标准,通常不能构成该罪,但由于其达到了诈骗罪的数额较大的标准(诈骗罪的数额较大的标准为2千元到3万元),故应适用诈骗罪;如果非法所得数额在3万元以上的,虽然该数额达到了侵犯著作权罪数额较大的标准,但同时达到了诈骗罪数额巨大的标准,适用后者的法定刑都比适用前者更重,最终适用的仍然是诈骗罪。

(2)制作、出售假冒他人署名的美术作品的行为更符合法条竞合的特征。法条竞合分为完全竞合和部分竞合。当某个罪的条文规定全部为另一罪名的条文所包容、重叠时,是典型的法条竞合情况,如生产、销售伪劣商品罪与生产、销售假药罪的情况,后罪完全为前罪所吸收,而部分竞合的情况为某罪的部分条文为另一罪名的条文规定所包容、重叠。《刑法》第217条规定的前述行为被诈骗罪规定所包容,符合法条竞合的条件。而想象竞合犯则是因为行为人所实施的一个行为触犯了两个不同的罪名,这两个罪名之间本身无任何联系。此情况不属于想象竞合,而属于部分法条竞合,应当按照特别法优于一般法的原则处理。诈骗罪仅侵犯了他人财产权,而侵犯著作权罪不但侵犯的是著作权人的权利,而且还包括国家对著作权的管理秩序,同时,还使包括购买者、著作权人的财产权益受到侵犯,后者的规定更特殊,属于特别法。另外,将制作、出售假冒他人署名的美术作品的行为按侵犯著作权罪处理符合立法者的意图。在1997年刑法修订时,立法者是知道以前对此情形是按照诈骗罪相关规定处理的,将此种行为专门规定为《刑法》第217条侵犯著作权罪的一种危害行为,其意就在于将此种行为与诈骗行为予以区分,并按照侵犯著作权犯罪进行处罚,以突出该行为对著作权管理秩序的和著作权权利的侵犯。因此,从立法者创法的角度看,侵犯著作权罪在此也是被视为特别法,诈骗罪为一般法。根据法条竞合时特别法优于一般法适用的原则,对制作、出售假冒他人署名的美术作品的行为,应当以侵犯著作权罪定罪处罚。

三、侵犯著作权罪共犯问题

我国《刑法》第25条规定,"共同犯罪是指二人以上共同故意犯罪。二人以上共同过失犯罪,不以共同犯罪论处;应当负刑事责任的,按照他们所犯的罪分别处罚。"构成共同犯罪必须具备两个条件:一是共同的犯罪行为。各共犯者在参与犯罪时不论分工如何,其行为都是围绕共同犯罪目的,都与危害结果之间存在因果关系。二是各共犯者必须具有共同犯罪故意。就侵犯著作权犯罪而言,单一主体犯罪的情形少见,大多表现为二人或者二人以上分工合作、共同实施犯罪行为,以缩短犯案时间、尽快获利。例如,在图书盗版活动中,从开始制版到印刷装订、销售全过程都由一个人完成的情况极少见,常见的是制版、纸张采购、散页印刷装订成册、销售、盗版各环节活动由不同人分头进行,各环节相连,共同实施盗版。

在实践中,因为涉案人员多、盗版活动产业化发展,不同环节的活动之间呈现上下家关系,不完全符合典型共同犯罪形态特征。如果将该罪的共犯按该罪单独犯处理,可能出现有些环节的行为不符合该罪构成条件而不能定罪处罚,导致放纵罪犯。针对实践中侵犯著作权犯罪的这一特点,《2004年解释》第16条规定:"明知他人实施侵犯知识产权犯罪,而为其提供贷款、资金、账号、发票、证明、许可证件,或者提供生产、经营场所或者运输、储存、代理进出口等便利条件、帮助的,以侵犯知识产权犯罪的共犯论处。"

四、侵犯著作权罪的未完成形态

侵犯著作权罪的未完成形态问题,主要是能否成立未遂犯的问题。目前各国刑法中的未遂犯有两种立法形式:一是采纳概括主义,即在刑法总则中规定处罚犯罪未遂,分则不予规定,个案中是否认定为未遂犯,由法官根据案件的具体情况自由裁量;二是采纳列举主义,即不仅刑法总则中规定处罚未遂犯,而且在刑法分则中规定处罚何种犯罪的未遂犯,通常是刑法将犯罪分为重罪与轻罪,总则规定处罚重罪的未遂犯,但对于轻罪的未遂犯,只有在刑法分则中有明确规定的才处罚。从世界各国的立法看,侵犯著作权罪均属于轻罪或者说属于危害性较小的犯罪,各国刑法大多对侵犯著作权犯罪不规定处罚未遂犯。

(一)国内学者关于侵犯著作权罪未遂犯的争论

国内学者对侵犯著作权罪未遂犯的处罚问题存在肯定说与否定说两种意见。

1. 否定说

持否定说的学者认为侵犯著作权罪不存在未遂形态,但是,在立论上又存在分歧,主要有以下几种观点:

(1)依据文义解释,认为此罪不存在未遂犯。有观点认为,侵犯著作权罪属于情节犯或者说数额犯。实施《刑法》第 217 条规定的侵犯著作权的行为必须达到违法数额较大或者具备严重情节才能构成犯罪,否则谈不上构成侵犯著作权犯罪包括未遂犯。王世洲教授在分析中国著作权刑法的特点时也提出,侵犯著作权的行为必须达到违法数额较大或者有其他严重情节时,才构成犯罪。以上观点都从刑法条文的表述上认为立法者的立法原意在于必须达到违法所得数额较大(司法解释具体规定的是 3 万元)或者情节严重的才能入罪,这就意味着,不达到这个数额,就不能处以刑罚。

(2)依据刑法总论的数额犯与情节犯的理论,认为此罪不存在未遂犯。有学者认为,我国刑法上的数额犯是指以数额要求作为构成要件的犯罪,根据不同情况,数额犯可以分为行为数额犯和结果数额犯。凡是以法定的数额作为行为要件定量标准的,为行为数额犯,凡是以法定的数额作为结果要件定量标准的,为结果数额犯。

结果数额犯不存在未遂形态,而行为数额犯则存在未遂形态。而侵犯著作权罪属于结果数额犯,因而不存在所谓的未遂形态,也不可能存在预备与中止形态。关于情节犯,有学者将我国刑法中的情节犯分为一般的情节犯与特殊的情节犯。一般的情节犯是针对刑法第 13 条“但书”之规定而言的,亦是指除了适用第 13 条的“情节显著轻微危害不大”这一情节外,一律以犯罪论处的情节犯。特殊的情节犯就是指刑法分则对某个具体罪名规定的具体情节,如本罪须“违法所得较大或者有其他严重情节”。该学者认为侵犯著作权罪是情节犯,违法数额较大并非一个独立的构成要件,而是严重情节之一。对于特殊情节犯而言,在事实上可能存在犯罪完成和未完成之分,但是在法定刑适用标准上并不划分犯罪停止形态,无所谓犯罪既遂或者未遂。

2. 肯定说

持肯定说的学者认为,《刑法》第 217 条规定的是侵犯著作权罪的既遂形态,此罪也存在犯罪未遂、犯罪预备与犯罪中止,分别适用总则中的“可以比照既遂犯从轻或者减轻处罚”“可以比照既遂犯从轻、减轻或者免除处罚”“应当减轻处罚,未造成损害的,应当免除处罚”。但是,持肯定说的学者中也存在不同观点:(1)纯粹的肯定说。该观点避开了刑法总则有关数额犯、情节犯的相关理论,直接论述本罪的未遂、预备与中止形态。如有学者指出,侵犯著作权罪作为一种故意犯罪,其未遂犯是指行为人出于营利目的,未经著作权人或与著作权有关的其他权益人的许可,着手实施复制发行、出版或者制造、出售其作品、图书、音像制品或美术作品,但由于行为人意志以外的原因而未能得逞。(2)当然的肯定说。该观点认为,我国刑法分则规定的犯罪除了举动犯以外,直接故意犯罪都存在着犯罪既遂、未遂和预备形态。侵犯著作权罪是故意犯罪,当然也会存在着既遂与未遂的区分。理由是,非法经营所得 49,999 元的行为属于犯罪未遂,而不能认为不构成犯罪,认为从社会危害性看,非法经营所得 49,999 元和 5 万元的危害性没什么本质的区别,将这种情况作出罪化的处理实际上是放纵犯罪。(3)“既遂模式”下的肯定说。该观点认为,刑法分则基本罪状中的法定数额标准就是犯罪既遂的标准,而非犯罪成立的标准,刑法分则条文规定的犯罪是以既遂为模式的。对于数额犯而言,法定数额就是犯罪既遂的条件,对于刑法分则中规定有犯罪数额的犯罪来说,不符合这一条件只是不成立犯罪既遂,但可以构成犯罪未遂。

(二)评述

我们认为,无论是从数额犯、情节犯理论还是从刑法分则的立法模式解释,侵犯著作权罪都不可能存在未遂犯,理由如下。

1. 民事侵权和刑事犯罪的差别是否定该罪未遂形态基本依据。《刑法》第 217 条所列举的危害行为是《著作权法》规定的部分侵权行为,这些行为既可以是一般的民事侵权行为,也可能构成犯罪。二者的区别除了违法所得数额和其他严重情节之外,没有其他差别。若认为此罪存在未遂犯,那么,《2004 年解释》规定的违法所得数额在 3 万元以下的(或者非法经营数额在 5 万元以下的)都应该构成该罪的未遂犯,那么,符合什么要求的行为才是民事侵权呢?如果将刑法明文规定的数额以下的行为认定为未遂犯,降低了此罪的入罪门槛,这与罪刑法定原则相违背。持"纯粹的肯定说"的学者注意到了这个矛盾,指出一般的违法行为(民事侵权行为)与侵犯著作权罪行为的主要区别体现在社会危害性上,民事侵权的社会危害性要比犯罪的小,之所以将这种"临界状态"行为认定为犯罪未遂,是因为其社会危害性要大于一般的民事侵权行为。这种论证有一定说服力,但并没有解决二者的界限问题。社会危害性是一个抽象概念,理论上很难认定,实践中无法操作,不能也不可能成为区分罪与非罪的可操作性标准。

2. 否定未遂形态的存在并不会放纵犯罪。从犯罪学的角度来说,某种犯罪现象的发生是各种社会原因综合作用的结果,而并不在于刑罚的苛严与否。社会稳定也并不在于刑法严苛,而在于有罪必究,我国《刑法》曾经对贪污罪规定了死刑,也没有杜绝贪污犯罪的发生。这说明控制某种危害社会的行为,是否要在立法上将其规定为犯罪,其作用并不是很大的,关键是在于不法行为及时得到惩处。从立法的沿革看,1998 年"高法"《关于审理非法出版物刑事案件具体应用法律若干问题的解释》规定的入罪标准是违法所得数额是 5 万元、非法经营数额是 20 万元,《2004 年解释》将其分别降低到 3 万元和 5 万元,这说明该罪的入罪标准已经进行了理论和实践上的严格考察，如果过去的定罪标准有放纵犯罪的可能性，立法者已经对其进行了修改。严格坚持立法所规定的入罪标准有利于贯彻罪刑法定原则。例如，刑法规定对未满18周岁的不能判处死刑，如果为了打击严重犯罪，对那些离18周岁只差几天的、罪行极其严重的犯罪分子判处死刑，是否符合法律规定呢？这显然是不行。预防与控制犯罪不一定要动用刑法，对于那些尚未达到法定数额的情形，可以以民事赔偿或者行政处罚的方式进行规制，并不是必须按犯罪处理。持“当然的肯定说”的学者认为，将未达到法定数额的案件按出罪处理是放纵了犯罪，导致了现实生活中盗版猖獗，这一观点站不住脚。此外，认为“我国刑法分则规定的犯罪除了举动犯以外直接故意犯罪都基本存在着既遂与未遂的区分以及犯罪预备形态”，是不严谨的，我国刑法分则第二章“危害公共安全罪”中规定的危险犯就不存在未遂犯。

3.“既遂模式”下的肯定说是理论上的误解。从我国刑法分则所规定的各种直接故意犯罪都是以犯罪既遂形态为模式，当然存在未遂、预备、中止形态，这种的观点看上去有道理，但是仔细推敲其实是对刑法理论的误解。刑法理论所说的刑法分则规定的犯罪以既遂为模式，是针对那些需要划分犯罪既遂与未遂的犯罪的，对于不处罚犯罪未遂的犯罪则并非如此。侵犯著作权罪的基本罪状是“以营利为目的，有下列侵犯著作权情形之一，违法所得数额较大或者有其他严重情节的”，通过设置“违法数额较大或者有其他严重情节”要件将未遂行为排除在犯罪之外，认为刑法分则设置的犯罪构成要件以既遂犯为模式，实际上是一种理论上的误解。

4.认为本罪不存在未遂犯与世界多数国家立法一致。关于侵犯著作权罪的完成形态，多数国家刑法否认存在未遂犯。例如，美国刑法规定，如果行为人不是为了商业收益或者个人经济收益，在180天内事实上无权复制或者发行侵权物品1件或者多件，总价值达到1000美元以上的，构成犯罪。如果犯罪数额达不到要求，则不以犯罪处理。

第三节 侵犯著作权罪案例分析

一、陈某某侵犯著作权案

(一)案情简介

被告人陈某某,男,1980年10月4日出生,2005年年底至2007年1月,被告人陈某某从腾讯科技(深圳)有限公司(以下简称腾讯公司)的网站下载了不同版本的腾讯QQ系列软件后,未经腾讯公司许可,在腾讯QQ软件中加入珊瑚虫插件,并重新制作成安装包,命名为“珊瑚虫QQ”后放到“珊瑚虫工作室”网站上供用户下载。为了牟取利益,被告人陈某某在提供下载的珊瑚虫QQ软件中加入了安装北京智通无限科技有限公司(以下简称智通公司)、265网络技术(北京)有限公司(以下简称265北京公司)、Google(中国)信息技术有限公司(以下简称Google中国公司)的商业插件,智通公司于2005年11月至2007年1月,向被告人陈某某支付广告费共计人民币105万元(每月7万元,共计15个月),265北京公司于2006年4月将三台服务器免费提供给被告人陈某某使用,并于向被告人陈某某支付广告费人民币122,822元。被告人陈某某从上述两公司合计收取广告费人民币1,172,822元。

2007年11月,深圳市南山区人民检察院指控陈某某以营利为目的,未经著作权人许可,复制发行著作权人的计算机软件,违法所得数额巨大,行为已触犯《刑法》第217条规定,以侵犯著作权罪向深圳市南山区法院提起公诉。深圳市南山区人民法院经审理认为,被告人陈某某的行为已构成侵犯著作权罪。宣判后,被告人陈某某不服,上诉于深圳市中级人民法院,提出腾讯公司曾在自己网站显要位置提供珊瑚虫QQ的下载,说明腾讯公司对其行为不仅知情而且许可。深圳市中级人民法院经审理认为,《著作权法》规定,“使用他人作品应当同著作权人订立许可使用合同”,《计算机软件保护条例》规定“许可他人行使软件著作权的,应当订立许可使用合同”,因此,无论是许可他人使用著作权,还是取得他人著作权的使用权,均要求订立许可使用合同,而陈某某不能提供许可合同。相反，腾讯公司对于陈某某的侵权行为一直在采取法律行动。最终，深圳市中级人民法院裁定驳回上诉、维持原判。

（二）案件重要问题评述

根据《刑法》第 217 条的规定，该案司法认定中有以下几个问题值得关注。

第一，间接获利的目的是否构成侵犯著作权罪的“以营利为目的”？陈某某将珊瑚虫软件挂在网上供公众免费下载，这一行为没有直接获利，不是直接通过复制发行行为获取利益。但是，以营利为目的并不是要求行为人必须以复制发行行为来获利，只要是行为人是为了牟取利益而实施该罪行为即可。《2004 年解释》第 11 条第 1 款规定“以刊登收费广告等方式直接或者间接收取费用的情形，属于刑法第二百一十七条规定的‘以营利为目的’”。该案中，陈某某通过大量的软件下载，为商品经营者或服务提供者直接或间接推介其商品或服务提供广告服务，获取了大量的广告费用，这种间接获利的目的符合该罪的“以营利为目的”。

第二，本案中陈某某的行为是否属于未经著作权人的许可？我国《著作权法》规定，“使用他人作品应当同著作权人订立许可使用合同”，《计算机软件保护条例》第 18 条规定，“许可他人行使软件著作权的，应当订立许可使用合同”，因此，获得著作权许可必须订立许可使用合同。本案中，辩护人提出腾讯公司知情的证据，但不能提供腾讯公司与陈某某之间许可协议，反之，腾讯公司曾采取过很多追究陈某某侵权责任的法律行动，因此，无证据证明陈某某的行为获得了著作权人的许可。

第三，未经著作权人许可，将其计算机软件修改以后复制发行的行为是否属于刑法意义上的复制发行？陈某某将腾讯公司的 QQ 软件进行修改，去掉了其中的广告和搜索条，增加了显示 IP 的功能及智通公司、265 北京公司、Google 中国公司的商业插件，这一行为属于未经权利人许可而修改其软件的行为，与《著作权法》规定的复制行为有一定的差别，似乎属于著作权法上的演绎行为。行为人将其放在网站上供人下载，这属于信息网络传播行为，根据《2004 年解释》应当属于复制发行行为。但是，陈某某复制发行的不是腾讯公司的 QQ 软件，而是经过修改以后的珊瑚虫 QQ 软件，其行为是否属于刑法意义上的复制发行行为呢？我们认为，结论是肯定的，理由是：(1)认定复制行为不能依据原件与复制件是否完全相同，而应看行为人是否对软件作了根本性的改动，原软件在改动后的软件中占有多大的比重等。如果行为人没有对软件进行根本性的改动，仅是少量变化或者只是添加一些插件，实质上仍是原作品的复制。本案中，陈某某改动后的软件原软件有 95% 以上的相同，故应认定为复制行为。(2)对陈某某的修改软件行为和信息网络传播行为作为一个行为整体来认定。修改软件、捆绑商业插件和后续的信息网络传播行为之间，都是以营利为目的，三个行为构成整个复制发行行为的组成部分，而不能拆成三个行为并单独认定。

二、王某某侵犯著作权宣告无罪案

(一)案情简介

自诉人卢某某，系江苏省无锡市永安生物技术开发公司经理和广西上林县生料酿酒曲种厂厂长。被告人王某某，系玉林市东亚实用技术研究院院长和玉林市中联科技开发公司经理。王某某于 1997 年 8 月为玉林市东亚实用技术研究院和玉林市中联科技开发公司的办班需要，先后剽窃、抄袭了卢某某于 1996 年 4 月在江苏省无锡市编著近 20 万字的《生料酿酒工艺及其操作方法》一书中第二章第三节“生料酿酒在市场竞争中的优势”和卢某某 1996 年 1 月 5 日发表在《华夏酒报》的论文《生料酿酒的特点及其工艺操作》。抄袭后王某某以“生料酿酒在市场竞争中的优势”为前言，以《生料酿酒的特点及其工艺操作》为主要内容编著了农村发家致富教材之一——《生料酿酒技术》一书，并印刷 500 本。之后王某某在《华夏酒报》《广西科技报》《广西日报》等报刊上刊登招揽学员广告，注明转让资料费每份 240 元，将教材作为“转让生料酿酒技术”资料的一部分转让给学员。案发后，王某某将其尚未转让给学员的教材《生料酿酒技术》472 本回收。

自诉人卢某某诉称，王某某未经著作权人许可擅自剽窃、抄袭他人的作品非法获利 100 多万元的行为，构成侵犯著作权罪，向玉州市玉州区人民法院提起自诉。玉州区人民法院经审理认为：王某某没有经过著作权人的许可，私自剽窃、抄袭他人的文字作品，编著成教材为之谋取私利，属侵犯著作权的违法行为，但其不是侵犯著作权中的复制、发行未经著作权人许可的文字作品的犯罪行为，故卢某某控诉王某某犯侵犯著作权罪的罪名不成立。王某某的行为属侵犯著作权的违法行为，应立即停止侵害并公开赔礼道歉。自诉人卢某某不服提起上诉。二审法院经审理认为：王某某以营利为目的，未经著作权人同意而擅自抄袭、剽窃他人文字作品后以教材的形式加以复制，还将教材以资料转让的方式加以发行，其行为属复制、发行，但是，其违法所得数额未达到1998年最高人民法院《关于审理非法出版物刑事案件具体应用法律若干问题的解释》规定的数额标准，故王某某的行为不满足侵犯著作权罪的构成要件，判决驳回上诉，维持原判。

（二）案件重要问题评述

本案涉及两个争议问题：

1. 剽窃抄袭他人作品以后再将侵权作品加以复制发行的，是否构成侵犯著作权罪的实行行为？

剽窃行为，也称抄袭行为，指的是将他人的作品当作自己创作的作品发表的行为，其与一般的复制行为差别主要有两个方面：第一，剽窃行为一般不是将原作一字不改原封不动的照抄，而是加入一定的自己的修改和创作；第二，剽窃者不会署上原作者的名字，而未经许可的复制一般还会标出原作者。剽窃抄袭他人作品以后复制发行和一般的复制发行区别是，剽窃的是他人的作品，其后的复制发行行为指向的是剽窃以后的侵权作品，而一般的复制发行行为直接指向了他人的作品。有学者认为，侵犯著作权罪的复制发行行为的对象只能是作品，不享有著作权的作品如剽窃他人的作品，不能成为复制发行的对象，因此，剽窃他人的作品复制发行的，不可能构成侵犯著作权罪。

我们认为，剽窃行为不仅侵犯了作者的财产权利，还侵犯了作者的人格权利，剽窃行为比一般复制行为的危害性更大。有外国立法将剽窃规定为犯罪行为，认为其不仅侵犯了作者的权利，还欺骗了社会，我国刑法未将剽窃行为规定为侵犯著作权犯罪的危害行为，但有学者呼吁增设剽窃罪。我们认为，可以运用刑法解释方法将剽窃行为纳入刑法规制的范围。剽窃行为包含了对他人作品的再现,其和一般的复制行为相比,只是这种再现替换了原有著作权人的署名,从作品的内容相同程度上看,剽窃行为仍然可以视为复制行为。如果其有后续的发行行为,则可以将二者视为复制发行行为,如果齐备侵犯著作权罪的其他构成要件的,可以按照该罪定罪处罚。

本案中,王某某以营利为目的,未经著作权人同意而擅自抄袭、剽窃他人文字作品后以教材的形式加以复制,还将教材以资料转让的方式加以发行,其行为应当属于对他人作品的复制、发行。一审判决认为王某某的行为仅构成剽窃,而不构成刑法上的复制发行,是不妥的,二审判决对这一行为性质的认定进行了纠正。

2. 侵犯著作权罪未达数额构成未遂犯,还是不成立犯罪?

侵犯著作权罪的行为必须达到一定的犯罪数额,才能构成犯罪,否则即为无罪。有观点认为,侵犯著作权的犯罪行为未达犯罪数额,但很接近于定罪数额标准的,属于犯罪未遂。例如,侵犯著作权罪的定罪标准中,要求行为人非法印刷的复制品数量达到500张(份),如果行为人只复制了497份,又有复制超过500份的主观意图,则构成犯罪未遂,理由是:行为人虽然未达犯罪数额,但已相差无几,其社会危害性与犯罪的危害性没有什么差别,按无罪处理实际上是放纵犯罪。我们认为,侵犯著作权行为未达到定罪数额的,应当认定为无罪,而不应考虑其主观上的意图。侵犯著作权罪的危害行为也是民事侵权,只是因为其危害性达到了应受刑法处罚的严重程度,才以犯罪认定,如果把接近定罪标准的行为定性为未遂犯,那么未遂犯行为与民事侵权之间的界限又是什么呢?立法者既然规定了这一标准,就应当严格按照这一标准实施。刑事责任和民事责任都是法律责任,不一定非要以刑法手段处罚所有侵犯著作权的行为,因此,如果行为人的行为未达犯罪数额,应当认定为无罪。

本案中,王某某的行为是在1999年实施的,《2007年解释》尚未出台,法院依照1998年的前述司法解释作出了判决,是有法律依据的,当时司法解释规定违法所得数额达到5万元才可构成犯罪。《2007年解释》规定,“以营利为目的,未经著作权人许可,复制发行其文字作品、音乐、电影、电视、录像作品、计算机软件及其他作品,复制品数量合计在五百张(份)以上的,属于刑法第217条规定的'有其他严重情节'",如果依照后者司法解释的规定,王某某的行为已经构成犯罪,但是,既有判决已经生效,不可能再按后者司法解释改判。

第七章　销售侵权复制品罪

我国1979年《刑法》没有规定销售侵权复制品行为可以构成犯罪，对于销售侵权复制品的行为一般是按民事侵权处理，但是，在当时的司法实践中对于销售侵权复制品、情节严重的行为是按犯罪处理的。1987年11月27日“两高”《关于依法严惩非法出版犯罪活动的通知》规定，以牟取暴利为目的，从事非法出版物的出版、印刷、发行、销售活动，非法经营或者非法获利的数额较大，情节严重的，以投机倒把罪论处。1990年后我国制定的《著作权法》《计算机软件保护条例》《实施国际著作权条约的规定》《音像制品管理条例》等法律法规，规定了侵犯著作权和销售侵权复制品的民事责任与行政责任，但并未规定销售侵权复制品行为应负刑事责任。1997年修订的《刑法》第218条规定了销售侵权复制品罪，2020年通过的《刑法修正案（十一）》将该罪的法定刑修改为5年以下有期徒刑，同时，将该罪由数额犯修改为情节犯。

第一节　销售侵权复制品罪的犯罪构成

销售侵权复制品罪是简单的犯罪构成，其构成要件如下。

一、犯罪客体

销售侵权复制品罪侵犯的客体为他人的著作权和国家对文化市场的管理秩序。他人的著作权是主要客体。本罪的犯罪客体与侵犯著作权罪相似。但是,与侵犯著作权罪不同的是,本罪对他人著作权的侵犯是间接的,本罪作为侵犯著作权罪的下游犯罪,通过将侵权复制品传播到消费者手中,给著作权人的著作权造成现实损害。本罪的次要客体是国家对文化市场的管理秩序。从经济竞争的角度看,销售侵权复制品行为是一种不正当的竞争手段,犯罪分子将侵权复制品推向文化市场,获得不正当的竞争优势,扰乱了我国文化市场管理秩序,不利于国家对文化市场的管理。

销售侵权复制品罪的犯罪对象是特定对象。根据《刑法》第218条的规定,本罪的犯罪对象为"本法第217条规定的侵权复制品",即他人复制发行的,包括他人复制的、他人发行的和他人既复制又发行的侵权复制品,而其他侵权复制品不能成为销售侵权复制品罪的犯罪对象,如《著作权法》规定的剽窃他人的作品等。本罪的犯罪对象除了法定性之外,还具备以下两个特点:(1)侵权复制品非本罪行为人本人制作。根据《刑法》第218条的规定,本罪的犯罪对象即行为人销售的侵权复制品是由他人制作的。如果行为人销售的侵权复制品是其本人制作的,则构成侵犯著作权罪,不构成本罪。(2)侵权复制品的来源不受限。行为人销售的侵权复制品,可以是直接源于侵权复制品制作者的,也可以不是直接来源于侵权复制品制作者的,非由制作者发行的侵权复制品,也属于本罪的犯罪对象。不管是一手还是二手而来的侵权复制品,甚至是多次倒手而来的侵权复制品,都属于本罪的对象。行为人销售的侵权复制品,其获得手段也在所不问,不仅包括采取违反其他法律法规的手段如通过盗窃、抢劫等手段获得,而且包括采取不违反其他法律法规手段如购买、他人赠与等方式获得。

二、犯罪客观方面

(一)危害行为

销售侵权复制品罪的客观方面表现为销售侵权复制品,违法所得数额巨大。这里的销售是指采用批发、零售等方式，将侵权复制品卖给他人，以谋取利润的行为。销售应理解为狭义的销售行为，相当于买卖合同中的“卖”，即行为人作为出卖人出卖侵权复制品。其他销售行为或类似行为不属于本罪的构成行为。有学者提出，以营利为目的，出租侵权复制品的，也应当以销售侵权复制品罪论处，因为销售是处分侵权复制品的所有权，而出租是处分侵权复制品的使用权，两者只是形式不同，并无实质上的差别，而且对著作权所造成的损害程度相当。我们认为，将出租侵权复制品行为作为销售侵权复制品罪处理，无法回避出租与销售在客观行为上的不同，销售与出租的法律性质完全不同，不存在包含关系，虽有相似性，但并非“无实质上的差别”。出租侵权复制品的行为不能构成本罪。在民商法理论上，销售和出租是被严格区分的，一般人不认同出租等同于销售，将出租解释为销售，超出了这两个用语的文义范围和国民预测可能性。而且，根据《刑法》第 3 条的规定，法律没有明文规定为犯罪行为的，不得定罪处刑，即使出租侵权复制品的行为具备了严重的社会危害性，构成犯罪的行为必须具备刑事违法性，而出租侵权复制品的行为不具备刑事违法性，将出租行为解释为销售行为是典型的类推解释，为罪刑法定原则所禁止。当然，非法出租侵权复制品的行为与销售侵权复制品的行为在社会危害性及其严重程度、行为人的主观恶性大小等方面相当，对后者行为予以刑罚处罚而放纵前者行为似有不合理之处，但立法不足不能以违反刑法方式来弥补。对于解决这一立法缺陷，司法实务人士提出，应该将非法出租侵权复制品的行为增设为侵犯著作权犯罪的行为方式，以解决前述处罚不对等问题，我们认为这种解决方法有一定的参考价值。

销售侵权复制品罪，从理论上讲，属于连累犯的一种。所谓连累犯，是指事前与他人没有通谋，在他人犯罪以后，明知他人犯罪实施了犯罪行为而故意以各种形式予以帮助，依法应受处罚的行为。销售侵权复制品罪符合连累犯的主观特征（事前无通谋）、客观特征（对上游犯罪的结果得以巩固）和法律特征（法律明文规定为犯罪）。销售侵权复制品罪实际上是侵犯著作权罪的下游犯罪，只有他人实施侵犯著作权罪行为在先，才可能产生侵权复制品，否则本罪行为就没有犯罪对象，而行为人通过销售侵权复制品牟取非法利润,与其上游犯罪一起实现了对著作权财产权利的现实侵害。需要指出的是,虽然本罪与侵犯著作权罪有密切的联系,客观上共同侵犯权利人的著作权,但本罪是独立的犯罪行为,不是侵犯著作权罪的共同犯罪,不以前行为成立侵犯著作权罪为条件才成立犯罪。

在现实生活中,盗版犯罪呈现团伙化、集团化的发展趋势,犯罪人分工合作,有的专事制作侵权复制品,有的专事销售侵权复制品,这种情况下,销售侵权复制品的行为是否构成本罪呢?我们认为,如果行为人的销售行为与侵权复制品的制作者有事前通谋,以营利为目的,分别实施的销售行为和制作行为,实际上形成互相配合的统一犯罪整体,构成侵犯著作权罪的共同犯罪,应当根据其分工分别构成实行犯或帮助犯,而不单独构成销售侵权复制品罪。如果他们之间只是盗版、销售环节的上下家行为,销售环节的行为人只是客观上从盗版环节的行为人处取“货”,没有与后者形成共同故意的,销售环节的行为人只能构成销售侵权复制品罪,而不是侵犯著作权罪的共犯。

(二)犯罪数额或其他严重情节

销售侵权复制品罪在理论上属于情节犯,违法所得数额巨大或有其他严重情节的,才能成立犯罪。

本罪中的违法所得数额,是行为人通过销售侵权复制品得到的非法利润的数额,应注意与司法解释中关于侵犯著作权罪中的违法所得数额和非法经营数额相区别。根据《2004 年解释》第 11 条的规定,以刊登收费广告等方式直接或者间接收取费用的情形,属于《刑法》第 217 条规定的“以营利为目的”。在销售侵权复制品犯罪中,行为人也有可能以刊登收费广告等方式直接或者间接收取费用,但是以这种间接性的方式牟取的非法利润,不属于通过销售侵权复制品牟取的非法利润,不宜计入构成本罪的“违法所得数额”中。行为人有此类附加营利行为的,应按照有关行政法规进行处理。

根据《2004 年解释》第 12 条的规定,“非法经营数额”是指行为人在实施侵犯知识产权行为过程中,制造、储存、运输、销售侵权产品的价值。此条解释是针对侵犯著作权罪的,对于本罪而言,非法经营数额可能对量刑有一定影响,但不是本罪的构成要件。本罪的违法所得数额,不是非法经营数额,不等于已销售的侵权复制品的价值，而是通过销售侵权复制品非法获得的利润的数额。

关于“违法所得数额”，根据前述司法解释第 6 条的规定，“违法所得数额巨大”为 10 万元以上，即行为人以营利为目的销售侵权复制品违法所得在 10 万元以上的，才构成本罪。该司法解释第 15 条规定，单位实施销售侵权复制品行为的，按照本解释规定的相应个人犯罪的定罪量刑标准的 3 倍定罪量刑，即单位实施销售侵权复制品的行为，违法所得数额达到 30 万元的，才构成本罪。《2007 年解释》将以上单位犯本罪的数额标准降低到与个人犯本罪的数额标准。该司法解释第 6 条规定：“单位实施刑法第二百一十三条至二百一十九条规定的行为，按照《关于办理侵犯知识产权刑事案件具体应用法律若干问题的解释》和本解释规定的相应个人犯罪的定罪量刑标准定罪处罚。”第 7 条规定：“以前发布的司法解释与本解释不一致的，以本解释为准。”可见，单位犯本罪的“违法所得数额巨大”与个人犯本罪一样，入罪的数额标准都为 10 万元。此外，根据《2004 年解释》第 12 条的规定，多次实施侵犯知识产权行为，未经行政处理或者刑事处罚的，非法经营数额、违法所得数额或者销售金额累计计算。销售侵权复制品罪也适用此条规定。

除了以上违法所得数额，如果具有其他严重犯罪情节的，如销售侵权复制品数量特别巨大，由于多种原因没有取得违法收入的，或者销售的侵权复制品造成的社会影响特别恶劣，即使达不到前述违法所得数额，也可以按本罪定罪处罚。

三、犯罪主体

本罪的主体为一般主体，凡达到刑事责任年龄并具备刑事责任能力的自然人均能构成本罪。根据《刑法》第 220 条的规定，单位可以成为本罪的主体。单位犯本罪的实行两罚制，对单位判处罚金，又对其直接负责的主管人员和其他直接责任人员追究相应的刑事责任。

根据《2004 年解释》第 14 条的规定，实施《刑法》第 217 条规定的侵犯著作权犯罪，又销售该侵权复制品，构成犯罪的，应当依照《刑法》第 217 条的规定以侵犯著作权罪定罪处罚。本罪的主体应该是侵权复制品制作者以外的自然人或单位。我们认为，以上司法解释是将侵犯著作权罪的销售侵权复制品的行为视为侵犯著作权罪的发行行为,从而将其作为侵犯著作权罪定罪处罚。侵犯著作权罪的危害行为涵盖后者的销售行为,如果销售侵权复制品行为人与制作侵权复制品的行为人有事前通谋,应当根据具体情节认定为侵犯著作权罪的共犯,不能成为本罪的主体。

四、犯罪主观方面

本罪主观方面表现为直接故意,明知其犯罪对象是侵权复制品且以营利为目的故意实施本罪行为。具体而言,行为人明知其销售的是侵权复制品,知道其销售行为会发生损害著作权人权利的结果,而积极实施本罪行为并追求结果的发生。过失销售侵权复制品不构成本罪,即如果行为人确实不知其销售的复制品为侵权复制品,或出于过失误认为其销售的复制品不属于侵权复制品的,不构成本罪。

明知是故意的认识因素,明知不要求达到"确知"的程度。在不同国家和地区,对"明知"的范围和程度有不同理解,但是,都认为包括事实上的明知和推定的明知。具体到本罪中,"明知"有两种情况,包括"明知必然是侵权复制品"和"明知可能是侵权复制品"。"明知必然是侵权复制品的"情况较容易认定,而"明知可能是侵权复制品"属于推定的"明知",需要考察行为人相关客观事实,如行为人获得侵权复制品的途径和渠道、进货和销售的价格等,不能仅凭口供,以免放纵轻纵犯罪分子。

有学者认为,本罪中行为人"明知"的程度为明知其行为对象是他人实施侵犯著作权罪形成的侵权复制品。我们认为,这种观点对本罪的主观方面提出了过高要求,会导致对犯罪的放纵。我们认为,行为人只需明知其为侵权复制品即可,不应当限于明知其是基于他人通过犯侵犯著作权犯罪而形成的侵权复制品,即使侵权复制品是他人实施民事侵权或者行政违法行为而来的,行为人销售这类侵权复制品的,如果同时满足其他构成要件,也应构成本罪。侵犯著作权罪具有复杂的构成条件,即使是办理此类案件的法官和研究该犯罪的法学专家,要准确地进行判断是否构成犯罪,都要仔细研究才可能得出正确的结论。要求作为社会生活中的"一般人"的行为人去判断一种侵权复制品是否由构成侵犯著作权罪的行为制作出来的,显然是不切实际。如果坚持这一要求,会使行为人以不知是侵犯著作权犯罪所得为由逃脱刑法的制裁。

本罪主观方面必须具有营利目的,行为人销售侵权复制品是牟取利润,不以营利为目的的销售侵权复制品的,不能构成本罪。《2004 年解释》第 11 条规定,以刊登收费广告等方式直接或者间接收取费用的情形,属于《刑法》第 217 条规定的"以营利为目的"。有学者认为,该规定同样适用销售侵权复制品罪主观目的的认定。我们认为,这种观点不符合该解释的规定。在销售侵权复制品过程中,实施刊登收费广告等方式直接或者间接收取费用的行为具有独立性,支配这种行为的营利目的与销售侵权复制品并以此牟取利润的营利目的不同,不宜将针对侵犯著作权罪主观方面要件的解释规定扩大适用于销售侵权复制品罪。如果行为人免费赠与侵权复制品,而通过刊登收费广告等方式直接或者间接收取费用牟取非法利润,违法所得数额达到了 10 万元以上的情形,其违法所得不是销售侵权复制品所得,而是通过刊登收费广告等方式直接或者间接收取费用而得来,虽然后者行为整体也是一个违法行为,但毕竟不是销售侵权复制品的行为,不应按照销售侵权复制品罪定罪处罚。如果前述行为符合侵犯著作权罪的构成要件,属于未经权利人许可,以营利为目的的发行他人作品,在同时齐备侵犯著作权罪的其他构成要件时,应按照侵犯著作权罪定罪处罚。

第二节　销售侵权复制品罪的司法认定

一、销售侵权复制品罪与其他犯罪的界限

(一)销售侵权复制品罪与非法经营罪的界限

销售侵权复制品罪的犯罪对象是侵犯著作权罪所指向的侵权复制品。认定该罪时,应当判断行为人销售的物品是否属于《刑法》第 217 条规定的侵权复制品,违法所得是否数额巨大,或有其他严重情节。在司法实践中,行政管理部门和司法机关对于销售侵权复制品是否只能认定为销售侵权复制品罪有分歧意见。

有观点认为，销售侵犯他人著作权的非法出版物，同时符合非法经营罪和销售侵权复制品罪的构成要件，构成非法经营罪和销售侵权复制品罪，两罪属于普通法与特别法的法条竞合关系，应优先适用特别法。按照这种观点，在行为人销售侵权复制品违法所得数额没有达到构罪标准即 10 万元时，只齐备了非法经营罪的构成要件，只构成非法经营罪而不构成销售侵权复制品罪。但是，这会出现以下问题，行为人销售盗版书籍且违法所得超过 10 万元的，按照前述观点应认定为销售侵权复制品罪，而原销售侵权复制品罪只能判处最高 3 年有期徒刑；如果行为人的违法所得只有 8 万元，不构成销售侵权复制品罪，应认定为非法经营罪，最高可以判处 5 年有期徒刑。违法所得多，所受处罚反而更轻，而违法所得较少，反而受到更重的处罚，违反罪刑相适应的原则，说明前述观点存在不足。《刑法修正案(十一)》提高了销售侵权复制品罪的法定刑，将其最高法定刑修改为 5 年有期徒刑，似乎解决了以上罪刑不相当的问题，然而实际上并非如此。

《2004 年解释》第 10 条规定“实施生产、销售伪劣商品犯罪，同时构成侵犯知识产权、非法经营等其他犯罪的，依照处罚较重的规定定罪处罚”。因此，如果行为人同时构成侵犯著作权罪和非法经营罪，应当以处罚较重的非法经营罪定罪处罚。我们认为，这一条实际上是对于牵连犯的规定，如果行为人实施生产、销售伪劣产品的行为，其手段、方法行为或结果行为同时又构成侵犯知识产权、非法经营等犯罪，则应当以处罚较重的犯罪定罪处刑。

我们认为，刑法设立销售侵权复制品罪的目的在于禁止销售侵犯他人著作权的作品，强调的是行为对象的侵权性。而设立非法经营罪的目的在于维护市场的准入秩序，禁止没有特定资格的单位和个人违反国家规定从事限制经营活动，强调的主要是经营主体的非法性。《刑法》第 225 条列举了三项行为：未经许可经营专营、专卖物品或其他限制买卖物品；买卖进出口许可证、进出口原产地证明以及其他经营许可证、批准文件；未经国家有关部门批准，非法经营证券、期货或者保险业务，并在第四项概括规定了其他严重扰乱市场秩序的非法经营行为。从其罪状规定来看，虽然非法经营罪的构成要件具有开放性，但也有特定含义和要求，惩治的是那些无特定资格而违法从事特定经营活动的自然人和单位。销售侵权复制品侵犯了权利人的著作权,任何单位都不能批准任何人销售侵权复制品,销售侵权复制品的行为不可能成为一种经营活动,当然不能与违法从事特许经营活动的非法经营行为同等对待,而只能适用销售侵权复制品罪定罪处罚,对于行为人违法所得数额不满10万元的,不能认定为销售侵权复制品罪,也不能以非法经营罪定罪处罚,而应当作为无罪处理。

最高人民法院《关于审理非法出版物刑事案件具体应用法律若干问题的解释》第11条的规定也肯定了这一点:“违反国家规定,出版、印刷、复制、发行本解释第一条至第十条规定以外的其他严重危害社会秩序和扰乱市场秩序的非法出版物,情节严重的,依照刑法第二百二十五条第(三)项的规定,以非法经营罪定罪处罚。”根据这一解释,非法出版物可以分为五类,即反动出版物、侵犯著作权的出版物即盗版出版物、侮辱、歧视少数民族出版物、淫秽出版物、第11条规定的前四类以外的其他非法出版物。可见非法出版物是一个属概念,而反动出版物、侵权复制品、淫秽出版物、侮辱或歧视少数民族的出版物和第11条规定的其他非法出版物只是非法出版物这一属概念下面的种概念,这些种概念之间是互相排斥的。作为非法经营罪的犯罪对象的非法出版物只能是该司法解释第11条规定的其他非法出版物,而不包括盗版的出版物。因此,销售盗版光碟等侵权复制品的本质是销售侵权复制品,只能定性为销售侵权复制品,而不按照非法经营罪定罪处罚。易言之,作为非法经营罪的犯罪对象之一的非法出版物不包括侵权复制品,只有当其经营的出版物是国家禁止出版、没有著作权的出版物且对社会秩序和市场秩序产生严重危害的,才能够以非法经营罪定罪处罚。如果行为人经营的是侵权复制品,则不能认定为非法经营罪,而应当以销售侵权复制品罪论处,未达销售侵权复制品罪的定罪标准的,应当认定为无罪。

(二)销售侵权复制品与侵犯著作权罪的界限

侵犯著作权罪的危害行为包括复制发行,发行又包括销售方式,当行为人在销售侵权复制品时,同时齐备侵犯著作权罪和销售侵权复制品的构成条件,应当如何定罪处罚?《2004年解释》第14

条规定："实施刑法第二百一十七条规定的侵犯著作权犯罪，又销售该侵权复制品，构成犯罪的，应当依照刑法第二百一十七条的规定，以侵犯著作权罪定罪处罚。实施刑法第二百一十七条规定的侵犯著作权犯罪，又销售明知是他人的侵权复制品，构成犯罪的，应当实行数罪并罚。"依据以上司法解释，如果行为人销售的是自己复制、制作的侵权复制品，销售行为应认定为发行行为，与其之前的复制行为一起认定为侵犯著作权罪，而不将销售行为另外认定为销售侵权复制品罪。如果行为人实施了侵犯著作权罪的行为的，又销售他人的侵权复制品的，行为人事实上实施了两个犯罪行为，应当认定为销售侵权复制品和侵犯著作权罪两罪，进行数罪并罚。销售侵权复制品罪是一种单纯的销售行为，要求行为人没有与制作侵权复制品的人共谋，行为人仅实施了销售行为，不能同时又是侵权复制品的制作人，才能认定为销售侵权复制品罪。如果行为人仅实施了销售侵权复制品的行为，只能认定为销售侵权复制品罪，不能认定为侵犯著作权罪。

二、侵犯著作权犯罪地下产业模式下销售侵权复制品罪的认定

目前侵犯著作权犯罪已形成了产、供、销"一条龙"式的犯罪产业链，各环节的合作模式有多种，有的盗版者控制盗版的产、供、销各环节，也有些盗版产供销三个环节分别由不同的人来完成。由不同的人完成盗版产供销还有两种组织方式：一种是事前沟通后进行合作；另一种是销售者和制造者相互独立，只在客观上形成"进货"、"拿货"和"发货"的违法交易关系。在后一种方式中，行为人不制造侵权复制品，只从其他侵权复制品制造者处"进货"，通过销售侵权复制品牟取非法利益，或者销售者根据盗版市场的需求，直接向盗版作品制造者"订货"，然后由后者制造和提供，在这些情况下，销售行为人是构成侵犯著作权罪还是销售侵权复制品罪？

我们认为，在侵犯著作权犯罪地下产业链中，销售者单纯通过"进货"再进行非法销售的行为，只在客观上形成侵犯复制品的制造、提供和销售关系，销售者与制造者之间并未对特定侵权复制品存在共同犯罪故意，不应将其认定为侵犯著作权罪的共犯，而应对销售侵权复制品者单独认定为销售侵权复制品罪。详言之，从共同

犯罪构成条件分析，在这种地下产业链关系中，销售行为人仅从侵权复制品制造人处“进货”，销售行为和制造行为各自独立，销售者与制造者无事前通谋，没有共同犯罪故意，不能认定为侵犯著作权罪的共犯；只有销售者对制造者的制造行为有事前通谋，且达到共犯条件时才能以共犯论处。

从侵犯著作权罪地下产业链的组织方式看，各环节犯罪行为不是单一的线性结构，而是网状结构。销售者的“进货”渠道不是唯一的，销售者可以自由选择从哪个侵权复制品制作者处“进货”。同样，制造者的“出货”渠道也不是唯一的，其下家是不特定的侵权复制品的销售者。即使销售者和制造者在某次或多次“合作”中形成了类似“通谋”的意思联络，也不符合共同故意犯罪针对特定犯罪的构成条件，不能成立共犯。例如，销售者指定需要某种侵权复制品，要求制造行为人制造一定份数再发货的，这种情况很容易被误认为二者构成共犯。

在侵犯著作权犯罪的地下产业发展中，即使没有销售者的“要约”行为，制造者也不会放弃其侵犯著作权的行为；同样，即使制造行为人不接受现实行为人的“要约”，如对侵权复制品的价格和数量不满意的，销售行为人也可能通过其他“进货”渠道获得侵权复制品，不应将这种地下产业链犯罪认定为共犯。其理由是：(1)如果认定制造者与销售者构成侵犯著作权罪的共犯，由于制造者制作的侵权复制品数量远远超过了销售者购入的数量，会导致对制造者的轻纵。(2)销售者只有向上家购买侵权复制品的故意，而没有共同侵犯著作权犯罪的故意，不符合共同犯罪的主观要件。犯侵犯著作权罪最高可能被判处10年有期徒刑，远超过销售侵权复制品罪的最高刑，量刑畸重。我们认为，对于以地下产业模式进行的侵犯著作权犯罪，应严格遵守刑法的规定，根据具体案件的实际情况，严格区分侵犯著作权罪与销售侵权复制品罪，不能一概按照侵犯著作权罪的共犯处理。

三、销售侵权复制品罪的犯罪形态问题

销售侵权复制品罪是数额犯和情节犯，它和侵犯著作权罪一样不存在未遂犯，理由已在前文中论述，不再赘述。

关于本罪犯罪形态的争议问题是,如果行为人为销售目的购进侵权复制品,在尚未销售前就被查获的,是否构成销售侵权复制品罪的未完成形态犯罪。我们认为,对于这种情况,一般不应以销售侵权复制品罪定罪处理。其理由是:第一,销售侵权复制品罪的构成条件之一是"违法所得巨大",行为人虽然购进侵权复制品,但尚未进行销售,也就不存在有违法所得,更不满足"违法所得巨大"的条件,不能成立该罪既遂。同时,由于前文谈到的数额犯无未遂犯以及本罪是轻罪(轻罪一般不存在未遂犯)等理由,以上行为也不能构成销售侵权复制品罪的未遂犯。第二,从客观危害看,由于行为人尚未销售侵权复制品,侵权复制品并没有流向市场,没有实际损害权利人的利益和破坏正常的市场经济秩序。第三,从犯罪主观方面看,由于行为人尚未开始销售,要认定行为人存在营利目的,除非在销售现场查获外,一般很难认定其犯罪故意,无法推断其将进行销售活动。对于以上情况,可以通过行政处理予以制止,不会轻纵相关行为人。

第三节　销售侵权复制品罪案例分析

一、顾某某、吴某、库某、吴某某销售侵权复制品案

(一)案情简介

2002年10月18日至2004年7月1日,被告人顾某某在未经工商登记、未取得《音像制品经营许可证》的情况下,在其上海住处以网上拍卖及订单购买的形式,向境外销售侵权复制的高密度光盘(以下简称DVD)18万余张。其中,通过www.ebay.com网站(以下简称ebay网站)销售5.3万余张,通过www.threedollardvd.com网站(以下简称三美元DVD网站)销售13.3万余张。非法经营额计人民币713万余元,获利计202万余元。被告人吴某、库某、吴某某明知顾某某无证销售盗版DVD,仍为其提供帮助,其中,吴某参与的非法销售额为504万余元,库某参与的非法销售额为277万余元,吴某某参与的非法销售额为240万余元。案发时,查获待销售及已交寄尚未运输出境的盗版DVD共计11.9万余张。

公诉机关认为,4 名被告人的行为触犯《刑法》第 225 条第(一)项规定,构成非法经营罪,向上海市第二中级人民法院提起公诉。被告人顾某某及其辩护人认为其不是中国公民,也不是在中国境内做生意,其行为不构成非法经营罪。被告人吴某、库某、吴某某均辩称,他们只是受雇从事劳务,没有非法经营的故意和行为。4 名被告人的辩护人分别以顾某某不是在中国销售盗版 DVD,无须申请《音像制品经营许可证》,4 名被告人主观上没有非法经营的故意、客观上没有实施非法经营的行为等为由,提出指控 4 名被告人犯非法经营罪的罪名不当。上海市第二中级人民法院经审理认为,没有《音像制品经营许可证》而销售侵权音像复制品,扰乱市场秩序,属于非法经营行为。音像制品涉及著作权,《刑法》对侵犯著作权行为有专门规定,当非法经营的犯罪行为涉及侵犯著作权时,应当按照普通法与特别法的处理原则适用特别法。在本案中,被告人顾某某为了营利,在未取得《音像制品经营许可证》的情况下,低价购进明知是侵权的音像复制品,然后高价销往国外。这种行为虽然扰乱市场秩序,但在本案中,正常的文化市场秩序不是受侵害的主要客体,而著作权人和录音录像制作者的著作权与邻接权,才是我国刑法保护而被顾某某的行为所侵害的主要客体。因此,对顾某某等人的行为,应当依照《刑法》第 218 条规定的销售侵权复制品罪定罪。

(二)案件重要问题评述

关于本案争议的问题,除了犯罪人是否在我国领域内犯罪、是否适用我国刑法之外,主要是定罪问题。司法实践中出现混淆非法经营罪与销售侵权复制品罪的定性,除了办案人员不清楚二者的区别,不排除存在故意选择适用非法经营罪的可能,其原因主要是:

1. 销售侵权复制品罪的定罪标准太高。这主要是违法所得的证据不易收集,按照前述有关非法出版物和侵犯知识产权犯罪的司法解释,构成销售侵权复制品罪必须满足“违法所得数额巨大”达到 10 万元以上。以销售盗版光盘的罪案为例,销售一张盗版盘获利一般在 1 元左右,要出售 10 万张才能被追究刑事责任,而盗版光碟销售者往往没有财务账目,每个销售者的进价和售价也不相同,要计算违法所得数额很困难。而非法经营罪的定罪标准偏低,处罚更重,司法机关只要查明犯罪人销售了 500 张盗版光碟,就可以按照非法经营罪定罪处刑，查明犯罪人销售的盗版光碟达到1500张以上，就可以判5年以上有期徒刑。在证明犯罪人违法所得数额超过10万元的证据难以取得，难以按销售侵权复制品罪处理的情况下，司法机关偏向于按非法经营罪处理。另外，《关于审理非法出版物刑事案件具体应用法律若干问题的解释》明确规定非法经营罪的经营对象不包括侵权复制品，为解决非法经营罪和销售侵权复制品罪的界限提供了法律适用上的依据，但是，《刑法》第225条没有这一限制性规定，使得非法经营罪可以被看作兜底性条款，司法实践中在按销售侵权复制品罪定罪的证据不充分时，转而适用非法经营罪。

2. 侵权复制品的性质认定较为困难。非法出版物的认定较简单，而侵权复制品的认定较困难，认定侵权复制品要求必须存在原权利人，且其权利未超过保护期，而查找侵权复制品的权利人并确认其权利等工作难度大、司法成本较高。在实践中可能出现侦查起诉机关知道犯罪嫌疑人的行为是销售侵权复制品的行为，但苦于确定权利人及其权利、确定犯罪嫌疑人行为侵权等工作难以落实，导致最后无法按销售侵权复制品罪追究刑事责任，而放弃按该罪追究刑事责任的情形。而按照非法经营罪处理则相对容易，根据我国有关出版管理的规定，合法出版物必须满足一系列的条件，包括出版者资格、图书的内容、图书的装裱、错误数等，不符合这些条件均属于非法出版物，更容易认定其构成非法经营罪。

综上所述，司法实践中将销售侵权复制品的行为作为非法经营罪处理，并非故意违反法律的规定，而是销售侵权复制品罪立法带来的适用困难及与非法经营罪的法律界限模糊等多方面原因造成的无奈选择。

二、新丽音像店老板熊某销售侵权复制品案

（一）案情简介

被告人熊某，男，2000年10月，熊某在汉口开了家音像店，并取得了零售音像制品的经营资格，两年后，他租用位于保华街的某闲置厂房作为库房使用。2003年1月，武汉市文化市场管理处来到该库房进行清查，当场收缴13万余盘未及销售的盗版VCD、CD、磁带

等音像制品。公诉机关认为,被告人的行为触犯《刑法》第 218 条规定,构成销售侵权复制品罪(未遂),向武汉市江岸区人民法院提起公诉。被告人辩护人认为,被告人虽然存储了大量侵权复制品,但并未进行销售,也未实际获利,不满足该罪的行为要件和结果要件,应作为无罪处理。武汉市江岸区人民法院经审理认为,根据《刑法》第 218 条的规定,"以营利为目的,销售明知是本法第二百一十七条规定的侵权复制品,违法所得数额巨大的"应作为销售侵权复制品罪处理。根据被告人熊某供词"盗版碟利润大,有赚头,特好卖"应认定其具有非法营利的目的,但由于案发时未实施销售行为,将熊某的行为认定为销售侵权复制品罪未遂。

(二)案件重要问题评述

按照审判时《刑法》第 218 条的规定,构成销售侵权复制品罪必须违法所得巨大。关于销售侵权复制品罪是否存在未遂犯等未完成形态,前文已有分析,我们认为,判决认定熊某构成销售侵权复制品罪值得商榷。具体分析如下:

1. 行为人熊某并没有实施《刑法》第 218 条所规定的销售行为。销售侵权复制品罪客观方面的危害行为是销售行为,熊某储存了大量侵权复制品,但并未实际出售就被抓获,虽然根据其口供能证明熊某"欲出售",但事实上没有证据证明被告人实施了销售行为或者开始销售,而仅能证明其有购进并储存侵权复制品行为,现有证据仅能证明熊某有销售侵权复制品罪的犯罪预备行为。由于该罪是轻罪,熊某的预备行为的社会危害性显著轻微,应当认定不成立犯罪。

2. 即使法院能证明熊某已经着手实施销售行为,其行为也不成立犯罪。根据《刑法》第 218 条的规定,销售侵权复制品罪在客观方面要求"违法所得数额巨大"。由于没有证据证明被告人熊某进行了销售侵权复制品的行为,也没有证据证明产生了违法所得,因此,该案的事实没有满足销售侵权复制品罪的法定结果,不构成销售侵权复制品罪(既遂)。销售侵权复制品罪是数额犯,我国刑法学界一般认为数额犯不存在未遂犯,由于没有证据证明熊某存在违法所得并达到法定数额,不能认定其成立犯罪。

基于以上理由,我们认为,将熊某的行为认定为销售侵权复制品罪(未遂)于法无据,在刑法理论上也是说不通的,应当只给予行政处罚,而无须启动刑事程序。2020 年修改后的《刑法》对该罪增加了“有其他严重情节”的规定,如果该案发生在 2021 年 3 月 1 日以后,其犯罪情节能够被认定为具有其他严重情节的,应当认定为该罪的既遂;如果不能认定为具有其他严重情节,不能认定为犯罪,包括不能认定为该罪的未遂犯。

第八章　侵犯商业秘密罪

商业秘密是工业革命和市场经济发展的产物，商业秘密能使持有者取得竞争优势，获取更多的经济利益，商业秘密因而成为违法犯罪侵犯的目标。保护商业秘密是现代企业维护自身经济利益乃至企业生存的重要工作。在1997年《刑法》修订前，对于盗窃他人重要技术成果（商业秘密）的，可以按照盗窃罪定罪处罚。2020年12月通过的《刑法修正案（十一）》对《刑法》第219条规定的侵犯商业秘密罪进行修改：一是将该罪由结果犯修改为情节犯，不要求造成重大损失和特别严重后果，提高了该罪的法定刑；二是修改了该罪的危害行为，使之更符合当前侵犯商业秘密犯罪的客观实际；三是删除了对商业秘密的定义，使商业秘密的认定依照《反不正当竞争法》的相关规定，统一了《刑法》和《反不正当竞争法》对商业秘密的界定。

第一节　侵犯商业秘密罪的犯罪构成

根据《刑法》第219条的规定，侵犯商业秘密罪是指违反国家规定，以不正当手段获取权利人的商业秘密的，或者披露、使用或者允许他人使用以前项手段获取的权利人的商业秘密的，或者违反保密义务或者违反权利人有关保守商业秘密的要求，披露、使用或者允许他人使用其所掌握的商业秘密的,或者明知以上所列行为,获取、披露、使用或者允许他人使用该商业秘密的行为。本罪是复合的犯罪构成,包括基本罪和重罪两个构成类型。基本罪是情节犯,重罪是情节加重犯,以下分析其犯罪构成。

一、犯罪客体方面

(一)犯罪客体

侵犯商业秘密罪的犯罪客体是商业秘密专有权和国家对商业秘密的管理制度。

关于本罪的犯罪客体,法学理论上有不同的观点。第一种观点认为,保护商业秘密是基于在涉及商业秘密的诉讼方之间存在着明示或者默示的保守商业秘密的合同,基于这种合同关系的存在,合同一方对另一方产生了为其保守商业秘密的义务,任何一方若违背此种义务,表现为缔约过失,便需要向对方承担赔偿责任。这种观点对于非法获取他人商业秘密等不存在合同约定的情况难以给予解释。第二种观点认为,商业秘密的拥有者享有商业秘密权,权利人有权要求任何人尊重其该种财产权利。第二种观点弥补了第一种观点不能解释非法获取他人秘密等无合同约定情况下如何产生赔偿责任的缺陷。但是,如果商业秘密权是一种绝对的私权,为什么国家要将侵犯商业秘密行为规定为不正当竞争行为,而不是作为侵犯财产权行为?为什么反向工程和自主研发获得商业秘密信息的,不构成侵犯他人商业秘密权利?第二种观点在这些问题上不能给予合理的解释。第三种观点认为,商业秘密是一种能为其拥有者在市场竞争中取得优势地位的有利条件,不是一种实在的财产,侵犯商业秘密的行为违反了公认的商业道德标准,为了维护公平竞争的需要,有必要对侵犯商业秘密的行为予以打击。目前该种观点得到欧亚大陆许多国家支持,体现在这些国家的反不正当竞争法中规定了保护商业秘密。第四种观点认为,商业秘密是知识产权的一种,是其拥有者的无形财产,它与有形财产一样不受非法侵犯,刑法有必要保护商业秘密。这是目前国际上较为通行的观点。

我国对商业秘密的刑法保护经历了按国家秘密保护到作为无形财产保护的过程,最后在"破坏社会主义市场经济秩序罪"一章的“侵犯知识产权罪”节中规定侵犯商业秘密罪。我国《刑法》确认商业秘密权利人对商业秘密所拥有的是一种知识产权，是权利人的无形的财产，不受非法侵犯。同时，在市场经济活动中，侵犯他人商业秘密的行为严重破坏公平竞争的市场经济秩序，我国《反不正当竞争法》将其规定为不正当竞争行为。现行《刑法》将侵犯商业秘密罪规定在破坏社会主义市场经济秩序罪中，也反映了我国将侵犯商业秘密罪的主要客体设定为社会主义市场经济秩序。因此，侵犯商业秘密罪的犯罪客体应当是知识产权相关经济秩序和权利人对商业秘密的专有权。

（二）犯罪对象

侵犯商业秘密罪的犯罪对象是商业秘密。关于商业秘密的含义，法学界有广义说和狭义说两种观点。广义说认为商业秘密包括所有生产领域和商品流通领域里的未经公布的技术信息与经营信息，而狭义说则认为商业秘密仅指其中的技术信息。我国法律、司法解释中规定的“商业秘密”经历了一个发展过程。1993 年通过的《反不正当竞争法》第 10 条规定：“商业秘密是指不为公众所知悉，能为权利人带来经济利益，具有实用性并经权利人采取保密措施的技术信息和经营信息。”1992 年最高人民法院《关于适用〈中华人民共和国民事诉讼法〉若干问题的意见》对商业秘密的外延作了解释，“民事诉讼法第六十六条、第一百二十条所指的商业秘密，主要是指技术秘密、商业情报及信息等，如生产工艺、配方、贸易联系、购销渠道等当事人不愿公开的工商业秘密。”1995 年国家工商局的《关于禁止侵犯商业秘密行为的若干规定》将商业秘密的范围由“能为权利人带来经济利益”扩大到“潜在的经济利益或者竞争优势”。2019 年修改的《反不正当竞争法》将商业秘密界定为“不为公众所知悉、具有商业价值并经权利人索取相应保密措施的技术信息、经营信息等商业信息”。我国现行刑法采纳了《反不正当竞争法》关于商业秘密的定义，在 2020 年《刑法修正案（十一）》出台之前，《刑法》第 219 条明确将商业秘密定义为“不为公众所知悉，能为权利人带来经济利益，具有实用性并经权利人采取保密措施的技术信息和经营信息”，《刑法修正案（十一）》删除了前述定义，侵犯商业秘密罪中的商业秘密的认定依照《反不正当竞争法》的规定。

（三）理论分歧与评述

1. 商业秘密的表现形式与范围

2019年修改的《反不正当竞争法》将商业秘密界定为“不为公众所知悉、具有商业价值并经权利人采取相应保密措施的技术信息、经营信息等商业信息”。原国家工商行政管理局《关于禁止侵犯商业秘密行为的若干规定》对商业秘密的内容有过具体规定，即“技术信息和经营信息，包括设计、程序、产品配方、制作工艺、制作方法、管理诀窍、客户名单、货源情报、产销策略、招投标中的标底及标书内容等信息”。虽然有以上规定，对于商业秘密的认定仍然存在争议，主要有三个问题：第一，商业秘密属于信息，而我国刑法理论通说认为“犯罪对象是指刑法分则条文规定的犯罪行为所作用的客观存在的具体人或者具体物”，这是否存在冲突？第二，商业秘密的信息的表现形式有哪些，如何认定不同形式的商业秘密？第三，现行法律将商业秘密规定为技术信息、经营信息等商业信息，是否恰当？

（1）侵犯商业秘密罪的犯罪对象是商业秘密，这与刑法学理论通说不矛盾。

根据刑法学理论通说，犯罪对象是指刑法分则条文规定的犯罪行为所作用的客观存在的具体人或者具体物。商业秘密从实质上看，它是一种信息，那么信息是否属于这里所说的“物”呢？有学者认为，除人、物之外，犯罪对象还包括信息等。这实际上是对“物”的不同理解所造成的，该学者之所以认为犯罪对象还包括信息，无非是将这里的“物”视为人们传统观念里所理解的有体物，不占有一定空间且没有特定形体的信息不能被“物”所包含。

在观念上，人们通常将刑法所规定的犯罪对象比照民法中的民事权利客体来认识。民事权利客体的范围主要包括通常作为物权客体的物、作为债权客体的行为、作为知识产权的客体的智力成果以及作为人身权客体的非物质利益等。传统民法学中的作为物权客体的“物”一般就是指有体物，因为民法上的物必须能够满足人们的社会需要，并且能够为人所实际控制和支配。近年来，学理上对有体物逐渐采扩大解释，诸如热、电气等不具备一定形状和固定体积的能源也被视为民法上的物，但是，有体物与智力成果还是有明显和严格的区分的。商业秘密是受法律保护的特定信息,无论是技术信息还是经营信息,都反映了权利人的智力创造过程,从民法角度看应属于知识产权的客体。因此,似乎商业秘密能否作为"物"进行法律保护是存在疑问的,进而影响到商业秘密能否成为刑法规定的犯罪对象。

我们认为,不应将民法中的规定直接套用到刑法中,刑法分则对犯罪对象的规定有助于认识刑法所保护的社会关系,即社会关系可以通过犯罪行为直接侵犯的具体的人或物体现出来。作为犯罪对象的物比作为民事权利客体的物的范围要广得多,后者强调物能满足人们的某种需要,即具有一定的经济价值,但这却并不是刑法主要关注的,研究犯罪对象主要在于研究物所体现的社会关系,不具有经济价值的物体,如界碑、界桩等也具有犯罪对象的意义。刑法上"物"的特性是"客观实在性和可知性",经济价值性则不是其必要特性。因此,客观实在的对象,无论其是有形的、无形的、有体的、无体的,只要其满足了客观实在性和可知性,且是刑法分则规定的具体犯罪行为直接作用的对象,就可以成为刑法上的"物"。我国刑法学理论通说对犯罪对象的表述是为了"简单明了",不把"简单问题复杂化",在司法实践中,作为犯罪对象的物的外延会随着社会生活的发展变化而改变,如盗窃罪的犯罪对象由初期的有形有体物扩展到无形物(如煤气、电力等)和财产凭证(不记名存单)等,但无论其如何发展变化,都没有改变其"客观实在和可知性"两个基本特性,都没有超出"物"的范畴。刑法学通说将犯罪对象界定在具体的人和物的范围内是恰当的。认定犯罪对象应严格以刑法条文的规定为依据,才能正确认定犯罪。

基于以上认识,我国刑法中所规定的作为犯罪对象的物可以包括以下几类:①体现国家管理权力的物,如金银、外汇、界碑等;②体现国家和公共安全方面的物,如国家重要机密、交通设施以及危险品等;③体现国家、集体和公民财产权利的物,如货币及各种物品;④体现工农业生产正常活动的物,如机器设备、耕畜等;⑤智力成果,如专利、商标等,这些是精神财富,也是一种无形财产,犯罪分子可以窃取或假冒,因此也是犯罪对象的一种。商业秘密属于第五类刑法意义上的物,即以智力成果形式存在的物,它与其他类型的

"物"一样,都能反映犯罪客体遭受损害的情况,与刑法所保护的社会关系密切相关,由刑法分则条款明确规定,应当是侵犯商业秘密罪的犯罪对象。

(2)商业秘密包括信息的整体、组成部分或者组成部分的具体组合三种形式。

在认定商业秘密过程中,通常会提出商业秘密的"秘密点"问题,即某种信息成为商业秘密而受到法律保护的内容到底是什么?是信息的全部、某个部分,还是某种组合?我们认为上述三种形式的信息都可以成为商业秘密,只要符合法律规定的商业秘密的特征。所谓的"秘密点",是指原告请求保护的信息与公知公用信息的不同之处,亦即独特性,它既是确定原告权利的支撑点,又是判断被告侵权的对比物。

技术信息和经营信息的秘密点有显著区别。经营信息主要涉及经营管理中的情报、数据等,可能很大一部分都来自公知领域,但是如果权利人通过自己的收集、整理和加工,形成了特定的信息,而该领域一般人员如不花费一定的时间和劳动,就难以通过正常的途径获得,那么该信息就可能成为商业秘密。而技术信息则不同,它必须与公知公用技术相区别,即具有秘密点,不具有秘密点的技术信息不能成为商业秘密。

关于商业秘密的具体表现形式,法律对商业秘密的定义中没有明确规定。TRIPs 协议第 39 条第 2 款规定,未披露的信息应符合下列三个条件:第一,秘密性。该信息作为整体或作为其内容的确切体现或组合并非通常从事该信息工作之领域的人们所普遍了解或容易获得的。第二,具有商业价值。第三,该信息控制人为了保密根据有关情况采取了合理的保密措施。TRIPs 协议明确规定了商业秘密信息的具体表现形式,即包括信息整体、信息组成部分、组成部分的组合,以下以技术信息为例进行分析。

①技术信息的整体可以成为商业秘密。

原国家工商行政管理局《关于禁止侵犯商业秘密行为的若干规定》第 2 条规定,"技术信息和经营信息,包括设计、程序、产品配方、制作工艺、制作方法、管理诀窍、客户名单、货源情报、产销策略、招投标中的标底及标书内容等信息"。依据该条规定,技术信息一般是指制造某项产品或应用某种工艺以及产品设计、工艺流程、配方等技术知识。作为商业秘密的技术信息的独特性程度差别可以很大,有的信息仅与公知公用信息有很小的差别,而有的信息与公知公用信息相比,在整体上具有突出的实质性特点和显著的进步,甚至达到可以申请专利的程度,只是权利人愿意采取商业秘密的保护方式,技术信息作为整体当然可以成为商业秘密。例如,沈某侵犯商业秘密案,沈某盗用其单位福州锐腾达电子信息有限公司的还原卡(RECOVERYCARD)的源代码,制作出具有相同功能的所谓"魔术卡",并利用本公司的海外客户资料,以低于市场价一半的价格将这些"魔术卡"卖到多个国家,给该公司造成严重损失。该案中的"还原卡"代码中的技术信息就是以其整体形式作为技术秘密而受法律保护。

②技术信息的关键组成部分可以成为商业秘密。

按照创新程度的不同,可以将发明分为开创性技术发明和改进性技术发明。前者以科学原理的突破为条件,运用新科学原理来解决技术问题,实现技术的根本性变革,而后者则主要通过完善现有的技术,改变有关结构、功能、材料、工艺等方法实现技术的改良。在现实生活中,改进性技术发明占多数。作为商业秘密的技术信息也如此,当其能像发明创造那样时,其整体是"秘密点",但是,在大多数情形下,通常只是某些关键的组成部分与公知公用技术相比具有某种不同,成为受到法律保护的"秘密点"。只要这种信息的关键组成部分对该技术信息的进步和价值的形成发挥着至关重要的作用,而该领域内的技术人员对此尚不知悉,就可以成为商业秘密。

司法实践中,技术信息的关键部分构成商业秘密的案例很多。以广东省罗定市林生化工厂、刘某某与湖南省株洲选矿药剂厂技术秘密侵权纠纷上诉案为例,该案涉及的商业秘密是株洲选矿药剂厂"黄药"生产合成技术中的关键部分,即"混捏机"与"球磨风选系统设备"。株洲选矿药剂厂自 1966 年开始生产"黄药",自 1975 年起该厂对黄药生产合成技术中存在的质量不稳定、物料泄漏、温度控制难、容易起火等问题开始进行攻关研究,1981 年该厂对黄药生产的关键设备"混捏机"与"球磨风选系统设备"进行了重新设计、制造、安装,降低了生产成本,提高了生产的安全性和产品质量。在该案中,黄药生产合成技术从整体上看与该领域内公知公用技术相比没有什么实质区别,但是权利人通过开发研究,对其中关键组成部分进行技术革新,最终形成了不为公众所知悉、具有商业价值的受到法律保护的技术秘密。因此,技术信息的某些关键组成部分完全可以成为技术型商业秘密。

③技术信息组成部分的组合可以成为商业秘密。

一项技术信息,也许其各个组成部分都属于公知知识,但是权利人对其排列组合进行创造性的变动,使信息整体具有了某种前所未有的功能或是显著性的进步,这种特殊组合的信息是该领域一般人员在正常情况下不通过一定的劳动就难以获得的,即具有不为公众知悉性同时具有商业价值,可以成为商业秘密。

技术信息组成部分的组合方式能够对技术信息功能和价值的发挥起到决定性的作用。例如,发动机汽缸的排列组合方式一般有直列横置、V 型、W 型和卧置等,不同的组合方式具有不同的功能和不同的优点。再如,某厂家开发研制的某种由铁、镍、铜和铬四种元素组成的不锈钢,虽然这四种元素一般人员都知道,但是在这种不锈钢中,其含量的百分比到底是多少,却不为公众所知悉,而这对于该不锈钢的抗拉强度等性能却具有决定性的影响。这种组合就是该技术信息的秘密点,他人如果不正当获取该组合方式的信息就是侵犯权利人商业秘密。

在司法实践中,人们通常愿意接受全新的或者关键部分创新的技术信息为商业秘密,认为其中包括有"秘密点",而不愿意接受组合型的商业秘密,认为没有具体的"秘密点"。我们认为,这种观念是狭隘的,是"只见树木不见森林"。信息是不对称的知识,特殊的组合信息能使通常的组件发挥出已有组合方式所不能产生的功效,这种特别功效只能认为来自特殊的组合关系信息,这种特殊组合关系信息对不知悉的人而言具有知识的不对称性,也就具有价值性,如果同时符合商业秘密的其他构成特征,应属于商业秘密。在实际生活中,以组合关系信息存在的商业秘密很多,如利用现有原材料制作新产品的产品配方、非标准设计的工艺图纸等,它们都可以成为商业秘密。

需要注意的是,对于以上三种不同类型的商业秘密,在比较时不能采用同一的标准。技术方案型商业秘密通常表现为创造型和部分创新型商业秘密,而工程工艺图纸类的商业秘密必然是前述第三类商业秘密,它以各构件的具体结构、比例、大小数据的整体形成商业秘密,如果在结构、比例、大小数据上有差异,会使最终的工程或者产品有差别。因此,对于第三类商业秘密不能采用与创造型和部分创新型商业秘密一样“创新点”认定标准,而应严格对比工程工艺图纸的结构、比例、大小数据等是否完全吻合。当然,仅对其中某一指标做简单的、无须技术努力即可完成的调整,如将某一构件的放置方向由向左调整为向右,且无须技术努力就能实现与原来设计方案相同的技术效果的,可以认为仍然与原工程工艺图纸相同。

(3)商业秘密的范围不应局限于技术信息和经营信息。

1997 年《刑法》将商业秘密规定为技术信息和经营信息。我国法律界对商业秘密的范围有不同看法。一种观点认为,商业秘密除了技术信息还有经营信息,经营信息是技术信息以外的信息;另一种观点认为,技术秘密和经营秘密是商业秘密的主要部分,但商业秘密还可有其他内容,列举了广告宣传上的精彩创意、故事主题等方面的信息,不能归纳到技术信息和经营信息之中。而前者则认为上述信息并非与技术或经营信息不同,且界定商业秘密的范围不能脱离法律规定的构成要件。

我们认为,1997 年《刑法》第 219 条规定商业秘密具备不为公众所知悉、能为权利人带来经济利益、具有实用性、经权利人采取合理保密措施、属于信息等构成特征,将商业秘密限定为技术信息和经营信息有缩小保护范围的嫌疑。现实生活中存在不属于技术信息和经营信息的商业秘密,如某个信息产品企业的数据库,该数据库以一定的数据排放结构,组织了海量的公知数据信息,通过前台的人机对话程序为用户调取特定的信息。制造这种信息产品的难点不在于前台的人机对话程序,而在于后台的数据库,后者往往要花费生产企业绝大部分的生产成本和人力,是该企业产品的核心部分。这类数据库无疑是智力创造成果,且经企业采取保密措施使公众不能知悉,对企业的生产经营活动具有重要的商业作用,应当属于商业秘密,但是,依据 1997 年《刑法》第 219 条的定义,它不能归纳于技术信息或经营信息之中,被排除在商业秘密的范围之外。

1997 年《刑法》第 219 条将商业秘密限定为技术信息和经营信息，与商业秘密的范围不断扩大的国际立法趋势相背离。世界上大多数国家尤其是商业秘密保护较为成熟的英美法系国家的立法，对商业秘密的规定具有开放性特点。例如，美国《统一商业秘密法》将商业秘密的范围规定为“包括配方、样式、编辑、程序、装置、方法、技术、工序在内的特定信息”，美国 1996 年《经济间谍法》将其规定为“各种形式和种类的金融、商业、科学、技术、经济或工程的信息”，英国国会法律委员会《关于违反保密义务的法律草案》将其规定为“保密信息”，加拿大《统一商业秘密法》将商业秘密规定为“符合下列条件的任何信息”等。将商业秘密限定为技术信息和经营信息，除了增加学术界对“经营信息”的内涵和外延的争议，没有多大的实际价值。因此，修改后的《刑法》删除了对商业秘密的定义，而采纳《反不正当竞争法》规定的商业秘密的定义，即商业秘密是指“不为公众所知悉、具有商业价值并经权利人采取相应保密措施的技术信息、经营信息等商业信息”。技术信息和经营信息是主要的商业秘密信息，但是，其他类型的商业信息如果符合该法规定的构成特征的，也可以成为商业秘密。

2. 商业秘密的构成特征

(1)商业秘密的秘密性。

商业秘密的秘密性是指作为商业秘密的信息不是该信息应用领域的相关人员所普遍知悉和容易获取。秘密性是商业秘密的本质属性，一项信息能成为商业秘密受到法律保护，首先因为其不为社会公众所普遍知悉。这也是商业秘密区别于专利、商标等知识产权的显著特征，后者通过向相关主管机关申请并公开来获得法律的保护，而商业秘密必须处于秘密状态，知悉该信息的只能是特定的少数人员。一旦其为本领域相关人员所普遍知悉，无论这种知悉是通过合法的方式，如权利人疏忽大意的泄露，还是因为他人的侵权，都将使其不再成为商业秘密而丧失法律的保护。

关于秘密性，各国都要求商业秘密具有秘密性，但是表述不一。

美国《统一商业秘密法》规定，商业秘密是特定信息，包括配方、样式、编辑产品、程序、设计、方法、技术或工艺等，其由于未能被可从其披露或使用中获取经济价值的他人所公知且未能用正当手段已经可以确定,因而具有实际的或潜在的独立经济价值,同时,是在特定情势下已尽合理保密努力的对象。可见,美国法强调商业秘密不为“可从其披露或使用中获取经济价值的他人所公知”。

德国《不正当竞争防治法》对商业秘密未作定义。根据德国联邦法院及相关学说的观点,商业秘密是指所有人有保密意思,具有正当的经济利益的所有与经营有关的且尚未公开的信息。此处的尚未公开,即所谓秘密性。

加拿大《统一商业秘密法》对商业秘密的界定是指符合下列条件的任何信息:①被用于或可能被用于贸易或者商业之中;②在贸易或者商业之中不为公众所周知;③因不为众所周知而具有经济价值;④为防止其成为众所周知而采取了根据情况是合理的努力。此处对秘密性的规定是“在贸易或商业中不为公众所周知”。

TRIPs 协议第 39 条第 2 款规定未披露的信息应符合下列三个条件:“(1)在一定意义上,其属于秘密,就是说,该信息作为整体或作为其中内容的确切体现或组合,并非通常从事有关该信息工作之领域的人们所普遍了解或容易获得的;(2)因其属于秘密而具有商业价值;(3)合法控制该信息之人,为保密已经根据有关情况采取了合理的保密措施。”此规定不仅明确了秘密性所针对的主体即从事有关该信息工作之领域的人们,而且规定了作为商业秘密的信息的内容包括整体以及其中内容的确切组合。

我国《反不正当竞争法》将商业秘密定义为,“不为公众所知悉、具有商业价值并经权利人采取相应保密措施的技术信息、经营信息等商业信息”。原国家工商行政管理局《关于禁止侵犯商业秘密行为的若干规定》第 2 条对“不为公众所知悉”作出了解释,“本规定所称不为公众所知悉,是指该信息是不能从公开渠道直接获取的”。

比较以上法律文件,对“不为公众所知悉”的界定实际上有两种:一种是原国家工商行政管理局《关于禁止侵犯商业秘密行为的若干规定》的界定,即“不能从公开渠道直接获取”;另一种是最高人民法院《关于审理不正当竞争民事案件应用法律若干问题的解释》的界定,即“不为其所属领域的相关人员普遍知悉和容易获得”。前者所使用的“不能从公开渠道直接获取”也就意味着“不为其所属领域的相关人员普遍知悉”,原因是“所属领域的相关人员”是拟制的所属领域的普通技术人员,他通晓该领域的一切公开技术信息。而后者增加的“不为其所属领域的相关人员容易获得”这一特征则不能为前者界定所包含,它强调的是:商业秘密不仅是不同于公开渠道可以获得的信息,而且,克服从公开的信息到商业秘密信息的“差别”必须是“不容易的”。

怎么界定这里的“不容易获得”,可以从两个方面来理解:一是从事务方面来理解,也就是所属领域的技术人员要克服前述“差别”必须通过特殊的关系渠道、给予额外的费用或者承担特别的义务等,才能获得商业秘密;二是从技术的新颖性方面来理解,所属领域的技术人员必须有一定程度的创新才能获得商业秘密,这种创新性努力的程度应达到什么样的程度,尚有不同理解。我们认为,应当有最低的创造性,否则与不需要实质性创造的常规性调整无法区别,也就不是“不容易获得”。反过来看,事务层面的“不容易获得”也正是由这种实质性创新的难度所致,否则,所属领域的普通技术人员就无须通过特殊的关系渠道、给予额外的费用或者承担特别义务等去获取商业秘密信息。

以上规定的差异也导致了法学理论界对秘密性的理解不尽相同,其争议的焦点主要集中在秘密性的内涵、秘密性与新颖性的关系两个方面。

第一,秘密性的内涵。

关于商业秘密的秘密性,主要是对法律规定的“不为公众所知悉”有不同认识。有学者认为“不为公众所知悉”含有“相对秘密”的意义,即商业秘密不是指除所有人以外在国内或国际上绝对的没有人知悉,而是未在本行业内众所周知。从积极角度讲,商业秘密可以为一定限度的必须知道的人(或者说负有保密义务的人)所知悉,这种知悉不影响商业秘密的存在。从消极角度讲,商业秘密不能为不负有保密义务的人所知悉。也有学者认为,没有保密义务的人即使是一人,一旦掌握了该信息就有可能随时传播而不受任何限制,该信息始终处于一种潜在的广为传播的状态,故不能认为是一种秘密。相反,知悉该信息的人如果有保密义务,即使其表现为数十人,甚至数百人,该信息也应处于不为公众所知悉之状态,即秘密状态。

我们赞同上述观点。TRIPs 协议明确规定商业秘密的秘密性只是针对该信息所应用领域的相关人员，而不是任何公众。“不为公众所知悉”的“公众”应限定为该信息应用领域的普通技术人员，包括准备涉入该领域的人员，而不是指除了权利人外的任何人。其理由是：①商业秘密只有应用才能实现其经济价值。权利人必须将其具体内容告知其雇员及相关人员，才能发挥其在生产和经营中的作用，带来经济利益，在市场竞争中取得优势地位。②商业秘密并不像商标、专利那样具有专有性。他人可以通过合法的开发研究获得相同的商业秘密，包括通过反向工程获得商业秘密。法律只是禁止非法获取、披露或使用他人商业秘密的行为，如果是通过合法途径，法律并不干涉。③将公众限定为该信息所属领域的相关人员符合我国《反不正当竞争法》的立法精神。《反不正当竞争法》调整的是经营者之间的市场竞争关系，其第 2 条规定了不正当竞争的含义，是指经营者在生产经营活动中，违反本法规定，扰乱市场竞争秩序，损害其他经营者或者消费者的合法权益的行为。侵犯商业秘密行为属于其明文规定的不正当竞争行为，只有在商业秘密所应用领域来考察其是否为该领域相关人员普遍知悉，才具有实际意义，即使某些信息可能为其他领域的公众所周知，但只要本领域一般人员对其并不知悉，该信息就具备秘密性。

关于商业秘密的秘密性，有学者认为，相对秘密性可以分解为四个方面的内容来理解，即对知悉主体的要求、对知悉客体的要求、对知悉方式的要求和对知悉程度的要求。我们认为，相对秘密性主要是通过对知悉主体的限定来体现其相对性的，知悉方式、知悉客体以及知悉程度对理解商业秘密是有帮助的，但将其放在商业秘密的相对秘密性特征则不必要。例如，关于对知悉程度的要求，有学者认为，一是要知全、知尽，二是要普遍知道和掌握。我们认为，这是相对秘密性的应有之义，如果不是该领域人员普遍知悉，而只是同行业小范围人员了解，就不能说其为公众所知悉。而如果仅是不全面、不完整地了解该信息，仍是无法利用该信息，权利人的商业秘密权利并未受到实质侵犯。

还有学者认为，商业秘密的秘密性包括相对秘密性与采取保密措施两项基本内容。前者反映的是秘密性的属性,而后者则反映了权利人保护其商业秘密的保密努力,认为秘密性主要体现为主观秘密性和客观秘密性,只有同时具备这两方面的信息才可能构成商业秘密。主观秘密性是指信息的拥有者具有对该信息予以保密的主观愿望,客观秘密性主要是指信息在客观上不为本行业的人普遍知悉。在主观秘密性与客观秘密性中,客观秘密性更为重要,主观秘密性通常是以信息的拥有者是否对其采取了合理、有效的保密措施(管理性)来进行判断。我们认为这种观点值得商榷,其否定管理性即权利人对该信息采取合理、有效的保密措施的独立意义,或者将其纳入客观秘密性之后,又将管理性作为一个独立条件。将秘密性理解为这是从客观方面对能成为商业秘密的信息的要求更为可取,即法律要求其在所属领域不为相关人员所普遍知悉。当然,在实践中相关信息构成商业秘密主要是因为权利人采取了保密措施,这反映了权利人主观保密意图,管理性的意义在于它是商业秘密获得法律保护的必要条件。如果权利人对商业秘密漠不关心,不采取任何保密措施,那么法律又有何必要去保护已被放弃的权利呢?所以,管理性是商业秘密的必备构成要素之一,而非从属于秘密性。

第二,新颖性的独立性及与秘密性的关系。

商业秘密是否要求新颖性?如果新颖性是商业秘密的独立性特征,与秘密性是怎样的关系?这是目前法学界争论激烈的问题。

所谓新颖性,一般认为是指作为商业秘密的技术信息或经营信息必须与公知技术或经营信息有最低程度的不同,有一定的新意或进步,而非相关行业的常识或惯例。有学者认为“不为公众所知悉”包含了秘密性和新颖性双重含义,其中,更重要的是新颖性。秘密性着眼市场竞争,强调商业秘密为少数人知悉或使用,新颖性则更强调技术水准,即技术信息或者经营信息与通行的技术或经营信息存在差异。也有学者将“不为公众所知悉”理解为新颖性要件,认为商业秘密的新颖性表现在其“不为公众所知悉”。要求商业秘密有独立的新颖性要素的观点认为,如果没有新颖性要求,任何行业内的普通信息都可成为商业秘密,被人垄断,就会导致诉讼泛滥,极大地阻碍商业信息的正常交流,影响正常生产经营活动的进行。

我们认为,这种观点对商业秘密的秘密性特征没有正确理解。如果某技术信息或者经营信息是行业内的普通信息,即使有人将之作为秘密并采取保密措施,仍然是“为公众所知悉”,不具备秘密性,不是商业秘密。我们不反对商业秘密有新颖性,但将新颖性作为商业秘密的独立要素,理解为“不为公众所知悉”的内核是不妥当的,会缩小商业秘密法律的保护范围。我们的看法与国内外立法和司法实务的立场一致。美国许多法院认为,从专利的角度看,尽管商业秘密不一定构成发明,但它必须至少具有新颖的成分。在有关商业秘密案件的判决中,法院判决表明,商业设想要想获得保护就必须是新的、奇特的或独创的、具体的,要求信息或设想是非常识性的。我国最高人民法院知识产权庭对其起草的《关于审理不正当竞争民事案件应用法律若干问题的解释》的解读中,认为“不为公众所知悉”应当同时具备不为该信息所属领域相关人员“普遍知悉”和“容易获得”两个具体条件。一项信息要构成商业秘密,不仅要处于保密状态,而且,获得该信息要有一定的难度,这样才符合商业秘密的秘密性要求。如果相关人员不需要创造性劳动,仅是经过一定的联想即能获得的信息,就是容易获得的信息,就不能成为商业秘密,这在《关于审理不正当竞争民事案件应用法律若干问题的解释》第 9 条第 2 款规定中得到反映,与之相似的是,TRIPs 协议关于秘密性的规定中也使用了“普遍了解”和“容易获得”的用语,这反映了法律对商业秘密新颖性有要求,但没有把商业秘密的新颖性作为主要特征。

关于商业秘密新颖性的程度,法学界普遍认为不应过高要求商业秘密的新颖性程度,只要其与该信息所属领域的知识有最低程度的区别即可,这一点与专利存在显著区别。即使是源于公知领域的信息,如果经过权利人的收集、分析和整理,进而形成了新的产品,其同业竞争者不通过相同或类似的劳动就很难获得,就应当认为其具有新颖性。

对于新颖性与地域范围的关系。有学者认为应具有相对性,即在甲地成为公知技术的信息,在乙地的同行业并非众所周知,只要在乙地符合商业秘密的其他条件,甲地的众所周知并不妨碍在乙地成为商业秘密。我们认为在考虑商业秘密的新颖性时,应当有地域范围的限制,这既有利于保护权利人的合法权利,又与当前我国技术水平和经济发展的地区差异性相符合,有一定的合理性。如何理解这些地域限制呢?我们认为,可以参考《专利法》中现有技术的地域标准,即国内公开使用的对我国公众而言是公知的现有技术,如果仅是在国外公开使用的,对我国公众而言还不认为是公知的现有技术。相似地,对商业秘密的地域限制,也可以按照国界作为区别对待的标准,对于在国外已经公开使用而在国内尚未公开使用的,仍然将该信息纳入商业秘密的范围。当然,其是否作为商业秘密进行保护,仍需具备商业秘密的其他特征。

"不为公众所知悉"包含了秘密性和新颖性双重含义,没有新颖性的信息很难说具有秘密性,进而不具有价值性。同样,有关信息的所有人对信息采取保密措施,使其不为公众所了解,具有秘密性,也正是因为其具有新颖性,否则这种保密就不具有商业价值。从客观角度看,秘密性是因为该信息是其所属领域人员尚未普遍知悉,而新颖性则反映了该信息拥有者的智力创造,其同业竞争者如果不付出一定劳动就难以获得,体现了信息的价值性。新颖性独立存在的意义在于通过新颖性能够更好地认定商业秘密,证实其秘密性和价值性的存在,没有新颖性就无所谓秘密性,秘密性意味着最低程度的新颖性。美国《反不正当竞争法重述》有类似的表述,该文件第 39 条认为:"尽管商业秘密案件中有时产生新颖性要求,但新颖性要求只是对本条秘密性和价值性概念,以及排除相关已有技术等价替换要求的另一种表达方式。"

商业秘密的秘密性要素"不为公众所知悉"包括了秘密性和新颖性两方面内容,但新颖性并非商业秘密的独立性特征,它是依附于秘密性而存在,是对商业秘密的秘密性进行补充说明的要素,在证明商业秘密的秘密性时有重要意义。当一方以不具备新颖性而否定秘密性时,商业秘密的权利人应提出证据,证明其所拥有的信息与公知信息存在差异,且是所属领域的技术人员非经"不容易"的努力无法获得的。这里的新颖性是否一定意味着是"以前从未有过的""新"的意思,我们认为,不应仅从字面上来寻找法律上的解释。在德国,已经使用过的方法,因时间长久而被人遗忘并没有留下任何公开渠道可以获得的资料的,它仍然可能成为商业秘密。总之,国内外立法都未将新颖性明确规定为商业秘密的一个独立性特征,在国内法学理论界存在严重分歧的"新颖性是否为商业秘密的必要特性"的问题,在司法实务界却达成了基本一致的观点。这可能是因为法学理论界对"新颖性"概念本身的理解存在偏差所致,建议将新颖性界定为"与公众所知悉的信息不同,且需付出最低程度的创造性努力才能获得",这样更符合立法的本来意义,只是表述有些繁琐。

(2)商业秘密的价值性。

根据《反不正当竞争法》的规定,商业秘密是能为权利人带来经济利益、具有实用性的技术信息和经营信息等商业信息。关于"能为权利人带来经济利益、具有实用性的"的理解,依照最高人民法院《关于审理不正当竞争民事案件应用法律若干问题的解释》的规定,有关信息具有现实的或者潜在的商业价值,能为权利人带来竞争优势的,应当认定为"能为权利人带来经济利益、具有实用性"。在认定侵犯商业秘密罪时,判断某一信息是否"能为权利人带来经济利益、具有实用性的",可以参照该司法解释的规定来确定。以上法律和司法解释将商业秘密的"能为权利人带来经济利益"和"具有实用性"并列规定,而没有单独规定为"具有实用性",与 TRIPs 协议的规定是一致的。

目前法学理论界关于商业秘密的价值性的主要争议,是商业秘密的实用性与价值性的关系,实质是"实用性"有无独立存在的必要?

第一,对商业秘密的价值性的理解。根据《关于审理不正当竞争民事案件应用法律若干问题的解释》,参考 TRIPs 协议的相关规定,我们认为,商业秘密的价值性主要体现在商业秘密能使其拥有者取得竞争优势,相比不拥有该信息的同行业竞争者具有更有利的市场地位,这是商业秘密之所以要受到法律保护的根本原因。这种竞争优势既可以是现实的,也可以是潜在的,法律并不要求某项商业秘密已经应用于生产或经营之中。至于这种信息是持续的还是短暂的,是积极的还是消极的,法律在所不问,任何能为权利人取得竞争优势的信息,都有可能成为商业秘密。在国外的司法实践中,在理解这种竞争优势时使用"领先时间"(leading time)概念,并以丧失的领先时间来折算成损害赔偿额,确立了“威斯汀规则”(winston rule)。

第二,商业秘密的价值性与实用性的关系。商业秘密的实用性是指商业秘密具有明确具体的可操作性,能够现实地应用于工商业生产或经营活动中,并发挥实际的效果。有学者认为,价值性应包含两方面的内容:其一,能为权利人带来现实或潜在的经济利益或竞争优势。其二,应具有实用性。赞同实用性的学者大多认为,实用性要求作为商业秘密的信息应当明确和具体,实用性是价值性的基础,没有实用性就谈不上价值性,价值性是实用性的结果。我们认为,实用性是指可现实地应用于生产和经营活动中,那种将实用性表述为客观有用性的观点实际上泛化了实用性的含义,是不严谨的,因为客观有用性正是对价值性的另一种表述而已。一般来说,商业秘密的价值性主要是通过技术和经营信息等商业信息的实际应用来体现。但是,也有例外,如阶段性研究成果或者消极信息,其本身不具有实用性,如果被其竞争对手知悉就会损害权利人的经济利益,使其在市场竞争中处于不利地位,法律若不对其进行保护,无疑挫伤了人们进行新技术研究开发的积极性,也为那些不劳而获、巧取豪夺他人劳动成果的不法分子大开方便之门,最终公平有序的竞争环境也将荡然无存。诚然,实用性与价值性的关系密切,但后者才是法律关注的重点。鉴于修改后的《反不正当竞争法》已经取消了对实用性的要求,我们认为,实用性不应作为商业秘密的一个独立性特征,而应作为价值性的一个要素,与“能为权利人带来经济利益”一起来界定价值性的含义。

(3)商业秘密的管理性。

根据《反不正当竞争法》的规定,商业秘密是指不为公众所知悉、具有商业价值并经权利人采取相应保密措施的技术信息、经营信息等商业信息。这里的“经权利人采取相应保密措施”是对商业秘密管理性的法律要求,最高人民法院《关于审理不正当竞争民事案件应用法律若干问题的解释》第 11 条规定了认定的标准,列举了可以被认为是采取了保密措施的几种情况。根据以上法律和司法解释,商业秘密的管理性是指权利人为防止信息泄露所采取的与其商业价值等具体情况相适应的合理和有效的保护措施。管理性是各国立法所明文规定的商业秘密的必备要素之一,法律学界对该要素的争议不大,主要分歧是对立法规定的“合理保护措施”的理解。

《关于审理不正当竞争民事案件应用法律若干问题的解释》第11条对“经权利人采取保密措施”列举了六种具体的保密措施,包括限定涉密信息的知悉范围,只对必须知悉的相关人员告知其内容;对于涉密信息载体采取加锁等防范措施;在涉密信息的载体上标有保密标志;对于涉密信息采用密码或者代码等;签订保密协议;对于涉密的机器、厂房、车间等场所限制来访者或者提出保密要求。由于现实生活的复杂性,该司法解释无法穷尽所有的情况,故该条最后规定了一个兜底条款“确保信息秘密的其他合理措施”。在司法实践中,如果案件事实符合前面列举的六种情况,自然不存在认定商业秘密的管理性问题,如果案件事实情况超出了以上六种情况,就要对兜底的“其他合理措施”进行解释。该司法解释还规定,人民法院应当根据所涉信息载体的特性、权利人保密的意愿、保密措施的可识别程度、他人通过正当方式获得的难易程度等因素,结合主客观两方面综合判断是否采取了合理措施。以上“合理措施”是否要求能绝对保护商业秘密的保密状态?国内外相关立法都未作严格要求,美国相关法律对其表述为“在特定情势下已尽合理保密努力”,并通过杜邦公司案判决表明,只要求“在特定条件下的合理性”,不要求采取极端的和过分昂贵的保护措施。

关于“合理措施”的具体内涵,有学者认为“合理措施”有两层含义:一方面要求保密措施是有效的,必须能在保密方面发挥效用并达到保密目的;另一方面,要求保密措施是适当的,在商业秘密所处的特定环境、条件下足以防止一般人以正当的手段获知。我们认为,这些都是认定合理措施时应当考虑的因素,正如法律对新颖性要求不高那样,对于管理性也只是要求“合理”即可。具体而言,根据保密信息、保密信息的载体的特点以及该信息所处的环境,权利人采取能为他人所识别的、在正常情况下足以防止他人通过正当途径获取的、持续性的保密措施,即可认定为是“合理的”。要求权利人采取万无一失的保密措施,既不可取也不能实现。这是因为随着高科技的发展,任何防范措施都难说是滴水不漏的,严密的保密措施会加重经营者的负担,“法不强人所难”,对于商业秘密权利人而言,其采取的保密措施是适当的、合理的即可,对于特定义务人而言,遵守商业道德,尊重他人的合法权利也非难事。要求商业秘密必须采取了合理的保密措施的意义在于,一方面体现了权利人的保密意愿,希望得到他人的尊重和法律的认可与保护;另一方面在证明他人通过不正当手段侵犯商业秘密时发挥证据作用。

秘密性、价值性和管理性三个构成要件相互联系、相互区别,是决定相关信息可以成为商业秘密的必备条件,缺一不可,同时具备以上三个特征的商业信息才能成为商业秘密,进而成为侵犯商业秘密罪的犯罪对象。但是,在某些特殊情况下,具备以上三个特征且能给其持有者带来利润的商业信息,也可能因为不受法律保护而不能成为商业秘密,不能成为侵犯商业秘密罪的犯罪对象,这类商业信息包括:

①违法的商业秘密。违法的商业秘密包括本身违法的商业秘密和本身不违法但是其利用是违法的商业秘密。前者诸如公司制作的假账,即使该公司将其作为商业秘密,揭露假账的行为不能认为是侵犯商业秘密。后者诸如未经特别许可的公司企业非法使用涉及国家秘密和国家安全的保密专利技术信息,该企业的这类商业信息不能成为本罪的犯罪对象,其持有者不能要求给予刑法保护。

②不正当的商业秘密。这类商业秘密没有被法律所禁止,但是其内容或其使用违反社会道德风尚,如作弄人的方法信息、“黄色段子”信息、收集到的攻击竞争对手缺陷的资料等。不正当的商业秘密或者涉及不正当竞争,或者违背社会公共利益,虽然法律对这些商业信息不进行禁止,但是,它们不能给社会带来积极作用,甚至是有害于社会,从受法律保护价值的社会属性和刑事立法精神分析,这些不正当的商业信息不应成为刑法保护的对象。

二、犯罪客观方面

侵犯商业秘密罪的客观方面表现为违反国家关于保护商业秘密的法律法规,实施了侵犯他人商业秘密且情节严重的行为。

(一)犯罪前提

成立侵犯商业秘密罪的前提是违反商业秘密保护法律法规,只有满足这一前提条件,才可能构成该罪。这里的“违反商业秘密保护法律法规”,主要是指行为人的行为违反了我国《反不正当竞争法》的规定，因为该罪是破坏社会主义市场经济秩序罪，主要是破坏《反不正当竞争法》保护的市场竞争秩序。《反不正当竞争法》第9条规定："经营者不得实施下列侵犯商业秘密的行为：(一)以盗窃、贿赂、欺诈、胁迫、电子侵入或者其他不正当手段获取权利人的商业秘密；(二)披露、使用或者允许他人使用以前项手段获取的权利人的商业秘密；(三)违反保密义务或者违反权利人有关保守商业秘密的要求，披露、使用或者允许他人使用其所掌握的商业秘密；(四)教唆、引诱、帮助他人违反保密义务或者违反权利人有关保守商业秘密的要求，获取、披露、使用或者允许他人使用权利人的商业秘密。经营者以外的其他自然人、法人和非法人组织实施前款所列违法行为的，视为侵犯商业秘密。第三人明知或者应知商业秘密权利人的员工、前员工或者其他单位、个人实施本条第一款所列违法行为，仍获取、披露、使用或者允许他人使用该商业秘密的，视为侵犯商业秘密。本法所称的商业秘密，是指不为公众所知悉、具有商业价值并经权利人采取相应保密措施的技术信息、经营信息等商业信息。"该法第21条还规定了侵犯商业秘密行为的行政法律责任。只有行为违反了《反不正当竞争法》的相关规定，才可能构成侵犯商业秘密罪。当然，如果行为只违反《反不正当竞争法》的以上规定，不齐备侵犯商业秘密罪立法规定的构成要件，只能构成民事侵权或行政违法行为。

下列情形中的行为不属于《反不正当竞争法》禁止的行为，更不能以侵犯商业秘密罪论处：(1)他人通过反向工程取得商业秘密；(2)他人自行创造、构思出同样的商业秘密；(3)他人从其他合法权利人处受让商业秘密权；(4)第二人在商业秘密权利人疏忽大意的情况下善意取得；(5)善意第三人从善意第二人那里取得商业秘密；(6)商业秘密权利人的权利用尽。

(二)危害行为

本罪的危害行为表现为《刑法》第219条规定的2类4种侵犯他人商业秘密的行为。第一类是直接侵权人侵犯商业秘密的行为。(1)以盗窃、贿赂、欺诈、胁迫、电子侵入或者其他不正当手段获取权利人的商业秘密的；(2)披露、使用或者允许他人使用以前项手段获取的权利人的商业秘密的；(3)违反约定或者违反权利人有关保守商业秘密的要求,披露、使用或者允许他人使用其所掌握的商业秘密的。前2种行为属于侵权性侵犯商业秘密的行为,第3种行为属于违约性侵犯商业秘密的行为。第二类是直接侵权人之外的第三人侵犯商业秘密的行为。以下对这些危害行为逐一进行分析。

1. 以盗窃、贿赂、欺诈、胁迫、电子侵入或者其他不正当手段获取权利人的商业秘密

此种危害行为也被称为"非法获取商业秘密的行为"。我们认为,这是最严重的侵犯商业秘密的行为,也是其他与之相关的侵犯商业秘密行为发生的前提,是直接侵权人的侵权性行为。这种行为方式主要是根据直接侵权人行为手段的不正当性来认定其违法性。以下对这几种不正当手段逐一予以剖析。

(1)盗窃商业秘密。所谓"盗窃",是指秘密窃取,它既包括权利人内部成员的窃取,也包括外部人员的窃取,还包括内外勾结的窃取。盗窃手段通常表现为窃取商业秘密的载体来获取商业秘密,行为人窃取到的既可以是反映商业秘密的材料原件或者其复制品,如采用偷印、偷照、监听等手段窃取权利人的商业秘密,还可以是偷阅权利人的商业秘密之后,凭借大脑的记忆再现该商业秘密。

在1997年《刑法》增设侵犯商业秘密罪之前,我国对盗窃技术秘密或重要技术成果的,依照司法解释按照盗窃罪来处理。1992年12月11日"两高"《关于办理盗窃案件具体应用法律的若干问题的解释》(已失效)第1条第(四)项规定,盗窃罪的对象包括重要技术成果。1994年6月17日最高人民检察院、国家科委联合发布的《关于办理科技活动中经济犯罪案件的意见》(已失效)规定:"对非法窃取技术秘密,情节严重的,以盗窃罪追究刑事责任。"

1997年《刑法》规定侵犯商业秘密罪后,对以上盗窃他人商业秘密的行为是否还按照刑法修订前的做法来处理呢?有学者认为,刑法修改后,对于盗窃技术成果或技术秘密的案件,则应首先判断该技术成果或技术秘密是否符合商业秘密的特征,属于商业秘密的,应按照侵犯商业秘密罪处理。对于不属于商业秘密的技术成果,则仍可以依照最高人民法院、最高人民检察院的前述司法解释,按盗窃罪处理。因为,1997年《刑法》实施后,上述司法解释并未宣

布废止。我们不同意这种观点。1997 年《刑法》修改时增设侵犯商业秘密罪的目的之一，就是为了解决知识产权不能像传统的财物一样被盗窃的问题，商业秘密被他人以不正当手段窃取后，商业秘密的权利人损失的是该商业秘密可能带来的财产收益，而商业秘密本身并没有脱离权利人的控制，这与传统的盗窃罪的情形不同。一种技术信息或者经营信息，如果不符合商业秘密的前述特征，要么不能成为秘密信息而已经进入公知信息领域，要么并不具有经济价值，从而该信息本身并无盗窃的必要，那么行为人盗窃承载该信息的载体的行为，只能是因为该载体本身具有较大的经济价值，而使该盗窃行为构成盗窃罪。总之，不符合商业秘密特征的技术信息、经营信息等商业信息本身，既不能成为侵犯商业秘密罪的犯罪对象，也不可能成为盗窃罪的对象，行为人盗窃这种信息的，只可能因为盗窃信息的载体构成盗窃罪，或者因其犯罪过程如采取破坏财物的手段构成其他犯罪。

有学者根据故意内容的不同将“盗窃”分为两类：一是行为人以窃财为目的而获取商业秘密；二是行为人以窃取商业秘密为目的而获取商业秘密。我们认为，依据《刑法》第 219 条规定以侵犯商业秘密罪论处的，只能够是第二种情况，行为人以获取商业秘密为目的采取自以为不被权利人发现的方法秘密窃取了商业秘密，其主观目的和行为对象是一致的，符合侵犯商业秘密罪的构成要件，构成侵犯商业秘密罪。而在第一种情况下，行为人主观目的是窃取财物而非商业秘密，因其主观目的和行为对象是不一致的，不具备侵犯商业秘密罪的要件特征，不宜以本罪论处。

(2)以贿赂方式获取商业秘密。所谓贿赂，是指给予他人好处以获取不正当利益的行为方式。在《刑法修正案(十一)》修改侵犯商业秘密罪立法之前，该种行为方式被表述为“利诱”方式。所谓“利诱”，是指行为人以高额物质报酬、优厚的工作条件或者其他利益，引诱了解、掌握商业秘密的人泄露商业秘密，如重金收买商业秘密权利人的雇员、合营者、顾问或者其他知情人员，以使其透露权利人的商业秘密。由于“利诱”行为可以包括正当的人才引进行为，正当的人才引进行为不应被认定为非法获取商业秘密行为。在市场经济条件下，劳动力自由流动是劳动力资源有效配置的前提，鼓励和允许劳动力自由流动是市场经济的必然要求。仅以高薪聘请、解决住房等手段将人挖走,并不一定是侵犯他人商业秘密的行为,往往是劳动力资源有效配置的要求和市场规律下优胜劣汰的必然结果。我们认为,只有在"挖人才"的同时将原企业的商业秘密也"挖"走,甚至是为了"挖"他人的商业秘密而"挖"他人企业中掌握商业秘密的人的,才可以说是侵犯了该企业的商业秘密。而且,即使有的"挖人才"是以获取商业秘密为目的进行的,但只要实际上并没有实际获取、使用、披露或允许他人披露被挖单位的商业秘密,也不宜认定为侵犯商业秘密罪。为了避免不当扩大侵犯商业秘密罪的处罚范围,《刑法修正案(十一)》将"利诱"修改为"贿赂"方式。

(3)以欺诈方式获取商业秘密。"欺诈"方式是《刑法修正案(十一)》新增的侵犯商业秘密罪的非法获取行为方式,是指虚构事实、隐瞒事实真相,使权利人陷入错误认识,或者利用权利人的错误认识,使权利人貌似自愿地交出商业秘密的行为方式。例如,假借与商业秘密的权利人进行合作经营、商业秘密交易等,使权利人陷入错误认识,违反权利人的真实意思和公平交易原则,获取权利人的商业秘密。

(4)以胁迫方式获取商业秘密。所谓"胁迫",是指对商业秘密的权利人或者其他合法知悉商业秘密的人员,如权利人的雇员、合营者、顾问等,以威胁生命、健康、荣誉、名誉、财产、业务等相要挟,对其进行精神强制,迫使其交出商业秘密。我们认为,"胁迫"行为既可以是针对上述人员本人,也可以是针对其家人或其他具有重大利害关系的人。胁迫的程度不要求被胁迫对象达到无法抗拒、不能抗拒的程度,只要对行为对象形成了精神上的强制,并因此获得了他人的商业秘密的,即构成以胁迫方式获取他人商业秘密的行为。

(5)以电子侵入方式获取商业秘密。"电子侵入"方式是《刑法修正案(十一)》新增的侵犯商业秘密罪的非法获取行为方式,是指非法侵入权利人的计算机信息系统,进而获取权利人的商业秘密。当前商业秘密大多以计算机数据形式存储在网络系统中,以电子侵入方式获取商业秘密成为当前侵犯商业秘密犯罪的主要犯罪形式,这种犯罪行为被称为"网络工业间谍"行为,是各国刑法打击的重点。

(6)以其他不正当手段获取他人商业秘密。所谓“其他不正当手段”,是指除前述手段以外的其他违背商业秘密权利人的意愿获取权利人的商业秘密的不正当手段。司法实践中,非法获取商业秘密的手段是复杂多样的,法律不可能一一列举穷尽,为避免放纵犯罪分子,有效打击针对商业秘密的犯罪活动,刑法规定“以其他不正当手段”来描述未被列举的手段。我们认为,用不正当手段获取权利人的商业秘密构成本罪的关键在于行为人所使用的手段的不正当性。随着现代科学技术的飞速发展,利用各种高科技手段窃取他人的商业秘密已成为一种越来越普遍的现象,也有使用传统的手段,如通过抢劫、抢夺等暴力手段以及非法侵占的方法,故意灌醉知晓商业秘密的人使其“酒后吐真言”,来获取权利人商业秘密,这些都属于“以其他不正当手段获取权利人的商业秘密”。

2. 披露、使用或者允许他人使用以前项手段获取的权利人的商业秘密

这类危害行为也被称为“滥用非法获取的商业秘密的行为”,也属于直接侵权人的侵权性行为,是第一种行为的自然延伸。第一种危害行为与第二种危害行为所不同的是,前者是根据直接侵权人获取商业秘密行为手段的不正当性来认定其违法性,而后者则是由于直接侵权人的滥用行为使权利人的商业秘密丧失了秘密性,使权利人失去了生产经营中的竞争优势。因此,非法获取商业秘密的行为人将商业秘密予以扩散,并给权利人造成重大损失的,同样应当受到刑罚处罚。

构成该种危害行为,必须具备以下条件:(1)行为人所披露、使用或者允许他人使用的商业秘密,必须是其以不正当手段获取的,如果以合法手段或正当途径获取的,则不构成此种行为,但可能属于第三类危害行为;(2)行为人所披露、使用或者允许他人使用的商业秘密,必须是其从权利人处直接获取的商业秘密,如果是其从其他非法知悉商业秘密的人那里获取的商业秘密,也不属于此种行为,而可能构成“以侵犯商业秘密论”的行为。

这里的“披露”,是指行为人将其以前项手段非法获取的商业秘密向权利人、保密约定、保密制度允许知道商业秘密的人以外的

其他人公开。这种行为包括以下三种情况：一是向特定的人公开，即使该特定的人答应为行为人告知的商业秘密保密，行为人的行为也同样属于向他人披露商业秘密；二是向小部分人公开，例如，行为人在某种私下场合谈论其用不正当手段获取的商业秘密，或在公共场合肆意谈论等，这些听众虽然仅是小部分，但行为人的行为已经造成商业秘密被公知，构成披露他人商业秘密行为；三是向社会公开，即通过各种信息传媒，如报纸、杂志、广播、电视等手段向社会传播，这种公开的目的在于彻底破坏商业秘密的"秘密性"，使其完全进入公知领域，以达到预期目的，如损害权利人的经济利益、使其失去竞争优势等。披露的行为方式多种多样，既可以采用口头或书面方式，也可以利用广播、电视、报刊、广告等新闻媒介的方式公开，还可以是展示包含商业秘密的样品、产品、模型等。可见，商业秘密公开化的程度及披露的方式均不影响披露行为的成立。

这里的"使用"，是指行为人将自己非法获取的商业秘密在生产或经营活动中加以运用，以求获得经济利益的行为。生产方面的运用如用技术秘密生产产品，用技术秘密进行维修服务，用技术秘密进行生产设备的更新换代等。经营方面的运用如用商业秘密开展咨询服务、利用他人的商业秘密制成自己产品的推销计划、广告宣传材料等。至于运用商业秘密的具体场合如何，并不影响犯罪的成立。

这里的"允许他人使用"，是指行为人将其以不正当手段获取的商业秘密供他人使用，而非自己使用。这种允许使用可以是有偿的，如行为人冒充商业秘密权利人与他人签订技术实施许可合同或技术转让合同，从中收取使用费或转让费，也可以是无偿的，如基于亲戚、朋友、商务关系或其他利害关系，将商业秘密无偿送给他人使用而不收取任何费用。

在实际生活中，该种行为通常是前项"非法获取商业秘密的行为"的自然延伸，并通过此种行为实现行为人非法获取权利人商业利益或者争取到竞争优势的目的，同时，给商业秘密的权利人造成损失。但是，行为人是否只有同时实施前项危害行为与本项危害行为才能完成犯罪，才能构成本罪呢？有学者认为，单纯获取他人的商业秘密一般达不到行为人的目的，行为人只有将非法获取的商业秘密加以使用、披露或允许他人使用,才能使商业秘密的权利人失去生产经营中的竞争优势,才能给商业秘密的权利人造成损失。我们不同意这种观点,如果《刑法》第219条第(1)(2)项规定的行为之间存在这种自然延伸的必然联系,那么《刑法》第219条就会将这两项危害行为规定为一项,而不是《刑法》规定的两项危害行为。而且,在实际生活中,行为人只实施本罪第(1)项行为的,如高薪利诱掌握权利人企业核心商业秘密的职员跳槽的,权利人的合作伙伴因为担心商业秘密的泄露招致经营损失,而终止与权利人进行合作,同样可以评价为情节严重,在这种情况下,即使行为人只有第(1)项犯罪行为,也可以齐备侵犯商业秘密罪的构成要件构成本罪。因此,我们认为,《刑法》第219条规定的四项危害行为是选择性危害行为,即使它们之间可能存在自然延伸关系,但是,各自仍然可以独立成立犯罪,无须结合其中两项或两项以上行为才能齐备侵犯商业秘密罪的构成要件。行为人同时实施以上两项或者两项以上危害行为,构成犯罪的,也只构成一罪,不构成数罪。

3. 违反约定或者违反权利人有关保守商业秘密的要求,披露、使用或者允许他人使用其所掌握的商业秘密

第三种危害行为也是直接侵权人的侵权性行为,且与第二种行为的手段相似,都是披露、使用或者允许他人使用其所掌握的商业秘密的行为,但是,有着不同于第二种行为的特征,从而区别于前两种危害行为。实施第三种危害行为获取商业秘密的手段是正当的,只是由于行为人对权利人负有明示的或默示的保密义务,因而不得披露、使用或允许他人使用。由于商业秘密是权利人赢得市场竞争优势的重要资源,权利人一般都特别注意保密,尽量缩小商业秘密知悉人的范围。对于必须知道商业秘密的人,权利人通常要与之约定保守商业秘密。这种保密协议的内容,除了约定知情人在公司任职期间不得泄密、负有严格保守商业秘密的义务外,还往往根据这种秘密对权利人的重要程度,与知情人签订竞业保密协议,要求知悉商业秘密者在离职后的一定时间内不得在同业单位中任职。依照约定和法律规定,知悉商业秘密的人应保守秘密,如果行为人不顾约定或者权利人的要求而泄密,情节严重的,就要依法承担刑事

责任。

实施此类行为的行为人一般是因工作关系、业务关系、合同许可关系等原因而知悉权利人的商业秘密并负有保密义务的人,它既可以是公司、企业的内部人员,也可以是公司、企业中负有监管、检查、调查和管理等权限的人员。在司法实践中,实施第三种危害行为的行为人分为两类:(1)第一类是与商业秘密的权利人之间存在保守商业秘密约定的人,如与商业秘密的权利人订立许可使用合同的一方当事人、权利人单位知悉商业秘密的工作人员、从该单位调出、离退休并与单位订有保守秘密协议的有关人员。根据保密约定,这些人在约定期限内不得有披露、使用或者允许他人使用其所掌握的商业秘密的行为。(2)第二类是商业秘密的权利人要求其保守商业秘密的人。这种保密要求既可以是权利人在对其公开商业秘密时明确要求的,如商业秘密权利人在做技术分析时要求听众保守商业秘密,也可以是法律法规规章制度规定的参与知悉商业秘密活动的人必须保密。例如,1994 年 10 月 28 日国家科学技术委员会颁布的《科学技术成果鉴定办法》(已废止)第 15 条第 2 款规定:"参加鉴定工作的专家应当保守被鉴定科技成果的技术秘密",《专利法》规定专利审查人员在专利未公告公布前应对专利申请文件保守秘密等。无论属于上述哪种情况而知悉商业秘密的,行为人都有保守商业秘密的义务,行为人违反以上保密义务,披露、使用或者允许他人使用其所掌握的商业秘密的,构成本项危害行为。

4. 明知前述所列行为,获取、披露、使用或者允许他人使用他人的商业秘密

第四种危害行为是《刑法》第 219 条第 2 款规定的"以侵犯商业秘密论"的行为。本项危害行为与前述三种危害行为不同,行为人获得商业秘密的来源不是商业秘密的权利人,而是从其他实施第(1)项或第(3)项危害行为的人那里获得权利人的商业秘密。正因为这一区别,本项危害行为被称为"第三人"实施的侵犯商业秘密的行为,《刑法》第 219 条规定为以侵犯商业秘密行为论处。

如何界定这里的"第三人"? 我们认为,第一人是指商业秘密的权利人或者合法持有者,第二人是指实施前三种危害行为直接侵犯商业秘密的行为人,而"第三人"则应该是指直接获得商业秘密

的行为人以外的间接侵犯商业秘密的人。实施本项危害行为的行为人明知或者根据客观情况推断出其明知前述直接侵犯商业秘密的行为,仍然从他人手里获取、获取后再使用、披露或允许他人使用该商业秘密。“第三人”尽管没有直接侵犯第一人的商业秘密,但它在明知“第二人”的行为违法,即侵犯了第一人的商业秘密,仍然获取、使用、披露或允许他人使用第一人的商业秘密,其行为同样能够实质性侵犯权利人的商业秘密,理应承担法律责任。

在司法实践中“第三人”并非必然与直接侵犯商业秘密者存在共同犯罪关系,往往只是直接侵权人与“第三人”交易他人的商业秘密,由第三人实施该种侵犯商业秘密行为,如果不将这种危害行为独立成罪,将会放纵诱惑他人直接侵犯商业秘密而自己在幕后侵犯他人商业秘密的行为,导致同业单位恶意竞争、相互悬价购买竞争对手的商业秘密,扼杀自主创新的积极性,破坏社会主义市场经济的正常发展。《刑法》第219条将第四种危害行为规定为本罪行为,是着眼于经济发展的全局,对侵犯商业秘密犯罪进行系统性刑法治理。

本项危害行为表现为四种形式,即获取、使用、披露或允许他人使用行为。这里的“使用”“披露”“允许他人使用”与前文中的相应行为没有区别。但是,本项危害行为中的“获取”行为是否包括使用不正当手段获得。我们认为,由于本项危害行为的行为人是明知是不法手段得到的商业秘密而仍然获取、使用、披露该商业秘密,行为人主观上对其行为存在违法性认识。因此,无论行为人是通过交易获得商业秘密,或者直接侵权者自愿提供商业秘密,还是通过盗窃、胁迫以及其他不正当手段从直接侵权者那里获得权利人的商业秘密,都不影响其行为的性质,只是以不正当方式获得权利人商业秘密的,应作为酌情从重处罚。

以上法定的四种侵犯商业秘密的行为,有学者进行另外一种分类:一是非法获取商业秘密,既可能是采用不正当手段直接从权利人那里获取,也可能是从侵权行为人那里获取;二是非法披露商业秘密,既可能是采用不正当手段或从非法途径获取者披露,也可能是合法知悉者违反保密义务而披露;三是非法使用商业秘密,既可能是采用不正当手段获取者直接使用,也可能是合法知悉者不经权利人许可而使用,还可能是非法获取者或合法知悉者违反权利人的意愿允许他人使用。这种分类方法有利于在司法实践中根据行为方式来认定侵犯商业秘密犯罪,是一种有实践价值的理论分类。

(三)严重情节

《刑法修正案(十一)》将该罪由结果犯修改为情节犯。在立法修改之前,侵犯商业秘密罪是结果犯,构成侵犯商业秘密罪,不仅要求行为人实施了上述危害行为,还必须因此造成了商业秘密权利人"重大损失"。在司法实践中,要证明行为人给权利人造成重大损失是困难的,在刑法加强对商业秘密的保护形势下,立法机关将该罪由结果犯修改为情节犯,只要具有严重情节的,就可以构成该罪,无须造成权利人重大损失或特别严重后果。这里的"情节严重"如何把握,有待司法解释给予明确,在相关司法解释未出台之前,造成权利人重大损失或其他严重后果通常被认为属于"情节严重",因此,认定"重大损失"对该罪的成立仍然具有重要意义。

关于"重大损失"的认定存在几个问题。"重大损失"是否只包含直接损失而不包括间接损失?重大损失是否只包括那些可以直接计算损失数额的损失,而不包含诸如破产等严重后果?可列入重大损失计算范围的项目包括哪些?

1. 重大损失是否只包含直接损失而不包括间接损失?

2001 年最高人民检察院、公安部《关于经济犯罪案件追诉标准的规定》(已失效)规定的给商业秘密的权利人造成的损失中使用了"直接经济损失",但是,该解释同时规定了第二种情况,即致使权利人破产或造成其他严重后果,因此,不能将该解释将侵犯商业秘密罪中的"重大损失"仅理解为直接损失,否则,该解释没有必要列举出第二种情况。《2020 年解释》第 4 条规定,"实施刑法第二百一十九条规定的行为,具有下列情形之一的,应当认定为'给商业秘密的权利人造成重大损失':(一)给商业秘密的权利人造成损失数额或者因侵犯商业秘密违法所得数额在三十万元以上的;(二)直接导致商业秘密的权利人因重大经营困难而破产、倒闭的;(三)造成商业秘密的权利人其他重大损失的"。在现实生活中,侵犯商业秘密犯罪给权利人造成的损失有的是直接损失,但是,由于商业秘密的经济价值是在使用中逐渐转化为现实经济利益的,对于在商业秘密使用过程中预期产生的经济利益因侵犯商业秘密犯罪而未能取得的，虽然它们不属于直接损失，也应认定为侵犯商业秘密犯罪导致的损失。例如，某企业使用特殊的技术工艺生产的产品物美价廉，收到了不少客户订单，后该企业技术人员披露该生产工艺，一部分客户担心产品价格会下调而撤销订货要约，这部分被撤销的订单预期给权利人带来的收益（扣除经营成本）就属于因侵犯商业秘密犯罪造成的间接损失，应当用于认定侵犯商业秘密罪的“重大损失”。

2. 重大损失是否只包括那些可以直接计算损失数额的损失？

我国刑法以及前述司法解释规定的“重大损失”，没有限于可计算的损失，从实践来看，侵犯权利人商业秘密导致严重后果的，也并非只有可计算的经济损失。如果将不可计算的损失不用于认定侵犯商业秘密罪的“重大损失”，将在法律上给商业秘密权利人造成二次伤害。根据《2020 年解释》第 4 条的规定，直接导致商业秘密的权利人因重大经营困难而破产、倒闭的，直接认定为造成商业秘密权利人“重大损失”。

根据《2004 年解释》的规定，自然人侵犯商业秘密给权利人造成损失数额在 50 万元以上的，属于“给商业秘密的权利人造成重大损失”。作为侵犯商业秘密罪加重处罚情节的“特别严重后果”，其量刑标准是在“重大损失”的基础上设立的，旨在对更为严重的侵犯商业秘密犯罪行为予以较前者更为严厉的刑事处罚，以有效保护商业秘密权利人的合法权益，维持正常的市场竞争秩序。对于“特别严重后果”的界定，《2020 年解释》第 4 条规定，“给商业秘密的权利人造成损失数额或者因侵犯商业秘密违法所得数额在二百五十万元以上的，应当认定为刑法第二百一十九条规定的‘造成特别严重后果’”，我们认为，仅从损失数额上来界定特别严重后果，多少有失偏颇。

3. 损失数额的计算标准及可列入重大损失计算范围的项目包括哪些？

商业秘密属于知识产权范畴，作为一种特殊的财产，其取得需要成本，其使用能给商业秘密权利人带来收益或者形成竞争优势，而且，商业秘密的经济价值通常不是在一次使用后就被用尽，而是在未来相当长的时间里逐渐转化为现实经济利益,因此,计算因侵犯商业秘密行为而给权利人造成的数额时,应综合考虑权利人取得商业秘密的成本、现实损失与现实的预期收益。

在司法实践中对于侵犯商业秘密犯罪行为给商业秘密权利人造成损失数额的计算,一般遵循以下原则:(1)能够计算权利人的损失的,应当准确计算权利人的损失数额,以权利人因侵权行为所遭受的损失为限计算权利人的损失数额,也可按合理的商业秘密使用许可费来确定权利人的损失数额;(2)权利人的损失数额难以计算的,可以侵权人在侵权期间因侵权行为所获得的实际利益为限计算权利人的损失。《2020年解释》第5条规定,"实施刑法第二百一十九条规定的行为造成的损失数额或者违法所得数额,可以按照下列方式认定:(一)以不正当手段获取权利人的商业秘密,尚未披露、使用或者允许他人使用的,损失数额可以根据该项商业秘密的合理许可使用费确定;(二)以不正当手段获取权利人的商业秘密后,披露、使用或者允许他人使用的,损失数额可以根据权利人因被侵权造成销售利润的损失确定,但该损失数额低于商业秘密合理许可使用费的,根据合理许可使用费确定;(三)违反约定、权利人有关保守商业秘密的要求,披露、使用或者允许他人使用其所掌握的商业秘密的,损失数额可以根据权利人因被侵权造成销售利润的损失确定;(四)明知商业秘密是不正当手段获取或者是违反约定、权利人有关保守商业秘密的要求披露、使用、允许使用,仍获取、使用或者披露的,损失数额可以根据权利人因被侵权造成销售利润的损失确定;(五)因侵犯商业秘密行为导致商业秘密已为公众所知悉或者灭失的,损失数额可以根据该项商业秘密的商业价值确定。商业秘密的商业价值,可以根据该项商业秘密的研究开发成本、实施该项商业秘密的收益综合确定;(六)因披露或者允许他人使用商业秘密而获得的财物或者其他财产性利益,应当认定为违法所得。前款第二项、第三项、第四项规定的权利人因被侵权造成销售利润的损失,可以根据权利人因被侵权造成销售量减少的总数乘以权利人每件产品的合理利润确定;销售量减少的总数无法确定的,可以根据侵权产品销售量乘以权利人每件产品的合理利润确定;权利人因被侵权造成销售量减少的总数和每件产品的合理利润均无法确定的,可以根据侵权产品销售量乘以每件侵权产品的合理利润确定。商业秘密系用于服务等其他经营活动的,损失数额可以根据权利人因被侵权而减少的合理利润确定。商业秘密的权利人为减轻对商业运营、商业计划的损失或者重新恢复计算机信息系统安全、其他系统安全而支出的补救费用,应当计入给商业秘密的权利人造成的损失。”

我们认为,在具体计算权利人的损失时,还应当考虑以下因素:(1)该商业秘密占领市场的大小,包括已经占领的市场的大小和尚未占领的市场的大小,这是衡量商业秘密价值的重要因素。(2)商业秘密权利人的数量,包括商业秘密的所有人以及商业秘密的合法使用人的数量,了解他们总共占领市场的份额。(3)侵权人的生产能力,包括侵权人侵权时所使用的生产能力和全部的生产能力。侵权人在未使用该商业秘密时使用相同的生产能力能得到多少经济利益,在使用了商业秘密之后能得到多少经济利益,将两者加以比较,可以反映侵权人的获利情况以及给权利人造成的损失的大小。(4)被侵犯的商业秘密权利人的生产能力,包括目前使用的生产能力以及其全部的生产能力,在商业秘密没有被侵犯之前能获得多少经济利益,在商业秘密被侵犯之后能获得多少经济利益。(5)该商业秘密的生命周期,任何商业秘密从产生到被淘汰都是有一定周期的,总有一天会被他人所获知。了解该商业秘密处在其生命周期的哪一个阶段,对确定权利人的损失有很大意义。(6)商业秘密开发、研制的成本。(7)其他因素,如侵权的手段、扩散的范围以及造成的影响、侵权行为持续的时间等。

综上所述,侵犯商业秘密罪的客观方面要件由犯罪前提、危害行为、严重情节三个构成要件组成,必须同时齐备以上三个要件才能成立该罪。

三、犯罪主体

侵犯商业秘密罪的主体是一般主体,即年满 16 周岁,具有刑事责任能力的自然人或者单位。有学者认为,本罪主体为特殊主体,仅限于经营者(包括个人和单位),绝大多数学者的观点认为本罪的主体是一般主体,不具有特别身份(如经营者)的人也可以构成本罪。例如,不具有特殊身份的扒手窃取到商业秘密资料后向第三者披露,情节严重的,也可以构成本罪。

我们认为,侵犯商业秘密罪的主体应为混合主体,有的犯罪行为可以由一般主体实施,而有的犯罪行为只能由特殊主体实施。根据我国《刑法》第 219 条的规定,实施该条第 1 款第三种行为的人是特殊主体,这类主体是与权利人之间存在保密协议,是依照“约定或者权利人有关保守商业秘密的要求”负有保密义务的当事人,包括权利人内部因为工作关系而需要知悉或掌握商业秘密的人,如单位的员工或者雇员(包括离职、退休人员),也包括因与权利人存在业务往来而知悉或掌握商业秘密的人,如合资合作伙伴、贷款银行、供货商、代理商等,还包括为商业秘密的权利人提供某种服务的外部人员,如公司、企业的高级顾问、律师、注册会计师等。这些人员具有一个共同的特点,即已经于事先通过正当途径知悉权利人的商业秘密。而实施第一、二、四种行为的人是一般主体,他们并未于事先合法知悉权利人的商业秘密,无须具备特定的身份即可实施这三类行为。

四、犯罪主观方面

关于侵犯商业秘密罪的主观方面,存在许多不同的看法,主要存在以下观点:(1)只能是故意且限于直接故意;(2)可以是直接故意和间接故意;(3)第一种行为只能是故意,其余的均可以由故意或者过失构成;(4)原则上为故意,但实施“应知前款所列行为,获取、使用或者披露他人的商业秘密的”,是过失心态。在《刑法修正案(十一)》修改该条之前,该条第 2 款规定为“明知或者应知前款所列行为,获取、使用或者披露他人的商业秘密的,以侵犯商业秘密论”。由于该款中使用了“应知”的表述,而“应知”通常可以理解为有义务知道而实际不知道,而这种心理状态属于犯罪过失。《刑法修正案(十一)》将该款修改为“明知前款所列行为,获取、披露、使用或者允许他人使用该商业秘密的,以侵犯商业秘密论”。排除了该罪可以由过失构成的可能。

对于第一种危害行为,即以盗窃、贿赂、欺诈、胁迫、电子侵入或者其他不正当手段获取权利人的商业秘密,只可能是故意且是直接故意,对此刑法学界没有争议。

对于第二、三种危害行为,其中的“使用”和“允许他人使用”行为必须出于故意,这一点不存在争议。而对于“披露”行为,有学者认为既可以由故意构成,也可以由过失构成。我们认为,这里的“披露”也只能出于故意。我国刑法是以处罚故意犯罪为主,以处罚过失犯罪为例外,《刑法》第 15 条第 2 款明确规定:“过失犯罪,法律有规定的才负刑事责任。”对于需要作为犯罪处罚的过失行为,必须是明文规定其犯罪主观方面是过失。我国刑事立法中明文规定过失犯罪的方式有两种:一种是在法条中标明“过失”(如过失泄露国家秘密罪);另一种是在法条的首款对故意犯罪的特征作了描述,而在该法条其余条款中以引证罪状的形式规定过失犯罪(如失火罪、过失投放危险物质罪等危害公共安全罪)。实践中,虽然行为人非法披露他人商业秘密存在过失的情况,但是,《刑法》第 219 条并没有明文规定对于这种过失披露他人商业秘密的行为按照犯罪论处。因此,认为过失披露他人商业秘密行为也构成本罪的观点没有法律依据。至于该种故意是否包括间接故意,我们认为,直接故意与间接故意作为一种理论意义上的分类,刑法条文并没有予以区分,探讨是否包括间接故意似乎实际意义不大。在司法实践中,明知自己的行为可能侵犯他人商业秘密而放任这种情况发生,即间接故意构成该罪的情形是存在的,如行为人在公共场合谈论他人的商业秘密,明知可能会引起别人的注意而致使该商业秘密泄露,而行为人却放任这种情况发生,最后导致权利人的商业秘密被公知且情节严重的,应以侵犯商业秘密罪定罪处罚。综上所述,披露行为不能出于过失,只能出于故意,包括直接故意和间接故意。

对于第四种危害行为的罪过形式,学界存在较大争议。在《刑法修正案(十一)》修改该条之前,该条第 2 款规定为“明知或者应知前款所列行为,获取、使用或者披露他人的商业秘密的,以侵犯商业秘密论”。有学者认为,根据该款规定,第三人间接侵犯商业秘密的主观方面包括两种情形:第一种情形是“明知”前面三种违法行为而实施第四种行为的,行为人主观方面出于故意;第二种情形是行为人明知以上三种违法行为,但认为自己实施第四种行为不会造成严重后果而只造成一般的危害后果的,但实际上造成了严重后果的,也应以本罪定罪处罚,也就是说,过于自信的过失可以被包含在《刑法》第219条规定的"明知"的情形中。在《刑法修正案(十一)》将该罪由结果犯修改为情节犯后,该罪的故意指向的是行为而非结果,即对获取、披露、使用或者允许他人使用该商业秘密的行为持故意心态,不再存在第二种情形的故意。

第二节 侵犯商业秘密罪的司法认定

一、侵犯商业秘密罪的罪与非罪

认定是否侵犯商业秘密罪,应注意三个问题:侵犯对象是否为他人的商业秘密?是否实施了本罪规定的危害行为?情节是否严重?这里重点讨论行为和行为对象。

(一)关于"合法取得商业秘密"

在现代商业活动中有些获取商业秘密的行为合法,以合法的方法获得他人商业秘密的,不构成侵犯商业秘密罪,如通过反向工程、独立研制、合同转让、善意取得而获得商业秘密的,属于合法获得商业秘密。

1. 反向工程

反向工程,是指对通过合法方式取得的他人产品,并通过分析、拆卸、测绘等技术手段,获取该产品的制造法、构造、材料等技术信息的行为。近年来,各国商业秘密立法和司法实践都将反向工程认定为合法抗辩事由,即通过反向工程获得商业秘密的行为不作为侵权行为。当然,作为各国商业秘密立法和司法实践所公认的合法取得商业秘密的行为,反向工程同样被法律法规所严格限制,超出法律允许范围的,仍作为侵权行为处理。

反向工程受到的限制包括以下几点:(1)要求合法取得产品。由于反向工程是从结果推导原因、从产品推导制造方法的逆行行为,其行为是否具有正当性,首先要考虑的是其获得产品是否合法,应依据合同法确认的取得产品的合法方式,即用于分析研究的产品必须通过购买、接受赠与、继承等合法方式取得所有权,或者通过租赁、保管、承揽等有效的合同取得方式取得将产品进行反向工程的使用权。有学者认为,进行反向工程所使用的产品仅限于通过购买商业秘密权利人公开出售的产品获得。我们认为,这种限制过于狭窄,不利于社会发展和生产技术的提高,而且,由于“黑箱封闭”条款的存在,这种限制也显得没有必要。(2)要求行为人事先未承担保密、不破解等义务。行为人在合法取得商业秘密附着物后,如果与商业秘密权利人之间订立了禁止行为人从事还原工程的契约或协定,其进行反向工程的行为就失去了合法性,成为不法行为。(3)要求行为人必须严格依照“净室程序”。“净室程序”是指在开发过程中不得非法依赖他人的专有信息。美国知识产权界将此种程序界定为“净室程序”(clean room procedure)。“净室”是指在开发某种产品或研究某种方法时,研制者应该与他人被商业秘密法或版权法所保护的信息相隔绝。如果参与反向工程的一人或数人过去接触并知悉他人的商业秘密,则此种反向工程的过程本身是受到“污染”的,导致反向工程行为不合法。

2. 独立研制

独立研制,是指通过自己创造性智力劳动,获得与他人商业秘密相同信息的行为。独立研制获得与他人相同或相似商业秘密的行为的合法性依据如下:第一,商业秘密权在法律性质上只具有相对排他性,法律只禁止违反诚实信用原则等手段获得他人商业秘密的行为,而不禁止通过自己创造性智力劳动获得与他人商业秘密的相同信息;第二,独立研制是经营者诚实劳动、合法竞争的重要方式,有利于社会经济的发展。但是,独立研制获取商业秘密同样要受“净室程序”的限制,在参与独立研制的一人或数人已经知悉他人的商业秘密的场合,当事人又主张该信息是独立研制通常不能成立。

3. 合同转让

商业秘密具有可让与性。商业秘密所具备的价值性使得商业秘密具有可让与的现实基础。在实践中,经营秘密转让合同较为少见,通过合同转让的商业秘密绝大多数为技术秘密。我国《民法典》规定,“技术转让合同包括专利权转让、专利申请权转让、技术秘密转让等合同。技术许可合同包括专利实施许可、技术秘密使用许可等合同。技术转让合同和技术许可合同应当采用书面形式”,

“技术转让合同和技术许可合同可以约定实施专利或者使用技术秘密的范围,但是不得限制技术竞争和技术发展”。因此,技术秘密转让合同适用《民法典》关于技术转让合同的有关规定。技术转让合同属于要式合同,商业秘密通过这种方式获得应采用书面的形式。通过受让方式取得的商业秘密,受让人成为新的商业秘密所有人,对该商业秘密行使支配权。应注意商业秘密的转让与商业秘密的许可使用的区别,转让意味着原商业秘密所有人权利的消失。

4. 善意取得

在商业秘密法律关系中,第一人是指商业秘密权利人即商业秘密的合法所有权人或者合法持有人,第二人是指以不正当手段获取、披露、使用或允许他人使用以前项手段获得的商业秘密的侵权人,以及虽然合法取得商业秘密,但却违反约定披露、使用或允许他人使用商业秘密的违约人,即第二人的违法行为包括侵权行为和违约行为。第三人是指从第二人处获取、披露、使用他人商业秘密的人。根据第三人的主观状态不同,又可将第三人分为恶意第三人和善意第三人。其中,《刑法》第 219 条第 2 款规定的“明知前款所列行为,获取、披露、使用或允许他人使用该商业秘密的”为恶意或者存在过错第三人。不知道第二人的违法行为而获取、披露、使用他人商业秘密的,为善意第三人,其主观上无故意,客观上有从第二人处获取、披露、使用他人商业秘密的行为。根据民法中的善意取得理论,善意第三人在主观上并无故意或过失,不存在实施违法行为的意思表示,其获取、披露、使用他人商业秘密,通常情况下是由于商业秘密权利人的疏忽或第三人的过错所致。因此,商业秘密权利人对善意第三人通常无权主张权利。

商业秘密通常涉及重大经济利益,基于维护经济秩序稳定及社会发展的需要,各国对善意第三人的态度不一致,具体可分为三种:(1)许可制。允许第三人披露、使用从第二人处善意取得的商业秘密,理由主要基于促进技术自由和信息自由、善意第三人与商业秘密权利人之间并无保密义务关系,及善意第三人获得商业秘密是一种事实关系而非法律关系等,采取此种立法的国家有荷兰、英国、巴西等。(2)禁止制。禁止善意使用或披露从违法者处获得的商业秘密,理由主要基于该种行为已对商业秘密所有权人造成了损害,采取此种立法的国家有德国和部分东欧国家。(3)附条件的禁止制。所附条件又可分为通知、保护交易、赎买等,采取此种立法的国家有匈牙利等。

我国立法中关于商业秘密的善意取得并无系统、全面的规定。深圳经济特区《企业技术秘密保护条例》规定:"技术秘密受让人或者技术秘密得悉人不知道也没有合理的依据应当知道该技术秘密是非法转让或违约披露的,赔偿责任由非法出让人或违法、违约披露人承担。"该项技术秘密如果尚未公开,"技术秘密受让人或者技术秘密得悉人获悉属非法转让或违约披露后应当立即停止使用,并采取合理、有效的措施保守秘密。技术秘密受让人或技术秘密得悉人的损失及采取保密措施的费用,可以向非法出让人或者违法、违约披露人追偿;无法追偿的,由合法拥有技术秘密的企业与技术秘密受让人或技术秘密获悉人合理分担。经合法拥有技术秘密的企业书面同意,技术秘密受让人或技术秘密得悉人可以继续使用该技术秘密。"1998 年《中华人民共和国技术合同法实施条例》第 28 条第 3 款规定:"侵害他人非专利技术使用权的转让权的合同被宣布无效后,取得非专利技术的受让方可以继续使用该项技术,但应向权利人支付合理的费用。"最高人民法院民事判决书[(2021)最高法知民终 2395 号]在"上诉人深圳市盛仕达电子有限公司、郑某时与被上诉人优能特机电科技发展有限公司及一审第三人郭某专利权权属纠纷案"中认定,"即使专利申请被驳回或者专利权被宣告无效,无过错方当事人也可以依据专利申请权及专利权权属纠纷案件中对发明创造权益归属的认定结果,向有过错的当事人另行主张侵权责任"。可见,我国立法和司法是支持善意第三人继续使用该技术秘密的,但需要向权利人支付费用,采取的是折中的立法,倾向于保护正常的交易秩序,是一种"附条件的禁止"。因此,可以认为,善意取得也可成为合法取得商业秘密的方式,不构成侵犯商业秘密罪。

(二)商业秘密丧失秘密性

侵犯商业秘密罪的犯罪对象是商业秘密,商业秘密的构成特征之一是秘密性。如果商业秘密已丧失秘密性,成为公知信息,即使行为人对其实施了《刑法》第 219 条规定的行为,也不能构成本罪。

商业秘密秘密性的丧失,主要有以下几种情况。

1. 与申请专利相关丧失秘密性的情况

商业秘密分为仅作为商业秘密保护的商业秘密和申请专利的商业秘密。根据可授予专利权的发明创造的性质,能申请专利的商业秘密仅限于技术秘密。一旦商业秘密申请专利成功,原商业秘密权利人就转变为专利权利人,而原商业秘密因成功申请专利而转化为专利,受专利权的保护。由于我国法律对于申请专利的限制,授予专利权对技术的要求比较严格,在商业秘密申请专利不成功情形下,如专利申请被专利行政部门驳回,该技术持有人只能依据商业秘密制度进行保护。在申请专利的过程中,商业秘密持有人必须将专利文件和有关专利材料向专利行政部门和有关人员公开,这意味着善意第三人可以通过公开合法的渠道获得申请人持有的商业秘密,一旦专利申请未能成功,该技术的商业秘密保护可能丧失秘密性。

2. 宣传、介绍、销售商品过程中泄密

商业秘密权利人在商品的宣传、介绍、销售过程中泄露商业秘密的,会使商业秘密的秘密性丧失。商业秘密权利人在产品的销售过程中导致商业秘密泄露的,主要是结构性的技术信息,此类技术信息一般可通过拆卸等反向工程了解其技术秘密。权利人将附着技术秘密的产品宣传、介绍、销售后,"黑箱封闭"条款就不能进行有效保护,此时其商业秘密权被视为权利"穷竭"。权利穷竭,是指商业秘密权利人只对无形的商业秘密拥有所有权,权利人生产或经其许可生产的含有商业秘密的商品以合法方式销售或分发出去之后,无论该商品再辗转到何人之手,权利人无权再控制该有形商品的市场流转。由于权利人失去对含有商业秘密商品的垄断权,其他人有权通过拆卸等反向工程来获悉该商品中包含的商业秘密。

3. 权利人保密措施不当

由于商业秘密权利人保密措施不当造成商业秘密泄露的,会使商业秘密的秘密性丧失。保密措施不当,主要是由于权利人主观上的疏忽大意和客观上的管理不善。例如,在与其他经营者的商业活动中急于谈判成功、过分信任对方等,造成商业秘密泄露,或者对商业秘密的载体保护措施强度不够,造成商业秘密泄露。权利人是否采取保密措施是司法实践中认定商业秘密的重要依据。有学者认为,如果权利人对一项信息没有采取保护措施,没有体现出保护该项信息的努力,采取放任其公开的态度,则说明权利人不认为其属于商业秘密,或者并不要求对其进行保护,法律也没有必要给予保护。在这种情况下,虽然权利人的权利受到了损害,刑法无必要介入,即便是国家利益遭受损失,也不能以侵犯商业秘密罪定罪处罚。

何为"采取了保密措施"？权利人是否采取了保密措施,应从两个方面来判断:(1)主观上有采取保密措施的意识,若其本身就不把商业信息作为商业秘密来保护,则对商业秘密的保护无从谈起。(2)客观上实施了具体的保密行为。这是权利人主观意图的客观体现,据此认识权利人主观上是否有保密的意图。保密措施可分为软件措施和硬件措施。前者主要包括建立完善的商业秘密管理规章制度、与涉密人员签订保密合同、加强保密教育等,后者包括隔离相关资料、设立门禁、加强警卫等。

何为"合理的保密措施"？从立法上来看,我国《反不正当竞争法》仅规定为"经权利人采取相应保密措施",未规定其具体标准。原国家工商行政管理局《关于商业秘密构成要件问题的答复》对"合理的保密措施"有如下规定:"只要权利人提出了保密要求,商业秘密权利人的职工或与商业秘密权利人有业务关系的他人知道或应该知道存在商业秘密,即为权利人采取了合理的保密措施,职工或他人就对权利人承担保密义务",保密措施的标准仅是权利人提出了保密要求。可见,我国现有法律、法规关于商业秘密保密措施的规定,或是不够具体,或是标准过低,导致实践中认定的困难。从实践中看,由于利益冲突不同,"合理性"在权利人与义务人之间没有也不可能有一个统一的标准。对于权利人来说,合理性的要求越低,其成本越小,对义务人来说,合理性的要求越高,其行为的风险则越小。

世界知识产权组织解释"合理保密措施"的判断因素为权利人努力的程度、保持秘密信息的花费、信息的价值、他人通过合法方式取得该信息的难易程度等。一般情况下,只要商业秘密权利人努力保持其信息的秘密性,防止外界知悉,就足以构成法律所要求的秘密性。对保密措施是否合理,可从如下两个方面判断:(1)是否有明确的保密内容;(2)是否能达到法律所要求的“不为公众所知悉”。应当注意的是,这里的“合理”,并不是要求万无一失。要求权利人采取万无一失的保密措施在实践中是不可能达到的,即使商业秘密持有人采取过度的甚至极端的保护措施,也不可能确保商业秘密不被侵犯。在具体案件中,法官和相关司法人员应依据“不为公众所知悉”这一法律规定的最低标准做出合理的判断。

4. 强制披露

由于法律的强制性规定,上市公司某些具有商业秘密性质的信息必须对公众进行披露,这是对上市公司商业秘密权利进行限制的制度。根据我国证券法及其他有关法律法规规定,上市公司及有关当事人负有公开义务的信息包括招股说明书和上市公告、定期公告、重大事件公告和公司收购公告。这些信息中有些内容属于商业秘密,由于法律规定而被强制披露,使其不具有保密性,因此,获得此类信息的行为不成立《刑法》第219条所规定的侵犯商业秘密行为。

(三)情节严重的认定

构成侵犯商业秘密罪,必须达到情节严重的程度。在《刑法修正案(十一)》出台之前,成立该罪,必须因被告人的行为给商业秘密权利人造成重大损失。若行为人违反商业秘密保护的法律规定,侵犯他人的商业秘密,未造成重大损失的,不是犯罪,而只是一般违法行为,只能追究民事、行政法律责任。《刑法修正案(十一)》出台之后,该罪不再是结果犯而是情节犯,给商业秘密权利人造成重大损失或其他特别严重后果,仍然可以被认定为“情节严重”。如果不具有以上严重结果,具有其他严重情节的,也可以认定为该罪。

由于刑法和相关司法解释对“重大损失”“特别严重后果”的规定不具体,司法机关对于损失范围、计算方法等存有疑问,加上商业秘密损失的计算具有较强的专业性,通常要由有资质的会计师事务所出具审计报告才能确定,因此,侵犯商业秘密罪危害后果的计算成为该罪案件办理中的棘手问题。以下从重大损失的计算范围和计算方法两个方面进行分析。

1. “重大损失”的计算范围

关于侵犯商业秘密罪的“重大损失”的范围,应注意以下几点。

(1)重大损失应当限定为物质损失。

商业秘密具有经济价值,对商业秘密的法律定义也强调商业秘密的价值性。这里的“价值性”,是指通过现在或将来对商业秘密的应用,能给权利人带来经济利益。一旦商业秘密被侵犯,则直接导致权利人竞争优势的丧失,表现为权利人经济利益的损失,包括开发成本、现实的和未来的竞争优势。这里的开发成本包括研制商业秘密的资金投入、人员投入和时间投入等。这里的现实的竞争优势是指生产和销售中的优势,如生产的低成本、销售的高利润和供求关系。这里的未来的竞争优势是指权利人预期的那部分收益。这些损失均表现为物质损失,而非名誉、荣誉等非物质损失。在我国刑事司法实践中,重大损失一般是指由于犯罪行为而使被害人遭受的物质损失,若将重大损失扩大为非物质损失,则无法体现商业秘密的特点,也与我国刑事司法实践的通行做法不符。

(2)“重大损失”应当包括直接损失和间接损失。

最高人民检察院《关于人民检察院直接受理立案侦查案件立案标准的规定(试行)》的附则(三)规定:“本规定中的‘直接经济损失’,是指与行为有直接因果关系而造成的财产损毁、减少的实际价值。‘间接经济损失’,是指由直接经济损失引起和牵连的其他损失,包括失去的在正常情况下可能获得的利益和为恢复正常的管理活动或者挽回所造成的损失所支付的各种开支、费用等。”因此,直接损失是指商业秘密权利人所遭受的财产的损失、因侵权行为而多支出的费用等。间接损失是指受害人所失去的应得利益,也即权利人应得到而未得到的合理预期收入。可见,无论是直接损失,还是间接损失,都是权利人所遭受的实际损失。

2001 年最高人民检察院、公安部发布的《关于经济犯罪案件追诉标准的规定》中规定:“侵犯商业秘密,涉嫌下列情形之一的,应予追诉:(1)给商业秘密权利人造成直接经济损失数额在五十万元以上的;(2)致使权利人破产或造成其他严重后果的。”此处强调的是“给权利人造成直接经济损失”。《2004 年解释》将前述 2001 年《追诉标准》修改为“给权利人造成经济损失”,删除了“直接”二字,可见,该解释是赞同损失不仅仅限于直接损失的,这无疑有利于保护权利人的合法利益,也符合刑事司法实践。若对该罪的损害后果只按照直接损失计算,权利人相当一部分利益得不到保护,也不利于打击和惩处该类犯罪。此外,从商业秘密权本身的特点来看,其权益大部分来自间接带来的价值,在实践中侵犯商业秘密行为直接造成物质性毁损较为罕见。该罪行为并不直接作用于人和物,大多数情况下权利人受到的损害表现为可期待的经济利益没有实现。因此,对于"重大损失"的认定,应当侧重于间接损失。

(3)"重大损失"原则上不能等同于商业秘密的自身价值。

在商业秘密由于侵权人的披露、使用而完全公开,致使商业秘密的价值消失殆尽的情况下,可以按商业秘密的自身价值来认定重大损失的数额,除此之外,不宜将商业秘密自身价值等同于权利人所遭受的重大损失,理由如下:

第一,1997年《刑法》第219条规定将"给商业秘密权利人造成重大损失"作为商业秘密罪罪与非罪、此罪与彼罪的认定标准。若将商业秘密的自身价值等同于权利人的损失数额,则实际上是将《刑法》第219条理解为"在所侵犯的商业秘密自身价值极高时,即构成犯罪",这样的解释不符合《刑法》第219条规定的内容和立法原意,有违罪刑法定原则。在现实生活中,虽然商业秘密自身价值极高,但是侵权人以不正当手段取得商业秘密后,还未加以利用便案发的情况也是存在的,其侵权行为给被害人造成的损失可能远远小于商业秘密自身的价值。

第二,如果将商业秘密自身价值作为侵犯商业秘密给权利人造成的损失,则混淆了侵犯商业秘密罪与普通财产罪的犯罪认定标准。商业秘密是无形财产,其与有形财产之间存在重大区别。有形财产的使用,会直接耗损有形财产的自身价值,而无形财产具有可复制性,使用不会直接耗损其自身价值,相反,使用越多,其实际价值越增加。因此,刑法保护有形财产的重点在于对有形财产的占有,而保护无形财产的重点在于权利人排斥他人非法利用的权利。侵犯有形财产的盗窃、诈骗、抢劫以及故意毁坏财物罪,犯罪人是直接取得财物,或者是故意毁坏被害人的财物,排除了原财物合法所有人或者占有人的占有,权利人不占有财物即等于失去了财物,所以,犯罪数额以财产自身价值计算是合理的。但是,在侵犯商业秘密的场合,财产是无形的,侵权人占有无形财产不会导致权利人失去占有,侵权人的使用并不排斥权利人的使用,权利人并不必然失去商业秘密的自身价值,将商业秘密自身价值作为给权利人造成的损失是不准确的,混淆了侵犯商业秘密罪与普通财产罪的区别。

刑法将侵犯商业秘密罪列入"破坏社会主义市场经济罪"一章的"侵犯知识产权罪"节中,而不是列于"侵犯财产罪"一章中,正是基于二者的侵权行为方式、造成的后果有本质区别。侵犯有形财产,直接排除了权利人对财产的占有、使用、收益或处分的权利,而侵犯商业秘密等无形财产,权利人可能并未丧失对商业秘密的占有、使用、收益或处分的权利,而仅仅只是竞争优势的丧失。因此,如果将商业秘密自身价值作为侵犯商业秘密给权利人造成的损失,是不符合立法原意的。

2."重大损失"的计算方法

确定了"重大损失"的计算范围,还必须确定计算"重大损失"的方法。关于计算侵犯商业秘密造成损失的方法,我国刑法及其司法解释都没有给予具体规定,直接规定计算侵犯商业秘密造成损失的是《反不正当竞争法》及其相关司法解释等,主要有:

(1)我国《反不正当竞争法》第17条规定:"经营者违反本法规定,给他人造成损害的,应当依法承担民事责任。因不正当竞争行为受到损害的经营者的赔偿数额,按照其因被侵权所受到的实际损失确定;实际损失难以计算的,按照侵权人因侵权所获得的利益确定。经营者恶意实施侵犯商业秘密行为,情节严重的,可以在按照上述方法确定数额的一倍以上五倍以下确定赔偿数额。赔偿数额还应当包括经营者为制止侵权行为所支付的合理开支。经营者违反本法第六条、第九条规定,权利人因被侵权所受到的实际损失、侵权人因侵权所获得的利益难以确定的,由人民法院根据侵权行为的情节判决给予权利人五百万元以下的赔偿。"

(2)2013年最高人民法院《关于审理专利纠纷案件适用法律问题的若干规定》第20条规定:"人民法院依照专利法第五十七条第一款的规定追究侵权人的赔偿责任时,可以根据权利人的请求,按照权利人因被侵权所受到的损失或者侵权人因侵权所获得的利益确定赔偿数额。权利人因被侵权所受到的损失可以根据专利权人的专利产品因侵权所造成销售量减少的总数乘以每件专利产品的合理利润所得之积计算。权利人销售量减少的总数难以确定的，侵权产品在市场上销售的总数乘以每件专利产品的合理利润所得之积可以视为权利人因被侵权所受到的损失。侵权人因侵权所获得的利益可以根据该侵权产品在市场上销售的总数乘以每件侵权产品的合理利润所得之积计算。侵权人因侵权所获得的利益一般按照侵权人的营业利润计算，对于完全以侵权为业的侵权人，可以按照销售利润计算。"

(3)2020 年最高人民法院《关于审理侵犯商业秘密民事案件适用法律若干问题的规定》第 19 条规定："因侵权行为导致商业秘密为公众所知悉的，人民法院依法确定赔偿数额时，可以考虑商业秘密的商业价值。人民法院认定前款所称的商业价值，应当考虑研究开发成本、实施该项商业秘密的收益、可得利益、可保持竞争优势的时间等因素。"第 20 条规定："权利人请求参照商业秘密许可使用费确定因被侵权所受到的实际损失的，人民法院可以根据许可的性质、内容、实际履行情况以及侵权行为的性质、情节、后果等因素确定。人民法院依照反不正当竞争法第十七条第四款确定赔偿数额的，可以考虑商业秘密的性质、商业价值、研究开发成本、创新程度、能带来的竞争优势以及侵权人的主观过错、侵权行为的性质、情节、后果等因素。"

(4)《2020 年解释》第 5 条规定："实施刑法第二百一十九条规定的行为造成的损失数额或者违法所得数额，可以按照下列方式认定：(一)以不正当手段获取权利人的商业秘密，尚未披露、使用或者允许他人使用的，损失数额可以根据该项商业秘密的合理许可使用费确定；(二)以不正当手段获取权利人的商业秘密后，披露、使用或者允许他人使用的，损失数额可以根据权利人因被侵权造成销售利润的损失确定，但该损失数额低于商业秘密合理许可使用费的，根据合理许可使用费确定；(三)违反约定、权利人有关保守商业秘密的要求，披露、使用或者允许他人使用其所掌握的商业秘密的，损失数额可以根据权利人因被侵权造成销售利润的损失确定；(四)明知商业秘密是不正当手段获取或者是违反约定、权利人有关保守商业秘密的要求披露、使用、允许使用，仍获取、使用或者披露的，损失数额可以根据权利人因被侵权造成销售利润的损失确定;(五)因侵犯商业秘密行为导致商业秘密已为公众所知悉或者灭失的,损失数额可以根据该项商业秘密的商业价值确定。商业秘密的商业价值,可以根据该项商业秘密的研究开发成本、实施该项商业秘密的收益综合确定;(六)因披露或者允许他人使用商业秘密而获得的财物或者其他财产性利益,应当认定为违法所得。前款第二项、第三项、第四项规定的权利人因被侵权造成销售利润的损失,可以根据权利人因被侵权造成销售量减少的总数乘以权利人每件产品的合理利润确定;销售量减少的总数无法确定的,可以根据侵权产品销售量乘以权利人每件产品的合理利润确定;权利人因被侵权造成销售量减少的总数和每件产品的合理利润均无法确定的,可以根据侵权产品销售量乘以每件侵权产品的合理利润确定。商业秘密系用于服务等其他经营活动的,损失数额可以根据权利人因被侵权而减少的合理利润确定。商业秘密的权利人为减轻对商业运营、商业计划的损失或者重新恢复计算机信息系统安全、其他系统安全而支出的补救费用,应当计入给商业秘密的权利人造成的损失。”

根据以上规定,侵犯他人商业秘密所造成损失的计算方法可分为两个层次:首先,以权利人的实际经济损失和被侵害者因调查侵害其合法权益的不正当竞争行为所支付的合理费用为标准。其次,在前者难以计算的情况下,应以侵权人的非法所得和被侵害者因调查侵害其合法权益的不正当竞争行为所支付的合理费用为标准。以上两个层次中都包括被侵害者因调查侵害其合法权益的不正当竞争行为所支付的合理费用,主要指被侵权者因调查侵犯商业秘密的行为而支付的鉴定费用、聘请律师的合理支出等。以下分析被侵权人的实际经济损失和侵权人的非法所得的计算。

(1)计算侵权行为给权利人造成实际损失

在计算侵犯商业秘密罪中的“重大损失”时,应当考虑以下因素:第一,商业秘密权利人的数量。考虑商业秘密所有人和许可使用人的数量,考虑其共同所占的市场份额。第二,商业秘密权利人的生产能力。比较权利人在正常使用商业秘密时的生产能力和商业秘密被侵犯后的生产能力,能够客观、直接地反映出侵权行为给权利人造成的损失。第三,侵权人的生产能力。由于市场需求量是相对固定的,因商业秘密获得的收入通常是此消彼长的。因此,比较侵权人在使用商业秘密前后的生产能力,同样能够直观地反映出其侵权行为导致的权利人市场份额的减少、竞争优势的丧失。第四,侵权行为的方式。侵犯商业秘密罪的危害行为包括获取、披露、使用或者允许他人使用商业秘密三种行为方式,三者性质不同,社会危害性程度不同,应当区分不同情况,分别计算权利人的损失:对于行为人实施了盗窃、利诱、胁迫或者其他不正当手段获取权利人商业秘密的,计算时应当考虑商业秘密的成本、市场价值、转让费用等;对于行为人披露以前项手段获取的商业秘密的,计算除应当考虑商业秘密的成本、市场价值、转让费用外,还应当考虑其披露行为给权利人造成的实际损失;对于行为人获取并使用权利人商业秘密的,应当考虑其使用行为所造成的种种后果;对于行为人实施了获取、披露、使用商业秘密行为的,应以行为人的数种具体行为的损失之和为基础,但不重复计算同项内容。

从商业秘密自身角度来看,计算重大损失时还应考虑如下四个因素:①商业秘密的研发成本。这包括投入的资金、开发人员劳动的消耗、工具、实验器材和试剂材料的消耗、时间的投入以及失败的研究成本等。②商业秘密的种类。不同种类的商业秘密,其价值并不相同,应区别对待。③商业秘密的生命周期。任何一个商业秘密都有一定的周期。其所处的阶段不同,价值也不同。例如,对处于使用初期的商业秘密,侵犯其所造成的损失就远远大于已经投入使用一段时间的商业秘密。④商业秘密所占的市场份额、市场价格等。

通过上述分析可知,在计算侵权行为给权利人造成实际损失时,需要考虑诸多因素,公安机关和检察机关往往都难以依靠自身的人力、物力来完成,一般应委托具有审计知识产权资质的会计师事务所来进行,但司法机关应要求受委托的会计师事务所具体说明进行计算的方法和过程,法庭可以要求出具会计报告的人员予以说明。具体而言,侵权行为给权利人造成的实际损失应包括权利人因销售额的减少而引起的利润的下降、权利人丧失的转让许可费以及其他收入的损失。权利人可以用特定客户转向侵权人来证明利润损失,也可以用侵权人使用商业秘密后权利人销售额的减少或者权利人增长额的中断来证明利润的减少。因侵权人违法竞争，权利人对产品被迫削价受到的损失，也应包括在权利人的损失范围之内。如果商业秘密被公开的话，那么计算权利人的损失还应考虑该商业秘密的研发成本。

在计算损失额需要考虑该商业秘密的研发成本的情况下，不应绝对地将开发的投入都计入权利人的损失。商业秘密不同于一般的有形财产，侵权人无法绝对占有，权利人也不会完全丧失对商业秘密的占有，在侵权人没有公开该商业秘密的情况下，权利人实际是与侵权人处于一种实际共享商业秘密的状态。因此，把商业秘密的研发成本完全计入权利人损失的数额是不合理的。正确的做法是，根据商业秘密被侵犯的程度，亦即泄露范围的大小、使用者的多少等情况来确定商业秘密的价值受损程度，然后，根据商业秘密的价值受损程度来计算将多少研发成本计入权利人的损失。

关于如何计算损失的数额，有学者提出成本应该依照以下方式计入损失数额：如果行为人非法获取并由其自己使用，对权利人来说其商业秘密的价值降低了一半，故只应将开发投入的一半计入损失，并在多人事实占有使用原属于的场合依此类推。这种观点的主要理由为商业秘密的价值性不表现为独占性，即使有第三人事实占有使用了商业秘密，对于权利人来说，商业秘密的价值也未完全丧失。我们认为，这种计算方式将商业秘密的成本和商业秘密的价值直接挂钩，是不妥当的。按照这种计算方式，和成本有关的损失数额计算过于机械化，可以表示为公式：成本损失数额 = 开发投入成本 ÷ (权利人数量 + 非法获得并使用商业秘密行为人数量) × 非法获得并使用商业秘密行为人数量。这种计算公式可以作为办案的参考，当然具体案情是非常复杂的，开发投入成本如何计入损失数额，应依据个案的客观情况进行调整，不能机械地运用。

(2)侵权人所获取的非法利润的计算

直接计算权利人的实际损失，通常遇到取证不易、评估困难而难以确定。如果出现这种情况，可以依照法律规定，按照第二层次的计算方法，进行反向计算，即以侵权人使用该商业秘密进行生产、经营而获得的利润来推定权利人的损失。在商业秘密权利人的收入减少无法确定的情况下，以侵权人获得的利润加以代替，是相对合理的选择,因为在市场需求相对固定的情况下,因商业秘密获得的收入往往是此消彼长的。

有人对《反不正当竞争法》给出的计算方法提出质疑。我们认为,虽然《反不正当竞争法》第17条规定的计算方法主要适用于民事赔偿,但是,它解决的是一个事实问题,因此,该计算方法可以作为计算侵犯商业秘密罪中的“重大损失”的法律依据。不过,按照《反不正当竞争法》第17条规定的第二层次的计算方法,以侵权人所获取的非法利润来确定重大损失数额是一种推定,需要避免按照这种推定计算的方法加重侵权人的法律责任,如果侵权人所得收益包含营销因素使非法所得数额大于权利人的实际损失时,以侵权人所得来计算侵犯商业秘密的“重大损失”对侵权人就是不公平的。因此,最高人民检察院、公安部《关于公安机关管辖的刑事案件立案追诉标准的规定(二)》在规定同一种罪名的两种危害结果的数额时,均采用了区别对待的态度:在计算损害结果时,对于权利人损失与侵权人收益的数额上,应以权利人的损失为基础,考虑侵权人的非法所得,结合案情得出一个合适的数额,不宜简单地“一刀切”。值得注意的是,当商业秘密的价值在于降低生产成本的情况下,以侵权人因使用该商业秘密而降低的成本来确定权利人所遭受的损失也是可行的。

(3)以权利人竞争优势的丧失来折算损失数额

在权利人的实际损失和侵权人的非法所得均难以计算的情况下,应如何确定“重大损失”?例如,行为人仅仅只是通过盗窃、利诱、胁迫等不正当手段获取商业秘密,而并未进行披露或加以利用,此种情况下,权利人的实际损失和侵权人的非法所得显然是无法计算的。前面已经论及,一般情况下是不能将商业秘密自身价值等同于权利人所遭受的重大损失的,那么,应当参照何种标准呢?

商业秘密与有形财产不同,侵犯有形财产通常表现为对有形财产的直接获取或毁坏,排除权利人对有形财产的占有、使用、收益或支配,而商业秘密作为一种无形财产,由于其价值体现在于其能给权利人带来竞争优势。所以,侵犯权利人的商业秘密并不导致权利人对商业秘密的占有、使用、收益或处分,而是使权利人丧失竞争优势。仅仅获取商业秘密,未披露和使用而引起权利人利润下降,也能对权利人的竞争优势造成影响,如使侵权人的科研或者生产提前了若干年,被侵权人可请求将已丧失的竞争优势折算为损害赔偿数额,将丧失的领先时间折算成损害赔偿额。

商业秘密作为一种无形财产,其价值可体现在两方面:一是商业秘密能为权利人带来巨大的经济利益;二是商业秘密能为权利人带来竞争优势,后者往往是商业秘密价值的根本体现。在经济利益方面的损失难以计算的情况下,将竞争优势的丧失折算为权利人的损失数额不失为一个可行的方法。竞争优势往往表现为权利人对商业秘密的独占权,关于这种独占权的价值的计算,可以参考国外案例所采用的将竞争优势折算为领先时间,然后确定重大损失数额的计算方法,还可以通过商业秘密的转让费用来折算。

1997 年《刑法》规定的侵犯商业秘密罪将"重大损失"规定为构成要件,由于对"重大损失"计算困难,司法实践中对部分案件难以追究刑事责任。《刑法修正案(十一)》将该罪修改为情节犯之后,即使不能按"重大损失"来认定"情节严重",还可以从行为、社会影响、主观恶性等方面来判断,从而降低了该罪认定的难度,强化了对商业秘密的刑法保护。

二、侵犯商业秘密罪与他罪的界限

(一)本罪与破坏生产经营罪的界限

《刑法》第 276 条规定了破坏生产经营罪,"由于泄愤报复或者其他个人目的,毁坏机器设备、残害耕畜或者以其他方法破坏生产经营的,处三年以下有期徒刑、拘役或者管制;情节严重的,处三年以上七年以下有期徒刑"。行为人出于泄愤报复或者其他个人目的,实施《刑法》第 219 条规定的侵犯商业秘密罪的危害行为,破坏他人生产经营,情节严重的,可能同时齐备了侵犯商业秘密罪和破坏生产经营罪两个犯罪的构成要件,同时构成以上两罪,这种情形属于想象竞合犯。在司法实务中,如果在认定侵犯商业秘密罪遇到商业秘密难以认定、犯罪情节难以证实时,可以考虑依据已证明的事实认定为破坏生产经营罪。如果按此解决路径,有三个问题需要解决:(1)侵犯商业秘密的主观心态是否可以认定为破坏生产经营罪的"其他个人目的"?(2)侵犯商业秘密是否属于破坏生产经营罪中的“其他方法”？（3）破坏生产经营罪的定罪标准是否低于侵犯商业秘密罪？

1. 关于破坏生产经营罪的“其他个人目的”的认定

犯罪目的是指行为人主观上通过实施犯罪行为所希望达到的危害社会的结果，犯罪动机则是刺激、促使行为人实施犯罪行为的内心起因或思想活动。破坏生产经营罪的犯罪目的，是指行为人通过毁坏机器设备、残害耕畜或者其他方法破坏生产经营。《刑法》第276条规定的“泄愤报复或者其他个人目的”，实际上是行为人实施破坏生产经营活动的动机，即犯罪动机。事实上，破坏生产经营活动是行为人的唯一目的也是最终目的，以上条款在语词表述上显然混淆了犯罪目的与犯罪动机。行为人出于何种动机，实际上与行为人的主观故意无碍，也不影响行为人破坏生产经营活动的主观目的的认定。

《刑法》第276条对破坏生产经营罪的“其他个人目的”并未作出特别的限制，也没有任何立法和司法解释将侵犯他人商业秘密等目的排除在“其他个人目的”之外。将行为人侵犯他人商业秘密的主观意图解释为泄愤报复以外的其他个人目的是可能的，在司法实践中作如此理解也是必要的，否则，在侵犯他人商业秘密但损失数额难以确定，但导致他人的生产经营无法进行的情况下，将难以追究行为人的刑事责任。而且，行为人实施侵犯他人商业秘密行为时，不可能没有认识到其行为会破坏他人生产经营的后果，其主观上具有破坏生产经营的故意。因此，行为人以侵犯商业秘密的手段破坏生产经营，符合破坏生产经营罪的主观方面构成要件。

2. 关于《刑法》第276条规定的“其他方法”的理解

对于破坏生产经营罪的行为方式，立法上采取了列举和概括两种方法来共同表述。按照逻辑学原理理解，运用列举和概括两种方法来共同表述概念的，概括的方法所表述概念的外延应与列举方法所表述的是在同一个层级上的同类延续。现代汉语语言的正确表达应当符合这一逻辑，否则，所表述的内容就无法被人理解。《刑法》第276条中的“毁坏机器设备、残害耕畜或者以其他方法破坏生产经营”的表述也要符合这一逻辑，在这一表述中对破坏生产经营的方法既有列举又有概括，其中“毁坏机器设备、残害耕畜”是列举,“以其他方法破坏生产经营”是概括,以对无法穷尽的更多“方法”进行概括。按照现代汉语语言学原理,其所以既用列举又用概括的方法来表述,就是要使概括的表述方法与列举的表述方法具有可比性,即用列举来为概括提供参照。因此,对于概括性的“其他方法”,在理解上应当把握以下两点:第一,在类型上,行为人采用破坏生产经营的其他方法没有任何限制。既可以是有形的破坏方法,如毁坏种子、秧苗等,也可以是无形的破坏方法,如对控制系统、图纸文件或其他数据的破坏等。第二,在程度上,行为人采用的其他方法必须是足以破坏生产经营活动的正常进行,或者使已经进入的生产经营活动归于失败。

在具体案件中,破坏生产经营的“其他方法”的表现形式依据案件所发生的行业不同而有多种形式。司法实践中常见的行为方法有:切断工作中的计算机系统的电源;破坏锅炉、供料线;颠倒冷热供给程序;破坏电脑致使生产指挥、工艺流程产生混乱,以影响工业生产、破坏农业机械、排灌设备、农具,毁坏种子、秧苗、树苗、庄稼、果树、鱼苗等,毁坏农业生产;破坏运输、储存工具,影响商业经营等。“其他方法”并不是一个封闭的概念,它随着社会生活的发展而不断发展,近年来,不仅出现了以怠工等破坏生产经营的案件,甚至在信息化生产领域也出现了一些新的犯罪形式,如篡改电脑数据、破坏控制系统等“数字化”的方法。因此,在具体案件中认定是否属于以“其他方法”实施的破坏生产经营的行为,应立足于该方法是否具有破坏生产经营的性质,及其是否为行为人达到破坏生产经营活动目的的手段。

综上所述,以侵犯商业秘密的手段破坏生产经营的,无论是从性质上来说,还是从结果上来说,都应当与“毁坏机器设备”“残害耕畜”具有可比性,因此,侵犯商业秘密的手段能够成为破坏生产经营罪中的“其他方法”之一。

3. 关于破坏生产经营罪的定罪标准

目前破坏生产经营罪的认定没有明确的、可操作性的规定,只能结合《刑法》第 13 条“但书”来认定。从司法实践来看,较之于侵犯商业秘密罪,破坏生产经营罪的定罪标准是比较低的。以下列举几个典型案例:(1)(2007)海南刑终字第 84 号王某某等破坏生产经营案,被告人王某某等对被害人造成的经济损失共计 272,400 元,被分别判处有期徒刑 4 年、有期徒刑 3 年 6 个月;(2)(2007)北京二中院刑终字第 1440 号高某某破坏生产经营案,被告人对被害人造成的经济损失共计 10,626 元,被判处有期徒刑 1 年,缓刑 2 年;(3)(2003)海南刑终字第 91 号杨某某破坏生产经营案中,被告人对被害人造成的经济损失仅 4627 元,被判处有期徒刑 1 年,缓刑 2 年。这些案件的定罪标准大大低于认定 1997 年《刑法》中侵犯商业秘密罪的 50 万元。基于上述分析,行为人主观上出于其他个人目的,客观上实施了侵犯他人商业秘密的行为,破坏了权利人的生产经营活动且情节不是显著轻微,可以按破坏生产经营罪定罪处罚。

如果行为人的行为同时构成侵犯商业秘密罪和破坏生产经营罪,是按照想象竞合犯从一重处罚,还是按法规竞合依重法优于轻法原则处理? 我们认为,有必要先分析想象竞合犯和法规竞合的构成特征。

所谓想象竞合犯,是指一个行为触犯数个罪名的犯罪形态,其要件包括:(1)行为人实施了一个危害社会的行为。这是想象竞合犯区别于实质数罪及牵连犯等犯罪形态的特点。只要行为人实施了一个危害行为,无论其行为是作为还是不作为,其犯罪心理是故意还是过失,抑或故意与过失混合,均不影响想象竞合犯的成立。(2)一行为同时触犯数罪名。指行为人在实施一个危害行为的过程中,其行为及结果符合数个性质不同的犯罪构成,构成数个犯罪。对“数罪”的理解,刑法学界有不同观点,一种观点认为仅指不同罪名;另一种观点认为不仅指不同罪名,相同罪名也包含在内。研究想象竞合犯,目的在于解决行为触犯的数个罪名中,应按哪一个罪名定罪量刑的问题。若按照第一种观点,一行为触犯数个同种罪名时,在确定行为的罪名上不会发生疑问,对审判实践也无实际意义。如果承认“数罪”包括同种罪名,那么在想象竞合犯中一个危害行为的前提下,各犯罪构成的要件就是重合的,所以只要用一个罪名就可以完整评价,因而构成实质的一罪,而非想象的数罪。另外,“数罪”包括同种罪名,会导致司法实践中的重罪轻判,造成罪责刑严重不一致。所以想象竞合犯不应包括同种罪名的情况,只有罪名相异、犯罪构成性质不同,才存在竞合的可能性和必要性。此外,对于数个性质不同的罪名,只要罪名不一,就可以成立观念竞合犯,而不一定要求每个犯罪构成都达到完整形态。例如,甲开枪射击乙,不料误致丙死亡,甲的行为同时触犯了故意杀人罪(未遂)和过失致人死亡罪,所以甲的行为属于想象竞合犯。(3)数罪名中任何一个罪名都无法全面评价行为人的犯罪行为。行为人触犯的数罪名之间不具有重合关系,故无论用哪一个罪名都不能全面、恰当地评价其危害行为,虽然侵犯数个法益,但毕竟只实施了一个危害行为,所以适用从一重处断是合理的。

所谓法规竞合,是指行为人实施了一个犯罪行为,同时触犯数个在犯罪构成上具有完全或部分包容关系的刑法规范,但只适用其中一个刑法规范的情形。其特征如下:(1)行为人实施了一个犯罪行为。这是构成法条竞合犯的必要前提。"一个犯罪行为"是指行为人基于一个犯意,实施的一个危害社会的行为,这一行为不论是单一的还是复合的,其只符合刑法分则规定的某一个犯罪的构成要件。应当注意的是,这里的"一个犯意"只包括一个犯罪故意或一个犯罪过失,此犯意只能是单一的,复合的犯意则不构成法条竞合犯。(2)一行为同时符合数个法条规定的犯罪构成。如果一个犯罪行为只符合一个犯罪构成,自然不存在法条竞合的问题。这里的竞合既包括相异法律之间的普通刑法与特别刑法的竞合,也包括同一法律中的普通条款与特别条款的竞合,还包括同一法律中同一法条的普通与特别款项的竞合,但是,符合数个犯罪构成的行为未必就是法条竞合犯。作为法条竞合犯的犯罪行为所符合的数个犯罪构成在性质和罪名上应当是不同的,否则,法条竞合犯不成立。另外,基本犯罪构成与相应的修正的犯罪构成之间不存在法条竞合,基本犯罪构成与加重犯罪构成或减轻犯罪构成也不属于法条竞合。(3)数个法条之间具有一定的逻辑关系。法条之间逻辑上的从属或交叉关系是法条竞合的逻辑本质。这种重合关系源于刑法内部规定的错综复杂。

想象竞合与法规竞合有相同之处,较易混淆,二者的区别如下:(1)竞合原因不同。法规竞合是由于法规错综复杂的规定,即行为触犯的数个罪名在内容上存在包容或部分包容的关系,而想象竞合是由于犯罪的事实特征所致。(2)行为性质不同。法规竞合中的一行为,只是出于一个罪过,产生一个危害社会的结果,而想象竞合中的一行为,通常是出于数个罪过,产生数个危害社会的结果。(3)数个罪名的逻辑关系不同。法规竞合中,数个刑法规范之间存在此规范包容彼规范的犯罪构成的关系,而在想象竞合犯中一行为触犯的数个罪名之间不存在犯罪构成上的包容关系。(4)处断原则不同。在法规竞合中,仅一法规可以适用该行为,其法律适用问题依照特别法优于普通法或重法优于轻法的原则解决,而在想象竞合犯中,竞合的数个法规均可适用该行为,其法律适用问题依照"从一重处断"原则处理。

通过上述分析,在行为人只实施了侵犯商业秘密行为时,其主观上存在侵犯他人商业秘密的直接故意和破坏他人生产经营的间接故意,其行为既侵犯权利人的商业秘密,又破坏他人生产经营,而侵犯商业秘密罪和破坏生产经营罪在内容上并不存在包容关系,行为人应当构成侵犯商业秘密罪和破坏生产经营罪的想象竞合犯而非法规竞合。对于这种情形应当按照"从一重处断"的原则处理。

由于侵犯商业秘密罪与破坏生产经营罪的都是复杂的犯罪构成,都有多个量刑档次,且各相应档次的法定刑轻重不同。因此,在发生以上两罪的想象竞合犯的情况下,既可能以侵犯商业秘密罪论处,也可能以破坏生产经营罪论处。具体而言:(1)侵犯商业秘密罪有两个量刑档次,第一个档次是3年以下有期徒刑或者拘役,并处或者单处罚金,第二个档次是3年以上10年以下有期徒刑,并处罚金。(2)破坏生产经营罪有两个量刑档次,第一个档次是3年以下有期徒刑、拘役或者管制,第二个档次是3年以上7年以下有期徒刑。如果行为人的行为适用侵犯商业秘密罪的第一个档次,适用破坏生产经营罪第一个档次,应以侵犯商业秘密罪论处。因为虽然两罪的主刑相同,但侵犯商业秘密罪还有附加刑,故侵犯商业秘密罪重于破坏生产经营罪。如果行为人的行为在侵犯商业秘密罪中适用第一个档次,在破坏生产经营罪中适用第二个档次,则破坏生产经营罪重于侵犯商业秘密罪,应以破坏生产经营罪论处。如果行为人的行为在侵犯商业秘密罪中适用第二个档次,在破坏生产经营罪中适用第一个档次或者第二个档次,则侵犯商业秘密罪重于破坏生产经营罪,应以侵犯商业秘密罪论处。

(二)本罪与盗窃罪的界限

根据《刑法》第264条的规定,盗窃罪是指以非法占有为目的,秘密窃取公私财物,数额较大或者多次盗窃公私财物的行为。侵犯商业秘密罪的行为方式包括盗窃商业秘密,因此,采取盗窃手段侵犯商业秘密的,可以构成侵犯商业秘密罪。但是,商业秘密是一种无形财产,其价值体现不同于作为盗窃罪犯罪对象的公私财物,后者的价值往往表现为其价格在一定时期内比较容易确定,其刑罚轻重主要是依据财物价值的大小而定,而商业秘密的价值确定需考虑诸多因素。行为人窃取的若是尚未进入流通领域或尚未被实际利用的商业秘密,其实际价值往往难以像盗窃其他财产一样“计赃论刑”;行为人窃取的若是已经进入流通领域、已被实际利用的商业秘密,其价值不仅表现为获取时投入的人力、物力、财力以及实际利用时所获得的经济利益,还包括为权利人带来的市场份额、竞争优势等,其价值同样难以确定。正在因为商业秘密与传统财物的以上差别,最高人民法院《关于审理盗窃案件具体应用法律若干问题的解释》(已失效)第12条第6项明确规定:“盗窃技术成果等商业秘密的,按照刑法第二百一十九条的规定定罪处罚”,不适用盗窃罪的有关规定。

(三)本罪与侵犯国家秘密罪的界限

我国刑法规定的侵犯国家秘密犯罪包括为境外窃取、刺探、收买、非法提供国家秘密、情报罪,非法获取国家秘密罪,故意泄露国家秘密罪,过失泄露国家秘密罪。侵犯商业秘密罪与这些侵犯国家秘密犯罪的主要区别在于二者的犯罪对象不同,前者的犯罪对象是他人的商业秘密,而后者的犯罪对象是国家秘密。所谓国家秘密,根据《保守国家秘密法》第2条的规定,是指“关系国家的安全和利益,依照法定程序确定,在一定时间内只限一定范围的人员知悉的事项”。按照有关规定,国家秘密分为绝密、机密和秘密三级国家秘密,但它们都属于国家秘密。商业秘密与国家秘密一般是不容易混淆的,通常情况下,比较容易区分侵犯商业秘密罪与侵犯国家秘密的犯罪,但是,如果商业秘密关系到国家利益和安全的,则可能成为国家秘密。

根据我国《保守国家秘密法》第 9 条规定,国家秘密包括:(1)国家事务重大决策中的秘密事项;(2)国防建设和武装力量活动中的秘密事项;(3)外交和外事活动中的秘密事项以及对外承担保密义务的秘密事项;(4)国民经济和社会发展中的秘密事项;(5)科学技术中的秘密事项;(6)维护国家安全活动和追查刑事犯罪中的秘密事项;(7)经国家保密行政管理部门确定的其他秘密事项。其中第(4)项规定的国民经济和社会发展中的秘密事项包括技术秘密,符合商业秘密的全部特征,同时也属于商业秘密。当这些技术信息通过国家秘密的审查、批准程序被确定为国家秘密,同时具有了国家秘密和商业秘密的性质。行为人侵犯此类技术信息的,就可能同时齐备侵犯商业秘密罪和侵犯国家秘密的有关犯罪的构成要件,同时构成二罪。这种情况属于交叉重合类型的法规竞合,按照特别法优于普通法的原则处理,应当按照侵犯国家秘密的有关犯罪处理。这是因为,商业秘密必须经过特定的审查批准程序才能成为符合国家秘密条件的商业秘密,是一种特殊的商业秘密,保护这种特殊商业秘密的犯罪是特别法。

三、侵犯商业秘密罪共同犯罪的认定

商业秘密的特点是价值性和秘密性,其价值是侵犯商业秘密犯罪发生的诱因,其秘密性则是这类犯罪的阻力之一,犯罪人为了达到其犯罪目的,通常是由两个或两个以上的人共谋共同侵犯商业秘密。大多数侵犯商业秘密犯罪案件发生于职员流动过程中,部分员工与原单位的竞争对手联合,事先策划、互相配合、事后掩盖以逃避法律的制裁,比单个人犯罪具有更大的社会危害性。前文谈到,在侵犯商业秘密犯罪中,第一人是指商业秘密的权利人即商业秘密的合法所有权人,第二人是指以不正当手段获取、披露、使用或允许他人使用以前项手段获得的商业秘密的侵权人,以及虽然合法取得商业秘密,但却违反约定披露、使用或允许他人使用商业秘密的违约人。第三人是指从第二人处获取、披露、使用他人商业秘密的人。根据第三人的主观状态不同,又可将第三人分为恶意第三人和善意第三人。其中,《刑法》第 219 条第 2 款规定的"明知前款所列行为,获取、披露、使用或者允许他人使用该商业秘密的"为恶意第三人,

这类行为人明知前款主体向其提供的商业秘密是通过不正当手段获取的，非但不予拒绝反而加以利用，侵犯了权利人的商业秘密。以下就第二人与第三人是否构成共犯进行分析。

（一）实施侵犯商业秘密行为者与恶意使用商业秘密的第三人是否构成共犯？

有观点认为，该种情况可以成立共犯，但从落实刑事责任的角度分析则无须以共犯论处，而以个案对待为宜。我们认为，该种情况不成立共同犯罪。所谓共同犯罪，是指二人以上共同故意犯罪，要成立共同犯罪，须具备以下三个条件：(1)主体条件。共同犯罪人必须是两个以上符合犯罪主体要件的人，可以是自然人，也可以是单位。(2)主观条件。共同犯罪人必须有共同犯罪故意，是指各共同犯罪人均对同一种或几种犯罪（在共同犯数罪的场合）持有故意，这种相同仅仅是指在罪名的相同，而不要求各自故意的形式与具体内容完全一致。各共同犯罪人之间必须有意思联络，是一种知己知彼的故意。(3)客观条件。共同犯罪人实施了共同的犯罪行为。所谓"共同的犯罪行为"是指各共同犯罪人实施的是同一特定犯罪的行为，即无论各自具体行为的形式和行为人之间的分工如何不同，但都是指向同一罪名，都是属于同一犯罪的构成要件的行为，在此基础上，各行为人的行为互相联系，彼此配合，形成一个统一的犯罪活动整体。

前述第二人和恶意第三人的主客观情况不符合刑法规定的共犯条件，原因是：(1)从客观方面看，第二人在实施以不正当手段获取他人商业秘密的行为时，并不必然确知会有第三人接受其以不正当手段获取的商业秘密，在第三人接受之前其行为已经构成侵犯商业秘密罪。构成共同犯罪，要求各共同犯罪人实施的是同一特定犯罪的行为，属于同一犯罪的构成要件。在前述情况中，第二人的行为已单独构罪，第三人的接受、披露或使用与第二人的非法获取行为不属于"同一特定行为"，而是另一个符合侵犯商业秘密罪构成要件的行为，不是作为一个统一的犯罪活动整体。(2)从主观方面看，第二人与恶意第三人在非法交易他人商业秘密信息时，二者的主观故意内容不同。第二人是以不正当手段获取并向他人提供商业秘密的故意，第三人是从第二人手中获取并披露、使用商业秘密的故意。尽管二者的故意属于侵犯商业秘密罪的犯罪故意范围，但在具体案件中，并未形成指向同一结果的犯罪意思联络，不符合我国刑法规定的共同犯罪故意。恶意第三人不一定限定于从某个第二人手中获取商业秘密，也可从此第二人中获取商业秘密，也可从彼第二人手中获得，二者对获取与接受之间并未存在意思上的联络。(3)从刑事立法规定看，《刑法》第219条第1款规定第二人侵犯商业秘密的罪状，其第2款规定恶意第三人侵犯商业秘密的罪状，并规定为“以侵犯商业秘密论”，将二者行为分别规定为相互独立的犯罪行为。因此，在司法实践中，在处理涉及第二人和恶意第三人侵犯他人商业秘密的案件时，无须按照共同犯罪处理，二者行为可以单独构成侵犯商业秘密罪。当然，如果恶意第三人与第二人在事前或者事中存在犯罪意思联络，且符合侵犯商业秘密罪的其他构成条件的，应将其按照共同犯罪处理。

（二）恶意第三人指使他人获取被害人的商业秘密并共同使用的，是否构成共同犯罪？

第二人在恶意第三人的授意下不正当获取被害人商业秘密的，其与第三人有意思联络，而非其单独实施不正当的获取行为，根据共同犯罪理论，二者在主观上存在共同犯罪故意，客观上二者的行为指向同一秘密且紧密联系、相互配合，二者的犯罪行为是整个侵犯商业秘密犯罪的必要组成部分，没有第二人的非法获取行为，则第三人无商业秘密可披露、使用，而没有第三人的接受，第二人的行为也失去了意义。在此种情况下，二者成立侵犯商业秘密的共同犯罪。

四、通过反向工程得到的商业秘密的相关刑法问题

根据我国《反不正当竞争法》和《刑法》的相关规定，侵犯商业秘密的行为限于法定的非法获取、披露、使用和允许他人使用他人商业秘密行为且情节严重时，才能构成侵犯商业秘密罪。在现代商业活动中，许多取得商业秘密的行为是合法的，反向工程便是其中之一，即对以合法方式取得的他人的产品通过分析、拆卸、测绘等技术手段，获取该产品的制造方法、构造、材料等技术信息。尽管反向工程在一定程度上有可能使商业秘密被提前获悉、披露，导致商业

秘密所有人的获益期缩短,但是,各国商业秘密立法和司法实践都将反向工程作为合法的抗辩事由。通过反向工程获得的商业秘密不构成侵权,只要行为人获得产品是合法的,且在反向工程实施中并未侵犯权利人的商业秘密即可。我国也采取了类似的立场,最高人民法院《关于审理不正当竞争民事案件应用法律若干问题的解释》(已失效)第12条规定:“通过自行开发研制或者反向工程等方式获得的商业秘密,不认定为是反不正当竞争法第十条第(一)、(二)项规定的侵犯商业秘密行为。前款所称‘反向工程’,是指通过技术手段对从公开渠道取得的产品进行拆卸、测绘、分析等而获得该产品的有关技术信息。当事人以不正当手段知悉了他人的商业秘密之后,又以反向工程为由主张获取行为合法的,不予支持。”可见,我国司法机关承认反向工程是限制商业秘密权的事由。

反向工程实施者通过逆向劳动获得了商业秘密后,是否也获得该商业秘密的知识产权?我们认为,这是反向工程的当然结果。理由如下:

1. 从反向工程者的角度来看,其在实施反向工程过程中,为获取信息同样付出了合理的劳动,并非不劳而获。虽然反向工程与独立研究相比,其创造性有所欠缺,但若不进行研究,社会公众是无法获取信息、无法促进信息自由传播进而推动社会进步的。美国的《统一商业秘密法》第一节规定,如果反向工程时间长且耗费大,通过反向工程获得商业秘密的行为人对反向工程中获得的信息能够享有商业秘密。如果行为人实施的反向工程耗费的时间和费用较大时(付出了合理的劳动),这种反向工程就没有破坏依此方法获得的商业秘密,原商业秘密权利人的商业秘密继续满足法律规定的商业秘密的构成要件,反向工程的实施者也可以针对该商业秘密主张自己的商业秘密权利。

2. 从原商业秘密权利人的角度来看,其对自己的技术秘密以商业秘密方式保护而不是申请专利,在保护期限上不受限制,但在独占性方面却不如专利权那样受到法律保护。在将含有秘密信息的产品推向市场,应当预见商业秘密被破解的风险,载有商业秘密的产品一旦进入公共领域,必然面临权利穷竭的威胁。

3. 商业秘密权是一种特殊的知识产权,并不具有严格意义上的独占性,即权利人无权排斥他人以合法手段获得或使用相同的商业秘密,即商业秘密可为不同的人所有。

4. 从法益平衡的角度来看,知识产权法是为平衡知识产权人的垄断利益与社会公共利益而作出的制度设计,旨在激励知识创造和对知识产品需求的社会利益之间实现平衡。法律上给予专利权以绝对排他的保护,是以向社会公开并在若干年后为社会公用为代价的,以期在促进科技进步和信息自由传播之间达到平衡。商业秘密权利人选择以商业秘密方式进行自我保护,在保护期限、使用方法、披露制度等方面没有强制性法律规定,若不允许他人通过反向工程进行研究,显然无法平衡因知识产权的垄断带来的负面影响。

行为人通过反向工程取得商业秘密,其与原权利人是相互独立的权利人,只不过二者各自享有的权利指向的对象相似甚至相同而已,这不能成为反向工程者行使其权利的障碍。反向工程者获得知识产权后,通常有以下两种可能性:(1)向社会公众披露。此种情况下,该商业秘密就丧失秘密性,不再受到保护。(2)自己使用并保密。此种情况下,该商业秘密的原权利人和实施反向工程的人都是商业秘密的权利人。若他人从反向工程者处非法获取商业秘密,会同时影响到反向工程者和原权利人的利益,其造成的损失是仅考虑反向工程者的损失,还是将原权利人的损失也计算在内?我们认为,应当只计算反向工程者的损失,理由如下:(1)前面已经提到,由反向工程得到的技术秘密可以构成反向工程主体自己的商业秘密,而原权利人无权干涉,其与原权利人是相互独立的,唯一的联系只不过是各自权利所指向的对象相似或相同而已,但这并不能成为原权利人要求赔偿的理由。(2)客观上行为人只是从反向工程者处非法获取了商业秘密,主观上意图侵犯的也只是反向工程者的利益,若将原权利人的损失也计算在内,则有客观归罪之嫌。(3)原权利人因为出于种种考虑,没有选择申请专利而是选择商业秘密这种自我保护方式,就意味着选择了承担被破解、被披露的风险,法律不能禁止他人通过合法、诚实的手段获取商业秘密。既然不能阻止他人合法获得,也就无法控制他人合法取得商业秘密后又被侵权人非法获取而遭受的损失。

综上所述,行为人对通过反向过程获得的商业秘密具有独立的知识产权,其反向工程行为不侵犯他人的商业秘密权利。犯罪人实施《刑法》第 219 条规定的危害行为,侵犯通过反向工程获得的商业秘密,如果齐备侵犯商业秘密罪的构成要件,可以构成侵犯商业秘密罪,但侵犯的是反向工程者的商业秘密而非原权利人的商业秘密,只计算给反向工程者遭受的损失,而不考虑对原商业秘密权利人的损失。

第三节　侵犯商业秘密罪案例分析

一、刘某等侵犯商业秘密案

(一)案情简介

Z 公司从 20 世纪 70 年代开始致力于研究“高牌号无取向硅钢和取向硅钢成套设备设计技术”,至 2003 年研发出“国内独有、国际领先”具有自主知识产权的“高牌号无取向硅钢和取向硅钢成套设备设计技术”,为武钢设计出“取向硅钢生产线”,还为 A 公司等多家钢铁生产企业设计出“高牌号无取向硅钢生产线”,Z 公司应用该技术实现了巨大的经济效益。为了保护该项商业秘密技术,Z 公司专门制定了《科学技术保密档案管理规定》,与员工签订《保密及竞业禁止协议书》,对前述工程技术图纸在内的技术信息和经营信息采取了专门措施。在与武钢的合作中,Z 公司与武钢针对“取向硅钢”生产线签订了《保密合同》,规定 Z 公司不得为其他单位设计取向硅钢生产线。

2006 年 3 月,A 公司要求 Z 公司为其设计“取向硅钢”生产线遭到拒绝,A 公司转向与黄石 S 涂镀层工程技术有限公司合作,利诱 Z 公司设计人员携带商业秘密跳槽。2006 年 5 月至 6 月,先后有轧钢工艺专业设计师李某某(机械设备专业设计师)、褚某某(表面处理专业设计师)、陈某某受利诱从 Z 公司跳槽到黄石 S 公司,并与较早从 Z 公司跳槽到该公司的工业炉专业设计师张某某等人联手,利用从 Z 公司获取的技术资料,为 A 公司设计所谓“高性能冷轧硅钢试验生产线”,被 Z 公司报案制止。2006 年 9 月 A 公司通过齐某牵线搭桥,转向与徐某某合作,在天津开发区设立 T 公司,再次利诱Z公司设计人员携带商业秘密跳槽,继续从事上述生产线设计建设。2006年12月1日,由宋某某、薛某某代表T公司与A公司签订所谓“A公司股份有限公司高性能冷轧硅钢试验生产线”《建设工程设计合同》和《技术附件》,该合同约定设计费人民币5490万元。从2006年年底至2007年年初,齐某、徐某某等人以T公司的名义,以高薪为诱饵,利诱Z公司项目管理经理薛某某,工业炉专业设计师粱某某,机械设备专业设计师刘某某,电气专业设计师张某某、宁某某,仪表专业设计师戴某某,计算机程序专业设计师肖某,给排水专业设计师张某等人集体跳槽到T公司,原从Z公司跳槽到黄石S公司的李某某、褚某某、陈某某和张某某也一同转移到了T公司。至此,齐某、徐某某等人已从Z公司挖出了涵盖“高牌号无取向和取向硅钢生产线”设备设计的轧钢工艺、机械设备与液压传动、工业炉、通风、表面处理、电气、仪表、计算机八大专业、全套设计人员。2007年1月至12月,上述跳槽人员以T公司为基地,利用从Z公司获取的技术资料,共同从事“A公司高性能冷轧硅钢试验生产线”设计活动,截至2007年12月,T公司已全面完成上述机组设备设计,用不到一年的时间,走完了Z公司近半个世纪的艰难研发过程。

(二)案件办理过程

警方通过网监侦控犯罪嫌疑人刘某向外界发送电子邮件的对象、路径,发现与刘某联系的是从Z公司跳槽到T公司的陈某某,双方分别在“中国雅虎”和“网易”注册电子邮箱。随后,侦查员从“北京阿里巴巴信息技术有限公司”和“网之易信息技术(北京)有限公司”调取证据,获取了电子邮箱注册和发送电子邮件信息。通过解读电子邮件内容发现:陈某某于2007年年初向刘某布置了以“T公司”的名义绘制“A公司高性能冷轧硅钢试验线常化酸洗机组(代号:AP－1)和热拉伸平整机组(代号:AT－3)”的设计任务,刘某已于2007年5月29日完成并以发送电邮方式向陈某某交付了“A公司高性能冷轧硅钢试验线常化酸洗机组(代号:AP－1)”设计图纸,并承诺随后交付“热拉伸平整机组(代号:AT－3)”图纸。

2008年1月23日,侦查人员在W市和T市同时将犯罪嫌疑人刘某、陈某某抓获,并对其住处和办公处所展开搜查,获取了大量的犯罪证据。犯罪嫌疑人刘某和陈某某分别交代:刘某分别于2007年5月29日和12月19日、20日向陈某某交付了"A公司高性能冷轧硅钢试验线常化酸洗机组(代号:AP－1)"和"热拉伸平整机组(代号:AT－3)"表面处理设备共计17套设计图纸。

关于涉案图纸是否属于商业秘密,警方经调查查明,Z公司在国内首次研发出具有自主知识产权的"高牌号无取向硅钢和取向硅钢成套设备设计技术",其工艺技术为Z公司实现了巨大的经济效益。Z公司主张该"特殊的结构设计与功能配合"的工艺技术为商业秘密,并专门制定了《科学技术保密档案管理规定》,与员工签订《保密及竞业禁止协议书》,对前述工程技术图纸在内的技术信息和经营信息采取专门措施,实施保密管理。同时,警方委托T市公安局刑事技术鉴定中心,分别对犯罪嫌疑人刘某、陈某某与公司签订的《劳动合同》《保密及禁业禁止协议》上签名进行笔迹鉴定,确定前述合同及协议上签名均为犯罪嫌疑人刘某、陈某某本人亲笔签名,证实犯罪嫌疑人明知商业秘密存在并具有保密义务。警方委托具有知识产权鉴定资质的司法鉴定中心对涉案图纸与Z公司的前述工艺技术相关图纸进行了同一性鉴定,得到肯定的结论。

关于Z公司因刘某的非法提供其商业秘密图纸所造成的损失,警方委托具有知识产权鉴定资质的会计事务司法鉴定所进行鉴定。由于被害人损失、犯罪嫌疑人非法获利难以直接计算,鉴定机构采纳了以商业秘密权利人的技术许可使用费作为权利人损失数额的计算方法,鉴定结论为Z公司高牌号无取向硅钢和取向硅钢生产线"常化酸洗机组酸洗段"和"热拉伸平整机组刷洗、热水喷洗段"成套设备设计技术使用权转让市场价值为158.247万元至191.493万元,依此确定犯罪嫌疑人至少给Z公司造成经济损失158.247万元。

武汉市江岸区人民检察院经过对案件证据材料的审查,认为T公司以利诱等不正当手段获取Z公司的商业秘密,郑某某、薛某某、陈某某、褚某某作为该单位直接负责的主管人员和其他直接责任人员,刘某违反约定披露其所掌握的商业秘密,并给商业秘密权利人造成重大损失,已触犯《刑法》第219条、第220条的规定,犯罪事实清楚,证据确实、充分,以侵犯商业秘密罪对以上犯罪嫌疑人提起公诉。

武汉市江岸区人民法院综合控辩双方的主张，把案件的主要争议焦点归纳为：(1)涉案技术信息的内容；(2)Z公司的涉案技术信息是否属于商业秘密；(3)本案商业秘密权利人的损失范围；(4)被告单位T公司及被告人刘某、陈某某、郑某某、褚某某的行为是否构成侵犯商业秘密罪。

(1)涉案技术信息的内容。本案涉案技术信息的图纸有：常化酶洗机组工艺布置设计图、常化酶洗机组酸洗段主体设备及辅助设备设计图、热拉伸平整机组刷洗、热水喷洗段主体设备及辅助设备设计图等。上述图纸所包含的技术信息为：常化酶洗机组重要的工艺布置技术，涉及常化酸洗机组酸洗段、热拉伸平整机组刷洗、热水喷洗段核心设备技术以及设备、部件的具体加工制造信息和安装要求。

(2)Z公司的涉案技术信息是否属于商业秘密。

第一，涉案技术信息是否"不为公众所知悉"。

公诉机关提交的湖北科技事务司法鉴定意见书采取专利查新检索和文献查新检索的方法，在相关领域对涉案技术信息进行查检，查检结果为未见述及与涉案技术信息相同的专利申请和文献，鉴定意见为不为公众所知悉。上述查检结果和鉴定意见反映了涉案技术信息尚未以专利申请的形式公开，具有证明涉案技术信息不能从该渠道直接获取，法院采信其鉴定结论。

关于涉案技术信息是否已为国内同行业经营者普遍知悉。辩方提交的北京国成知识产权司法鉴定中心的鉴定意见书，采取将"涉案图纸"与"相关国外公司的图纸"进行比对的方法，以设定"国外公司的图纸"已属公知技术为前提，在鉴别出两方图纸结构相同的基础上，作出涉案技术信息已为公众所知悉的结论。对此，法院认为：①辩方用于鉴定比对的检材未经检验和质证，不能确定其是否为涉案图纸和相关国外公司的图纸；②无证据证明与此相关的国外公司的技术信息已经公开而成为公知技术。在检材的关联性和公知技术设定前提不能确定的情形下，辩方的鉴定意见书不具证据效力，法院不予采信。辩方引用1974年和1992年中国J公司、中国G公司与日本X公司签订的两份硅钢片厂成套设备合同为据，以证明涉案技术信息为引进技术且早已在国内同行业公开,为国内同行业所普遍知悉,因辩方提供的合同为复印件,不具备证据的形式要件,且其中一份合同仅为部分章节,不能全面反映合同的内容,故不具证据效力,法院不予采信。

基于早年确有中国J公司、中国G公司代表武汉G公司引进日本X公司一七〇〇毫米连续热轧带钢厂、硅钢片厂成套设备之事实,法院在此就技术引进情况及所引进的技术是否在同行业已经公开、是否与涉案技术信息同一或同质的问题作如下评述:①在计划经济的历史背景下,当年以中国J公司、中国G公司名义引进的日本X公司的硅钢片厂成套设备,实际为国家指定武汉G公司专有使用,而并非为同行业普遍使用,合同对此亦作明确约定。②由于当年引进的是成套设备及生产技术而非设备构造技术信息,即使引进者可以从所购买的成套设备中反向取得设备构造技术即工程技术,其取得者也只能是武汉G公司和当年由国家指定的协助武汉G公司建设硅钢片厂的武汉G院(Z公司的前身),而非同行业其他经营者,无证据表明此项技术已对外公开,亦无证据表明涉案技术与当年所引进的技术同一或同质。因此,辩方关于涉案技术信息已为同行业经营者普遍知悉的辩护意见依据不足,法院不予采纳。

关于辩方以公开出版物及文献对涉案技术已有记载而认定涉案技术属公知技术的辩护意见,法院认为,辩方提交的公开出版物及文献,记载了不同作者从不同的角度对涉案技术进行的原理性介绍和描述,内容较为抽象,将这些抽象的技术原理付诸实施并转化成具体的技术方案,除了需要资金的投入和时间的积淀,会因为方法水准的限制而产生不同的应用成果。而涉案技术信息是由数以百计的图纸资料组成的、具体的、完整的技术方案,并且,经过了生产运用已达成熟可靠,正是因为涉案信息的具体、完整、成熟可靠的特性,反映其创造性程度,与技术原理完全不同。因此,已公开的技术原理与具有技术方案性质的涉案技术信息具有完全不同的技术价值和含量,不否定涉案技术信息的秘密性。

第二,涉案技术信息是否具有经济实用价值并经权利人采取了保密措施。

涉案技术信息为Z公司在多年对引进技术的消化、移植和改进基础上形成,为Z公司方所有。上述技术在太原G公司六轧厂硅钢改造工程和武汉G公司二硅钢取向硅钢生产线的成功应用,为Z公司及上述企业实现了巨大的经济效益。Z公司为保护包括涉案技术信息在内的技术信息和经营信息,制定了《科学技术保密档案管理规定》,与员工签订《保密及竞业禁止协议书》,与相关企业签订了保密协议及保密条款。上述被告人刘某、陈某某、褚某某及薛某某在Z公司工作期间,均与Z公司签订了《保密及竞业禁止协议书》。因此可以认为,Z公司的上述涉案技术信息,具有实用性并能为权利人带来经济利益,Z公司对上述技术信息和经营信息,具有较强的保密意愿,并在客观上采取了适当的保密措施。

综上所述,法院认为,Z公司的涉案技术信息具备我国刑法规定的商业秘密的特征,属于商业秘密。

(3)本案商业秘密权利人的损失范围。

商业秘密是一种具有特殊属性的无形财产,其有价性是通过现在或将来的使用给权利人带来现实或潜在的经济利益来体现,其本质是其所有人因掌握商业秘密而保持市场竞争优势。侵犯商业秘密的行为给权利人造成的损失价值,不像有形财产那样等同于其价值本身,其除了包括成本价值和市场转让价值以外,还应当包括权利人竞争优势的丧失或削弱。因此,权利人因涉案技术信息的泄露所遭受的损失范围,理应是该技术信息有形价值和无形价值的综合评估。

从涉案技术信息的内容看,其有形范围包括常化酸洗机组极重要的工艺布置技术,公诉机关以湖北大信会计事务司法鉴定所的鉴定报告为依据,以常化酶洗机组酸洗段和热拉伸平整机组刷洗、热水喷洗段成套设备设计技术的单次许可使用价值来计算权利人的经济损失,符合权利人因涉案技术信息泄密所遭受的实际损失范围。因此,法院依法对鉴定报告中"高牌号无取向硅钢和取向硅钢生产线常化酸洗机组酸洗段成套设备设计技术使用权转让市场价值109.571万~132.707万元"按109.571万元予以采信,对"高牌号无取向硅钢和取向硅钢生产线热拉伸平整机组刷洗、热水喷洗段成套设备设计技术使用权转让市场价值48.676万~58.786万元”按48.676万元予以采信，合计认定本案商业秘密权利人的经济损失为158.247万元。根据《2004年解释》第7条的规定，实施《刑法》第219条规定的行为之一，给商业秘密权利人造成损失数额在50万~250万元的，属于给商业秘密的权利人造成重大损失。

(4)被告单位T公司及被告人刘某、陈某某、郑某某、褚某某的行为是否构成侵犯商业秘密罪。

被告单位T公司从事着与商业秘密权利人Z公司相同的行业与经营，其所承接的A公司项目设计更是与Z公司曾主持设计的“武钢取向硅钢”等项目相同。被告单位采取了许以高薪酬、高待遇的方法，将Z公司的部分工程技术人员招纳为公司的主要技术力量。当被告单位T公司及上述人员在公司承接的A公司项目设计上遇到了依其自身力量不能解决的技术问题时，被告人陈某某、褚某某及薛某某等人利用被告人刘某获取Z公司的同类技术信息。

被告人刘某，身为Z公司的工程技术人员，在Z公司长期从事涉案技术设计与研究，亲自参与了Z公司涉案工程技术的设计与施工，熟悉并掌握着Z公司涉案技术资料及图纸；其与Z公司也签订了《保密及竞业禁止协议》，应当保守商业秘密，其违反保密约定，向被告单位披露其所掌握的Z公司的商业秘密。被告人陈某某，曾在Z公司从事与涉案技术相关的设计工作，明知被告人刘某掌握Z公司的涉案技术信息，在跳槽到被告单位T公司担任被告单位A公司项目涉案技术的设计工程师后，因不能完成涉案技术设计任务，直接参与了利用刘某获取Z公司商业秘密的行为。被告人郑某某，在担任被告单位T公司的主管负责人后，明知被告单位通过被告人刘某获取的是Z公司的商业秘密，但为了完成被告单位已经延期的A公司项目合同，直接参与了利用刘某获取Z公司商业秘密的行为，给商业秘密的权利人造成重大损失。被告人褚某某，曾在Z公司从事与涉案技术相关的设计工作，明知被告人刘某掌握Z公司的涉案技术信息，在跳槽到被告单位T公司担任被告单位的副总工程师和A公司项目设计工程师后，为了被告单位的A公司项目利益，参与了利用刘某获取Z公司商业秘密的行为。根据事实和法律,法院认定,被告单位T公司、被告人刘某、陈某某、郑某某、褚某某的行为均构成侵犯商业秘密罪。

(三)案件重要问题评述

在本案中,犯罪单位T公司和犯罪人郑某某、薛某某、陈某某、褚某某利诱Z公司员工刘某窃取、出卖其单位重要技术资料的事实清楚、证据确实,控辩双方争论的焦点在以下两方面:

1. 涉案图纸是否为Z公司的商业秘密?

判断图纸是否构成商业秘密,应当分析其是否齐备商业秘密的特征,即具备秘密性、价值性、管理性三个特征。本案中,Z公司在国内首次研发出具有自主知识产权的“高牌号无取向硅钢和取向硅钢成套设备设计技术”,其工艺技术为Z公司实现了巨大的经济效益,符合价值性的要求;Z公司主张该“特殊的结构设计与功能配合”的工艺技术为商业秘密,并专门制定了《科学技术保密档案管理规定》,与员工签订《保密及竞业禁止协议书》,对前述工程技术图纸在内的技术信息和经营信息采取专门措施,实施保密管理,符合刑法规定的商业秘密的秘密性和管理性特征,应当认定为商业秘密。

2. Z公司的损失是否达到法定的构罪标准?

该案发生在《刑法修正案(十一)》实施之前,造成被害人的重大损失是成立侵犯商业秘密罪的构成要件。认定损失涉及以下问题:一是Z公司知识产权损失的范围,二是如何计算本案商业秘密的损失。根据前述司法解释的规定,侵犯他人商业秘密所造成损失的计算方法可分为两种:一是以权利人的实际经济损失和调查所支付的合理费用为标准;二是在前者难以计算的情况下,应以侵权人的非法所得和调查所支付的合理费用为标准。以上两种计算方法都包括调查费用,包括鉴定费用、聘请律师的合理支出等。本案中,警方聘请司法鉴定专家进行鉴定,由于被害人损失、犯罪嫌疑人非法获利都难以直接计算,鉴定机构采纳了以商业秘密权利人的技术许可使用费作为权利人损失数额的计算方法,依据Z公司高牌号无取向硅钢和取向硅钢生产线“常化酸洗机组酸洗段”和“热拉伸平整机组刷洗、热水喷洗段”成套设备设计技术使用权转让市场价值,确定犯罪嫌疑人至少给Z公司造成经济损失158.247万元。

二、汪某某侵犯商业秘密案

（一）案情简介

犯罪嫌疑人汪某某于2006年4月8日与P公司签订了为期5年的劳动合同，同时签订了保密合同，约定在合同期间以及离职后3年时间内不得违反保密约定。汪某某在P公司工作期间产生经营云母产品的念头，开始收集P公司的生产经营资料，尤其是与P公司有业务往来的大客户邮件资料。2006年7月汪某某向北京万网注册了域名为www. mica-abrasive. com的涉及云母和砂带的网站。在职期间汪某某还使用黑客软件刺探其他业务员的工作电子邮箱，利用P公司电子邮件管理上的疏忽，设置了可以获取他人电子邮件密码的密码找回程序，为其离职后继续侵入P公司业务联系电子邮箱做好了准备。2007年2月汪某某从P公司辞职后，开始自己经营云母产品的进出口业务。为了谋取利益，汪某某利用密码取回程序获取各业务联系的电子邮箱密码，非法侵入P公司业务联系的电子邮箱，获取电子邮件中的P公司的客户联系资料、要约邀请信息、订单信息等商业秘密，然后以浙江龙发进出口公司、深圳艺盛进出口公司的名义与P公司的客户进行联系和交易，损害P公司的商业利益。汪某某将P公司当作竞争对手，采用截取P公司电子邮件并向P公司的客户发送抬高产品价格的报价邮件的方法破坏P公司的交易，对于不能直接与汪某某进行交易的P公司的客户，汪某某则冒充其他公司对其进行威胁，以阻碍P公司与之进行的业务联系。为了达到窃取P公司的商业秘密的目的，在2007年2月至案发前的一年多时间里，汪某某从P公司的业务联系邮箱中获取、开拆了数以千计的电子邮件，其中包括P公司经营管理人员和业务员的个人邮箱中的电子邮件千余封。汪某某的以上行为给P公司造成巨大经济损失，严重损害了该公司的商业声誉。汪某某长时间、非法获取P公司业务人员的大量个人邮件，严重侵犯了这些被害人的通信自由和通信秘密。

（二）案件办理过程

T县人民检察院审查侦查机关提交的证据，对被告人汪某某以涉嫌侵犯商业秘密罪和破坏生产经营罪提起公诉。T县人民法院审理查明：被告人汪某某在P公司工作期间，认为自己未受到重用而产生报复心理，辞职后违反聘任协议，利用窃取的密码找回程序，非法多次入侵P公司的网上交易平台，从中使用交易信息破坏P公司的销售活动，严重损害了P公司的商业信誉，破坏了P公司的生产经营活动，情节严重，其行为已构成破坏生产经营罪；被告人汪某某窃取商业信息是为了自己牟取利益，同时破坏P公司的生产经营活动，不构成侵犯商业秘密罪，而应当以破坏生产经营罪从重处罚。

（三）案件重要问题

本案中的犯罪事实同时齐备侵犯商业秘密罪、破坏生产经营罪、侵犯通信自由罪三罪的构成要件，存在多个犯罪意图，虽然其存在关联关系，但属于独立的三罪，而非一罪。

破坏生产经营罪与侵犯商业秘密罪在罪状上存在包含与被包含关系，汪某某侵犯P公司商业秘密行为性质上同时属于破坏生产经营行为，其侵犯P公司的商业秘密，给该公司造成的损失超过50万元，构成侵犯商业秘密罪。在认定其构成破坏生产经营罪时，以上侵犯商业秘密的事实行为不再用作认定破坏生产经营罪，仅就其他破坏P公司的生产经营行为进行评价。

汪某某所犯侵犯商业秘密罪与侵犯通信自由罪构成牵连犯，应以一重罪从重处罚。汪某某非法侵入P公司电子邮件系统，大量非法拦截、删除、非法开拆该公司销售部门及业务人员个人的电子邮件，目的是侵犯P公司的商业秘密，以上犯罪行为之间存在手段与目的、原因与结果的牵连关系，符合牵连犯的成立条件，应当按照牵连犯的处理原则以侵犯商业秘密罪从重处罚。

第九章　为境外的机构、组织、人员窃取、刺探、收买、非法提供商业秘密罪

为境外的机构、组织、人员窃取、刺探、收买、非法提供商业秘密罪是《刑法修正案(十一)》新增的犯罪,处罚为境外的机构、组织、人员窃取、刺探、收买、非法提供商业秘密的行为。本罪与侵犯商业秘密罪和为境外的机构、组织、人员窃取、刺探、收买、非法提供国家秘密、情报罪的部分构成要件有一定的相似性,同时与美国 1996 年《经济间谍法》规定的经济间谍罪相似,填补了我国打击经济间谍犯罪立法的空白。

第一节　为境外的机构、组织、人员窃取、刺探、收买、非法提供商业秘密罪的犯罪构成

根据《刑法》第 219 条之一的规定,为境外的机构、组织、人员窃取、刺探、收买、非法提供商业秘密罪是指为境外的机构、组织、人员窃取、刺探、收买、非法提供商业秘密的行为。本罪是复杂的犯罪构成,具有基本罪和重罪两种犯罪构成,基本罪是指为境外的机构、组织、人员窃取、刺探、收买、非法提供商业秘密的行为,重罪是情节犯,在满足基本罪

的构成要件的基础上具有严重情节的行为。

一、犯罪客体

为境外的机构、组织、人员窃取、刺探、收买、非法提供商业秘密罪的犯罪客体是商业秘密的权利人对商业秘密的专有权、商业秘密相关经济秩序和国家安全与利益。本罪设置在《刑法》分则第三章"破坏社会主义市场经济秩序罪"的"侵犯知识产权罪"节中，置于《刑法》第219条规定的侵犯商业秘密罪之后，表明立法者将本罪的主要客体设定为社会主义市场经济秩序中的商业秘密相关经济秩序。同时，本罪行为的犯罪对象是商业秘密，必然侵犯我国单位或自然人的商业秘密专有权，其属于次要客体。同时，本罪的客观方面表现为为境外的机构、组织、人员窃取、刺探、收买、非法提供商业秘密，从罪状上分析，本罪保护的客体还有国家安全与利益，特别是国家经济利益，分析如下。

(1)罪状表述与危害国家安全犯罪具有同类性。在我国《刑法》规定的犯罪中，罪状为"为境外的机构、组织、人员窃取、刺探、收买、非法提供"信息的犯罪只有3种犯罪，除了本罪之外，另外两罪是"危害国家安全罪"中的为境外窃取、刺探、收买、非法提供国家秘密、情报罪和"军人违反职责罪"中的为境外窃取、刺探、收买、非法提供军事秘密罪。后二者都是危害国家安全的犯罪(国防安全是国家安全的主要组成部分)，本罪具有与之相同的行为特征。不仅如此，其他包括"境外机构、组织、人员"表述的法条还有2条，分别是《刑法》第102条第2款(背叛国家罪)和第106条(分裂国家罪，煽动分裂国家罪，武装叛乱、暴乱罪，颠覆国家政权罪，煽动颠覆国家政权罪的法定从重处罚规定)，可见，"境外机构、组织、人员"的概念只用于涉及危害国家安全或与之相当的国家利益的犯罪。这说明本罪的性质应当是危害国家安全特别是国家经济利益的犯罪，而非一般的社会主义市场经济秩序。

(2)危害后果与侵犯知识产权罪具有异质性。行为人为境外的组织、机构、人员非法获取和提供商业秘密，构成本罪不需要给商业秘密专有权人造成严重危害后果或有其他严重情节，因此，难以认为本罪主要保护商业秘密专有权或我国市场经济秩序。但是，无论是否导致前述危害后果或有其他严重情节，只要行为人存在为境外的机构、组织、人员窃取、刺探、收买、非法提供商业秘密的行为，其行为对我国国家经济利益和国家安全已经构成威胁，应当依法追究刑事责任。如果将其成立犯罪的范围局限于侵犯商业秘密专有权和破坏社会主义市场经济秩序的范围，与本罪立法的规定不相符合。

比较国内外相关犯罪立法，成立美国 1996 年《经济间谍法》规定的经济间谍罪，不需要实际存在商业秘密，更不需要检察机关对行为对象是商业秘密进行证实，只要行为人认识到是他人的专有信息，存在为外国谋取好处、利益的目的，而实施经济间谍罪的危害行为，就可以按经济间谍罪定罪处罚，本罪明显是以国家经济利益和国家安全利益为主要保护法益。如果我国将本罪限定为破坏社会主义市场经济秩序罪或者侵犯商业秘密权利的犯罪，不利于有效发挥本罪立法对我国商业秘密相关国家经济利益和国家安全的保护，与美国相关犯罪立法不对等，不利于对我国商业秘密相关国家利益提供同等刑法保护。

本罪的犯罪对象是我国的商业秘密，包括我国单位和公民的商业秘密，本罪中的商业秘密与侵犯商业秘密罪中的商业秘密相同。关于商业秘密的构成特征及与国家秘密、情报的区别，前文已有论述，不再赘述。

二、犯罪客观方面

本罪是行为犯，其危害行为是为境外的机构、组织、人员窃取、刺探、收买、非法提供商业秘密。

关于“境外的机构、组织、人员”，应当对《刑法》各罪中的相同表述采纳一致的解释，与《刑法》第 111 条规定的为境外窃取、刺探、收买、非法提供国家秘密、情报罪和第 431 条第 2 款规定的为境外窃取、刺探、收买、非法提供军事秘密罪的相关规定相同。《反间谍法实施细则》第 3 条规定，“《反间谍法》所称‘境外机构、组织’包括境外机构、组织在中华人民共和国境内设立的分支（代表）机构和分支组织；所称‘境外个人’包括居住在中华人民共和国境内不具有中华人民共和国国籍的人”。因此，本罪的“境外的机构”应当包括中华人民共和国(边)境以外的国家和地区的机构如政府、军队和其他国家机关设置的机构,以及在我国境内的分支或代表机构如外国驻我国的大使馆、领事馆及其办事处;"境外的组织"应当包括中华人民共和国国(边)境以外的国家或地区的政党、社会团体及其他企业事业单位,以及这些组织在中国境内的分支组织;"境外的人员"应当包括不隶属于前述机构、组织的境外外国公民和无国籍人,以及居住在中华人民共和国境内不具有中华人民共和国国籍的人。

本罪的危害行为是窃取、刺探、收买、非法提供商业秘密。所谓窃取,是指采取秘密手段非法获取商业秘密。这里的秘密手段,是指具有一定隐秘性且行为人自认为未被他人发现的非法获取手段。所谓刺探,是指用打探、侦探、调查、询问等方式非法获取商业秘密。所谓收买,是指利用金钱、财物或其他财产性利益换取的方式非法获取商业秘密。以上三种行为在性质上都是非法获取商业秘密的行为,只是在犯罪手段上限于窃取、刺探、收买三种方式,而不扩展为一切不正当手段。所谓非法提供,是指违反国家有关规定,将商业秘密提供给境外的机构、组织、人员的行为。以上行为方式既可以针对承载商业秘密的有形载体如硬盘、纸质文件等实施,也可以针对网络中传输的承载商业秘密的电子文件实施。行为人实施本罪的前述四种危害行为,既可以是有偿的,也可以是无偿的,无论是否有偿或者取得其他好处,都不影响本罪行为的认定。本罪的四种危害行为是选择性要件,行为人实施其中任何一种,都可以构成本罪,如果同时实施其中的二种或二种以上行为的,也只构成本罪一罪,不构成数罪。

本罪的基本罪不是结果犯,也不是情节犯,行为人实施以上行为,只要不是情节显著轻微、危害不大,就构成本罪。

三、犯罪主体

本罪的主体是一般主体,包括一般单位主体和一般自然人主体。对于自然人主体,只要年满16周岁、具有刑事责任能力,就可以构成本罪,不需要其他身份。

四、犯罪主观方面

本罪主观方面表现为直接故意,并有政治性目的。行为人的主观认识因素是明知犯罪对象是他人采取保密措施的专有信息,并且明知从其犯罪行为获得好处的是境外的机构、组织、个人,存在为境外的机构、组织、个人谋取好处的目的,而故意实施前述危害行为。

本罪不要求行为人具有牟利或者其他犯罪目的,也不要求有特殊的犯罪动机。在司法实践中,行为人实施本罪行为往往存在某些目的,如非法牟利目的或其他犯罪目的。由于本罪不要求行为人具有特殊犯罪目的,因此,无论其是否具有特定犯罪目的,也无论是否能查证具有一定的犯罪目的,都不影响本罪的成立。行为人出于何种犯罪动机实施本罪,也不影响本罪的成立。

第二节 为境外的机构、组织、人员窃取、刺探、收买、非法提供商业秘密罪的司法认定

一、罪与非罪的界限

(一)关于犯罪对象

本罪的犯罪对象是商业秘密,涉案信息是否为商业秘密对于能否成立本罪具有重要意义。关于判断涉案信息是否符合商业秘密的构成特征,前文已有讨论,这里不再赘述。需要注意的是,由于本罪行为是向境外的机构、组织、人员提供商业秘密,故本罪的犯罪对象应当限定为我国单位和个人的商业秘密,如在我国注册的公司和我国公民的商业秘密。如果是为境外的机构、组织和个人提供外国的单位和个人的商业秘密,由于不侵犯我国国家经济利益和国家安全、社会主义市场经济秩序,不构成本罪。如果涉案信息不构成商业秘密,但属于我国单位或个人采取保密措施的专有信息,行为人认为其是商业秘密,由于本罪的基本罪是重罪,最高法定刑是 5 年有期徒刑,可以认定为本罪基本罪或重罪的未遂犯。如果涉案信息不构成商业秘密,行为人认为其属于国家秘密、情报或者军事秘密、

情报的，不应认定为本罪，可能构成其他犯罪。

（二）关于“为境外的机构、组织和人员”

前文分析了“为境外的机构、组织和人员”的含义，只要符合了前文分析的构成特征，就可以认为符合了这一主观要件要素。有观点认为，在当前跨国经济往来密切的社会环境下，如果严格按照以上标准认定本罪行为，会使具有商业竞争关系的国际企业遭受本罪扩大适用的威胁。我们认为，本罪立法并非在我国首先设立，早在1996年美国《经济间谍法》就已经设立了与本罪相似的经济间谍罪，我国设立本罪是对美国相应犯罪立法的回应，为我国商业秘密提供同等的刑法保护。美国刑法中的经济间谍罪的犯罪目的是通过向外国政府、代理人或其利用的单位提供商业秘密，使其获得竞争优势和其他好处、利益。《美国联邦法典》第1839条（1）规定，“外国利用的单位”是指由外国政府实质性拥有、控制、赞助、指挥、管理或主导的任何机构、局、部门、分支、机构、协会或任何法律、贸易或商业组织、公司、公司或实体，“外国代理人”是“外国政府的任何官员、雇员、代理人、服务人员、代表或其他起代表作用的人员”。被告应当知道或确信其侵犯商业秘密的行为会使以上外国政府控制的单位受益。如果该单位不是政府实体而是企业，检控机关必须证明其获得了外国政府赞助或有协商情报活动。对于这里的“实质性”拥有、控制，美国1996年《经济间谍法》并未进行明确界定，从该法的立法过程中可以看出，检控机关不需要证明外国政府对其完全拥有或控制等，可以是指重要的、显著的关系，而不能机械地或仅从数字上认定。认定外国政府对一家公司是否具有“实质性”控制关系，不等于要求外国政府拥有该公司的大部分股票，如果其只拥有其10%股票的，也不等于不具有这种实质性关系，而是要看其是否实际上、实质上受外国政府的指挥。如果行为人认为接受其提供商业秘密的企业不为外国政府实质性控制，就不能认定具有前述犯罪目的，从而不能认定为经济间谍罪。这里的“利益”作广义上理解，美国众议院报告指出，被告提供的不必是经济利益，只要其侵犯商业秘密的行为将有利于外国政府、利用的单位或代理人，这种好处、利益可以是“声誉、战略或战术效益”。因此，在美国刑事司法实务中，实际上已经将“外国政府、代理人或其利用的单位”的限制条件泛化，与外国政府的关联性或受其影响的程度降低到可有可无的地步。我国刑法相应设立本罪，并按照前述“为境外的机构、组织、人员”相关规定认定犯罪，自然无可厚非，唯有如此，才能对我国商业秘密提供同等的、有力的刑法保护。如果行为人不是“为境外的机构、组织、人员”实施本罪规定的侵犯商业秘密行为，则不构成本罪，只可能构成侵犯商业秘密罪或者其他犯罪。

本罪不同于侵犯商业秘密罪，是性质更为严重的犯罪。构成侵犯商业秘密罪，需要具有严重情节，而构成本罪不要求有严重情节，实施本罪行为即可成立犯罪，是危害重大利益的行为犯和抽象危险犯。这种较之于侵犯商业秘密罪更为严重的犯罪性质从哪些方面得以体现呢？我们认为，只可能是因其危害了国家经济利益或国家安全，因此，在认定本罪时，必须对本罪适用进行一定的限定，否则，会使本罪成为侵犯商业秘密罪的目的加重犯，而这一政治性目的并不足以导致法定刑升格和降低构罪门槛。建议我国最高司法机关在解释本罪的认定规则时，将“给国家经济利益和国家安全利益造成一定程度的损害或者造成严重威胁”作为本罪成立的条件，这样既能有力打击2009年“力拓案”类似的经济间谍犯罪，又不至于不当扩大本罪的处罚范围。

（三）关于犯罪情节

本罪不是结果犯也不是情节犯。一般来说，只要为境外的机构、组织、人员实施了本罪的行为，就可以认定成立本罪。当然，这里的商业秘密也有重要与不重要的区别，如果涉案信息是商业秘密，但商业秘密的价值性较小，对我国的经济利益或国家安全利益影响小，可以认定为情节显著轻微、危害不大，不构成犯罪。

二、此罪与彼罪的界限

1. 本罪与为境外窃取、刺探、收买、非法提供国家秘密、情报罪和为境外窃取、刺探、收买、非法提供军事秘密罪的界限。本罪与后二罪的区别主要表现为犯罪对象

本罪的犯罪对象限于商业秘密，而后二罪的犯罪对象是国家秘密、情报或军事秘密。如果涉案信息既成立商业秘密又属于国家秘密、情报或者军事秘密的，因为后二罪的性质更为严重，其法定刑都

比本罪更重,应当按照后二罪定罪处罚。

2. 本罪与侵犯商业秘密罪的界限

本罪与侵犯商业秘密罪有明显的区别,主要表现为在犯罪客体、危害行为、主观方面三个方面。首先,犯罪客体不同。虽然两罪都属于侵犯知识产权罪,但是,从两罪的犯罪构成来看,二罪在犯罪客体上有明显的区别。本罪明显有保护我国经济利益和国家安全利益的立法目的,而侵犯商业秘密罪则重点在于保护社会主义市场经济秩序和商业秘密权利人的合法权利。其次,危害行为不同。本罪的危害行为限于窃取、刺探、收买、非法提供四种行为,从行为的性质上可以限定为秘密窃取、刺探、收买三种手段非法获取和非法提供,而侵犯商业秘密罪的危害行为则为两类危害行为,即不正当手段获取他人商业秘密和三种类型的披露、使用或者允许他人使用权利人的商业秘密行为。后罪在非法获取商业秘密的手段上没有限制,可以为一切不正当手段,后罪的披露、使用或者允许他人使用权利人的商业秘密不限定为非法提供行为,但是,在行为方式上有类型化的限定。最后,主观方面不同。本罪主观方面是直接故意,并有“为境外”的政治性目的,后罪的主观方面也是直接故意,但是其犯罪目的只能是非“为境外”的经济性目的,否则,如果其危害行为符合本罪的构成要件,可能构成本罪而非侵犯商业秘密罪。

三、本罪的未完成形态犯罪和共同犯罪

本罪是重罪,其基本罪的最高法定刑为5年有期徒刑。当行为人为境外的机构、组织、人员窃取、刺探、收买、非法提供商业秘密,已经着手实施了前述四种行为,但是由于意志以外的原因没有完成的,能否成立本罪的未遂犯?我们认为,如果行为人实施前述行为,其犯罪对象属于经济、技术价值特别高的商业秘密,对我国经济利益和国家安全利益构成严重威胁的,应当认定成立犯罪,以本罪未遂犯追究刑事责任。如果情节严重的,即使是未能完成犯罪,也应当以本罪的重罪的未遂犯定罪处罚。

教唆他人实施本罪行为,或者与他人共谋实施本罪行为但未亲自实施的,无论是境内或境外的机构、组织、人员,如果齐备本罪的其他构成要件的,应当认定为本罪的共同犯罪。这是因为本罪是重

罪,教唆他人或者与他人共谋实施本罪行为的,也具有相当严重的社会危害性,特别是境外机构、组织、人员会以该种方式唆使境内单位或人员实施本罪,如果不对前者予以刑法打击,不利于遏制此类犯罪行为。

处罚本罪的未遂犯和共同犯罪符合保护商业秘密刑事立法的国际趋势。《美国联邦法典》第 1831 条(a)(4) ~ (5)和第 1832 条(a)(4) ~ (5)规定,企图实施和共谋实施第 1831 条(a)(1) ~ (3)和第 1832 条(a)(1) ~ (3)规定的行为,即经济间谍罪和盗窃商业秘密罪规定的实行行为,也构成前述两罪,并与后者适用相同的法定刑,为美国的商业秘密和国家经济利益及国家安全利益提供了有力的刑法保护。我国设立本罪,同样是为了保护我国商业秘密、国家经济利益和国家安全利益。在本罪的司法适用中,应当充分发挥本罪立法的功效,依法追究本罪未遂犯和共同犯罪的刑事责任。

主要参考文献

1. 魏东主编:《侵犯知识产权罪立案追诉标准与司法认定实务》,中国人民公安大学出版社 2010 年版。

2. 汪勇、于世忠主编:《网络时代的知识产权刑法保护问题研究》,厦门大学出版社 2020 年版。

3. 杨燮蛟:《知识产权刑法学的建构及其应用》,浙江大学出版社 2018 年版。

4. 李兰英、高扬捷等:《知识产权刑法保护的理论与实践》,法律出版社 2018 年版。

5. 穆伯祥:《知识产权刑法保护要论》,知识产权出版社 2016 年版。

6. 贺志军:《我国著作权刑法保护问题研究》,中国人民公安大学出版社 2011 年版。

7. 杨加明:《网络著作权刑法保护研究》,知识产权出版社 2019 年版。

8. 赵永红:《知识产权犯罪研究》,中国法制出版社 2004 年版。

9. 党建军:《侵犯知识产权罪》,中国人民公安大学出版社 1999 年版。

10. 张耕:《商业秘密法》,厦门大学出版社 2006 年版。

11. 孔祥俊:《商业秘密保护法原理》,中国法制出版社 1999 年版。

12. 倪才龙主编:《商业秘密保护法》,上海大学出版社 2005 年版。

13. 杜国强、廖梅、王明星:《侵犯知识产权罪比较研究》,中国人民公安大学出版社2005年版。

14. 赵秉志:《侵犯知识产权罪认定中的疑难问题司法对策》,吉林人民出版社2000年版。

15. 朱妙春:《商业秘密诉讼案代理纪实》,知识产权出版社2004年版。

16. 张广良:《知识产权侵权民事救济》,法律出版社2003年版。

17. 赵瑞罡、邓宇琼:《侵犯知识产权罪司法适用》,法律出版社2006年版。

18. 聂洪勇:《知识产权的刑法保护》,中国方正出版社2000年版。

19. 安凤德、李旭辉、常亮编著:《知识产权犯罪疑难案例精析》,浙江大学出版社2007年版。

20. 郑成思:《知识产权法》,法律出版社2003年版。

21. 王世洲主编:《关于著作权刑法的世界报告》,中国人民公安大学出版社2008年版。

22. 赵秉志主编:《侵犯著作权犯罪研究》,中国人民大学出版社2008年版。

23. 赵国玲:《知识产权犯罪调查与研究》,中国检察出版社2002年版。

24. 王志广:《中国知识产权刑事保护研究》(理论卷),中国人民公安大学出版社2007年版。

25. 于阜民:《专利权的刑事保护》,社会科学文献出版社2005年版。

26. 姜伟:《知识产权刑事保护研究》,法律出版社2004年版。